中国教师发展基金会教师出版专项基金资助

民国时期史学三题

刘永祥 著

学苑出版社

图书在版编目（CIP）数据

民国时期史学三题/刘永祥著.—北京：学苑出版社，2015.7

ISBN 978-7-5077-4794-2

Ⅰ.①民… Ⅱ.①刘… Ⅲ.①史学史—研究—中国—民国 Ⅳ.①K092.6

中国版本图书馆CIP数据核字（2015）第134296号

责任编辑：郑泽英
封面设计：陈四雄
出版发行：学苑出版社
社　　址：北京市丰台区南方庄2号院1号楼
邮政编码：100079
网　　址：www.book001.com
电子邮箱：xueyuanpress@163.com
销售电话：010-67601101（销售部）、67603091（总编室）
经　　销：全国新华书店
印 刷 厂：北京长阳汇文印刷厂
开本尺寸：787mm×1092mm　　1/16
印　　张：10.25
字　　数：240千字
版　　次：2015年8月北京第1版
印　　次：2015年8月北京第1次印刷
定　　价：31.00元

卷首识语

民国时期中国史学的转型，是近些年学术界研究的热点，取得了不少成果。本书遵循"详人所略、略人所详"的原则，围绕以往研究较为薄弱的专题展开探讨，共分为上、中、下三篇。兹先简要陈述基本观点，以与正文形成呼应。

上篇：历史编纂学的转型

从某种程度上说，中国传统史学是以历史编纂学为主体的，一切理论的阐发、事实的考辨、价值的传播等，皆以此为载体或归宿。纂修一部流芳百世的鸿篇巨制（或官修、或私修；或个人、或集体），几乎是所有史家的崇高目标，即使是在考史较为兴盛的时期，也基本围绕正史展开，修史仍被视为史学正宗。可以说，自汉至清的历史编纂学，基本形成较为统一的体系，并作为史学的主体象征、历史文化的主要载体以及农耕文明、君主社会的组成部分而存在。近代以来，中西两大文明体系之间的格局发生根本变化，中华文明作为劣势一方受到西方文明的强势冲击，社会结构转型的序幕随之拉开。在这一过程中，晚清士人经历了由西学为用到中学不能为体的心路历程，而当西学彻底占据文化优势后，传统文化也就面临解体的危险而被迫转型，史学则进一步脱离经学束缚并充当急先锋角色，经过六十年的积累，至20世纪初开始发生带有整体性的转移，试图建立与西方现代史学相接轨的新典范。这一趋势，反映到历史编纂学领域，在晚清时期表现为世界意识和近代意识的增强，至20世纪初则引起编纂体系的根本变化，从理论、思想到内容、范围，从形式、方法到目的、受众以及传播方式等，无一不呈现出新的时代特征。以西方现代史学为参照的20世纪中国史学，实际旨在走出以历史编纂学为主体的传统史学（以叙事为中心），进而建立以历史研究为主体的现代史学（以问题为中心）。从这个意义上讲，传统历史编纂学确实经历了一个解体与重构的艰难过程。史学理论体系的重建与现代学术机制的逐步形成，尤其是史学的学院化、职业化、独立化，以及与之相关的出版、期刊的迅猛发展，不仅终结了历史编纂学在史学中的主体地位，并且重新整合了其体系。在这一蜕变过程中，传统历史编纂学并未坐以待毙，而是主动进行自我调适，从而使数千年形成的优良传统融入新潮流之中，焕发出新的时代光芒。故此，中国史学实际逐渐步入了"后历史编纂学时代"。

近代历史编纂学的发生及发展并非一朝一夕之事，乃是在时代前进、社会转型以及史学演变的多重推动下，经历了长期而又艰难的蜕变过程。大致说来，可以划分为三大阶段：第一阶段，自鸦片战争爆发至19世纪末20世纪初，是中西文化碰撞及经世思潮下历史编纂学突破传统格局的时期，最显著的特征，为世界意识和近代意识的滋生和强化。以

"考史"反动面相出现的"著史",成为发挥史学"重新认识世界"和"实现救亡图强"功能的主要媒介,世界史、当代史与边疆史编纂异军突起,有关历史变易、民族观念以及国家疆域等的新认识在一定程度上得到贯彻,而经过创新后的典志体则成为容纳新内容、传播新知识的流行体裁。第二阶段,自19世纪末20世纪初至"五四"前后,是传统历史编纂学解体、近代历史编纂学体系初步建立,即以封建皇朝为中心的历史编纂体系向以民族国家为中心的历史编纂体系过渡的时期。传统历史编纂学中具有象征意义的正史,遭到以梁启超为代表的新史学家的猛烈攻击,以西方现代史学为参照的"新史学"借助历史教科书编纂,主导了一场以进化史观、民族主义、整体视野、民史书写、史论结合等为基本特征的"国史重写"运动,进而引发历史编纂学从目的到理论、从内容到形式、从方法到叙事的全面变革。第三阶段,自"五四"以后至新中国成立以前,是近代历史编纂学形成多元互涉格局的时期。一方面,西方史学理论的大量输入以及科际整合的治史取向,缔造了历史编纂指导思想和方法的多样化图景;另一方面,日本侵略引发的民族危机推动了通史编纂的高涨,分科意识的上升促成了专史书写的兴起,而历史编纂的社会化、世界化以及史书体裁的综合化趋势亦渐次凸显出来。

中篇:"新史学"的演进

由梁启超首倡的"新史学",以鲜明的立场对两千年旧史展开激烈批判,以明确的论点提出了新史学的理论主张,即:主张在史观统摄下解释历史,并探索人类社会的发展规律;坚持"求真"前提下的史学致用观,主张发挥史学的社会功能;崇尚系统性的大规模"著史",并讲求史书表现形式的多样化;主张突破政治史范畴,描绘社会生活全貌,以"民史"取代"君史";重视史学与其他学科的关系,倡导跨学科的治史方法等,初步建构起与西方现代史学相接轨的理论范式。以往,一般将其兴起和存在限定于20世纪初至"五四"前后这一时间段,"五四"以后则多关注新历史考证学及马克思主义史学,由此塑造出起伏状的史学构图,似乎新史学已衍化或消弭于后二者之中。事实上,"五四"以后,如何建构新的史学话语体系,如何推进史学的科学化,成为中国史家的共有目标和学术自觉,而主要存在三大路径:一是,沿着新史学所开创的史学范式继续拓展、深化;二是,本着为学问而学问的精神致力于考证历史真相;三是,作为新民主主义革命组成部分的马克思主义史学的兴起。

新史学在民国时期的演进,首先表现在梁启超对原有史学体系的完善和深化,如对史料搜集、鉴别、考证的详细阐述,对进化史观和因果关系的修正,对史学功能的重新认识等。其次,大批学者沿着这一路径,在理论建设和具体研究两个方向同时展开,取得卓著成绩,如萧一山、张荫麟、吕思勉、杨鸿烈、周予同、周谷城、陆懋德、卫聚贤等。他们在思想渊源和研究领域方面颇为多元,但在史学宗旨上极为相近,均属新史学一脉,并大都受到梁启超的学术影响。就学术发展的内在理路而言,新史学无疑为新历史考证学和马克思主义史学的产生奠定了基础,不仅大致扫清了可能来自传统史学的障碍,而且成为新历史考证学之所以"新"的重要条件,同时又为马克思主义史学的兴起培育了适宜的学术思想土壤。新史学与新历史考证学的区别较为明显,而与马克思主义史学在大的学术取向上保持一致，都以历史解释、史学致用、社会视野、科际整合以及历史编纂为主要元素，但二者之间又存在根本性差异，尤其在史观方面，前者始终未能跳出唯心的窠臼，逐渐走向相对主义，况且后者除在科学性上整整高出一个层次外，还具有极其鲜明的革命性。故而，以三大干流来概括民国时期史学的基本格局应更为妥当。当然，三者并非截然分途，而是紧密交织，共同推动中国史学的发展。

下篇：经史关系的变迁

经学在古代两千余年学术中占据主导地位，而史学亦为传统学术中之荦荦大者，二者都凝聚着中华民族几千年来的无穷智慧，是前人留给我们的一大笔丰厚文化遗产。对这两大学术领域进行研究可以有诸多视角，而对经史关系的历史考察则是非常重要的学术命题。经史关系的演变，在中国几千年的文化演进中，经历了漫长的历史过程，形成了复杂而各具时代特色的演进路径。大致来说，先秦时期，"史在经前"、"经史一体"。就起源而言，"史"的出现较"经"为早，而这一时期，经与史之间并没有严格的区分，仍处于经史一体的阶段。两汉时期，"史附于经"。汉武帝独尊儒术以后，经学居于主导地位，史学依附于经学，尚未完全独立出来，此观《汉书·艺文志》将史著附于《春秋》即明。魏晋南北朝隋唐时期，"经史分途"、"经前史后"。这一时期，史著大量增多，史学逐渐成为独立的学科门类，并仅次于经学。宋明时期，"经精史粗"、"经尊史卑"。经学在这一时期由于理学的发展而显示出更强的义理和思辨色彩，相较而言，史学则处于较卑微的地位，学者以尊经为高尚事业而视史学为玩物丧志。清代，"史学上升"、"经史平等"。章学诚对"六经皆史"进行系统的理论阐发，客观上大大抬高了史学地位；康有为大倡孔子改制在客观上将孔子与诸子平列；章太炎则继承并重新解释"六经皆史"。经学独尊地位逐渐被打破，史学地位逐渐上升。

民国以后，经史关系发生根本性变化。晚清科举制的废除、封建专制制度的灭亡与民主共和的勃兴，使经学逐渐丧失了其作为政治指导思想的制度和权力基础；同时，西学的不断输入为中国学术带来新鲜活力，进化论和唯物史观最终取代经学先后占据学术指导思想地位，经学时代就此终结。相较而言，史学在中西文化激烈碰撞下却成为几乎可以囊括一切学术的学科，成为盛极一时的显学。在亘古未有的时代背景下，经史关系呈现出与以往根本不同的全新格局。有学者将此时期经史关系归结为经学逐渐边缘化，而史学走向学术中心。粗看来，似乎颇有道理且十分形象，细究之，就会发现，这一描述事实上并未能真正把握20世纪中国学术的演进脉络。这种提法，将经学与史学截然分为两途，似乎二者之间的关系变化仅仅是学术地位的变更，而事实的发展却并非如此单线条。步入民国以来，延续传统注疏式经学研究模式甚至严守经学门户者依然存在，他们确实被边缘化，但这已然不是经学研究的主流，经学研究的主体已经发生根本变化，即由原来的经师变为学者、史家。尤其是"五四"新文化运动以后，在重新审查一切古代典籍，以强烈的批判精神和科学的理性追求构建新的学术思想体系的时代潮流下，经学研究从研究目的、研究对象、研究理念和方法等都发生了典范转移。经典不再被顶礼膜拜，而作为研治历史的资料或历史研究的对象。学者以平等的眼光将经典视为史料，不仅以科学的方法对经典本身加以审查，而且以此来探究古代社会情形；同时，又以史家的责任感对这份庞大的文化遗产尝试加以清理，系统考察经学自身的形成、演进历程以及与社会政治、经济、文化等的内在关联；此外，还有学者积极挖掘儒家经学的思想价值。由此，经学被纳入到史学研究范畴，经史关系形成全新格局，即"贯通经史"、"以史治经"。

  本书在撰写过程中，得到陈其泰先生、王育济先生、田海林先生等的悉心指导和无私帮助。此外，瞿林东先生、张越先生、罗炳良先生、赵兴胜先生等也对本书的写作提出了诸多宝贵意见。在此，由衷地向他们表示感谢！

  本书的出版，首先要感谢中国教师发展基金会的大力支持，谷雨先生为此付出了诸多努力，学苑出版社的编辑同志也以高度认真负责的态度从事本书编校工作。在此，谨致以衷心的谢忱！

  本书存在的错误、不足之处，敬请读者不吝赐教！

刘永祥

写于2015年1月

目 录

上 篇 历史编纂学的转型

第一章 清遗老的精神寄托：清史馆与《清史稿》的纂修 / 2

  第一节 复古思潮与清史馆之设 / 2

  第二节 《清史稿》的编纂过程 / 4

  第三节 清遗老政治文化心态的真实写照 / 6

第二章 国家意志在修史领域的弱化：民国国史馆的多舛命运（1912—1949）/ 9

  第一节 新旧交织：国史馆初设无功（1912—1917）/ 9

  第二节 政学转换：国史馆降格为国史编纂处（1917—1927）/ 12

  第三节 筹而未设：停留在政策层面的国史馆（1927—1937）/ 15

  第四节 保存史料：战火淬炼下的国史馆筹备委员会（1937—1946）/ 18

  第五节 复古"正统"：国史馆政治属性的强化（1946—1949）/ 22

第三章 "历史完形论"的提出与实践：周谷城的中外通史编纂 / 26

  第一节 以"新史学"为主旨的通史编纂理论 / 26

  第二节 以新纪事本末体维护"历史自身之完整" / 28

  第三节 对马克思主义理论的吸收和借鉴 / 31

  第四节 历史比较方法的广泛运用 / 33

第四章 吕思勉与历史编纂的新探索 / 36

  第一节 《白话本国史》：开创中国通史编纂的新纪元 / 37

  第二节 《吕著中国通史》：通史编纂的全新尝试 / 42

  第三节 通史编纂经验在断代史中的成功运用 / 46

中篇 "新史学"的演进

第一章 重写20世纪史学史的思考：以"新史学"的传承和发展为例 / 52
- 第一节 对梁启超史学前后期关系的重新界定 / 52
- 第二节 新史学从思潮向流派的转型 / 55
- 第三节 新史学流派的学术主旨 / 58

第二章 20世纪"新史学"流派对史书体裁的综合创造 / 62
- 第一节 "仍纪传之体而参本末之法" / 62
- 第二节 寓传统体裁的精华于近代章节体之中 / 64
- 第三节 纪事本末体与典志体的大胆糅合 / 68

第三章 唯物史观与"新史学"学者治史的新境界 / 71
- 第一节 "新史学"学者对唯物史观的接受与批评 / 71
- 第二节 唯物史观与"新史学"理论的深化 / 74
- 第三节 诸多领域的启发性运用 / 77

第四章 "五四"以后"新史学"的延续：萧一山的史学思想及清史编纂新论 / 81
- 第一节 深厚的师生情谊与博通的治史风格 / 81
- 第二节 中西交融下史学理论的新探索 / 84
- 第三节 "以义为全书之精神所在" / 87
- 第四节 政治、经济、文化均衡诠叙 / 89
- 第五节 运用章节体编纂大型史书的成功范例 / 91

第五章 卫聚贤与"新史学" / 95
- 第一节 鲜明的进化史观和强烈的经世色彩 / 95
- 第二节 跨学科治史方法的重要开拓者之一 / 99
- 第三节 对中国史学史的较早探索 / 103

第六章　陆懋德《中国史学史》的特点和价值 / 109

    第一节　两份目录之差异 / 109

    第二节　以史书编纂为主线梳理中国史学的演进脉络 / 111

    第三节　中西史学比较的重要开拓者之一 / 114

下篇　经史关系的变迁

第一章　谢无量经学思想略论 / 119

    第一节　以现代哲学、文学理念统摄经学的尝试 / 119

    第二节　融经入史：开拓经典研究的新方法 / 123

    第三节　浓郁的"信古"风格 / 128

第二章　以史治经：周予同的经学史研究 / 131

    第一节　以史学治经学，以史学统一经学 / 131

    第二节　以进化论为指导、注重因果与联系的治史特色 / 136

    第三节　新中国成立后达到学术研究新境界 / 145

上 篇

历史编纂学的转型

第一章 清遗老的精神寄托：
清史馆与《清史稿》的纂修

第一节 复古思潮与清史馆之设

易代修史，是中国古代优良的史学和文化传统，尤其自唐代设馆修史制度化后更成为一种惯例，与国史纂修共同构成官方史学的基本格局。新生的民国同样延续了这一传统，单独设立清史馆纂修清史，但与以往不同的是，其设立承载了更多的政治意图，作为民初复古思潮的组成部分而存在。

袁世凯当政后，试图恢复帝制，并实施了一系列带有复古意味的举措，时人曾将1914年称为"复活年"："去年中华民国之历史，可一言以蔽之，曰复活。科举死久矣，去年乃有考试知事之举，是科举复活也。相国之在清朝，固已同日溘逝矣，而东海为国务卿，则有相国之称，是相国复活也……他如祭天祀孔之典礼、老爷大人之名称，无不同时复活。"①拉拢前清旧臣是其中的重要一环，而为消除遗老们对于出仕民国的"贰臣"心理，袁世凯设立了许多名誉机关如礼制馆、国学馆、考文苑等，清史馆亦为其中之一，事实上，这是设馆的主要原因。②

1914年1月，在袁世凯授意下，有关熊希龄拟请设立清史馆的新闻开始见诸报端，并称："中华民国追维让德于大清皇室，特颁优待条文，崇德报功，无微不至。"③同年2月3日，国务院向大总统提出正式呈请，指出：

> 凡新陈之递嬗，每纪录而成编……盖时有盛衰，制多兴革，不有鸿篇巨制，将奚以窥前代之盛，备后世考镜之资。况大清开国以来，文物粲然，治具咸饬……惟是先朝纪载，尚付阙如，后世追思，无从观感。及兹典籍具在，文献未湮，尤宜广召耆儒，宏开史馆，萃一代人文之美，为千秋信史之征。兹经国务会议议决，应请特设清史馆，由大总统延聘

---

① 觉迷：《中华民国之去年》，《大公报》1915年1月5日。溥仪也曾回忆称："到民国三年，就有人称这年为复辟年了。孤臣孽子感到兴奋的事情越来越多。袁世凯祀孔，采用三卿士大夫的官秩，设立清史馆，擢用前清旧臣，等等举动，令人眼花缭乱。"（《我的前半生》，群众出版社1983年版，第90页）同样将清史馆的设置视为复古活动之一种。

② 当时，《时报》曾刊发《清史馆组织之丛谈》（1914年6月15日）一文，称："此次参政任命发表，就中辞职最力者为劳乃宣、式矻二氏，大总统以二君品学兼优……又以二氏不愿就参政者……于是拟别设清高之职以示尊礼之意，故急于组织清史馆，以便延聘劳、于二氏云。"

③《熊总理拟请设清史馆》，《盛京时报》1914年1月31日。

专员，分任编纂，总期元丰史院，肇启宏规，贞观遗风，备登实录，以与往代二十四史同昭，垂于无穷。"①

呈文虽将接续易代修史传统列为首要理由，但其核心要旨仍在于对清代文治武功的褒扬，以及将民国的创建视为清廷"让德"的结果。这一对两者关系的定位，显然与孙中山领导的临时政府及后来的国民政府截然异趣，实际反映出袁氏政府对"正统"的变相追求。

同时，北京政府国务院迅速拟订出《清史馆官制草案》，规划了史馆的地位、职责和人员构成等："清史馆掌纂辑清史并储藏关于清史之一切材料……清史馆置官员如左：总裁（特任）、秘书（荐任）、纂修（同上）、协修（同上）、主事（委任）……总裁一人掌全馆事务，直隶于大总统。"②1914年3月9日，袁世凯正式颁发大总统令："查往代述作，咸著史篇，盖将以识兴革之所由，资法鉴于来叶，意至善也……准如所请，设置清史馆，延聘通儒，分任编纂，踵二十四史沿袭之旧例，成二百余年传信之专书，用以昭示来兹，导扬盛美。"③由所谓"广召耆儒"、"延聘通儒"、"与往代二十四史同昭"、"踵二十四史沿袭之旧例"以及官制草案可知，袁世凯对纂修人员、史书形制和史馆定位等已有较为清晰的角色期待，显然意在消弭遗老对新政权的排斥感。设馆命令颁布后，当局面临的首要任务为纂修人员的延聘，尤其需要确定馆长人选。据当时报纸报道，徐世昌、陆润庠、章太炎、康有为、梁启超、樊增祥、周馥等皆曾进入当局视野④，只是由于种种顾虑或复杂关系均未出任。在颇费一番周折后，以遗老自居的赵尔巽终于同意担任清史馆馆长，并"要求政府对于清史馆之用人及编纂问题均不得干涉"⑤，清史馆遂正式成立，馆址位于故宫东华门内，原为清国史馆、会典馆馆址。

应该说，袁世凯在筹设清史馆时的苦心积虑与赵尔巽的最终出山，在前清遗老中间引起不小震动，"有主张修史者，有以为不当修者"⑥，如梁鼎芬就致函赵尔巽直言："国号虽更，少帝尚在，当此时代，公然编纂清史，对于现今幼主而直书前皇之遗事，宁非不敬之尤者耶？鄙意斯举请即中止，却为稳当。"⑦当然，态度如此强硬的"顽固"遗老为数并不多，多数人将入馆与入仕作了性质上的区别，并不认为修史是对旧主的背叛，反而认为是特殊形式的尽忠。馆长赵尔巽就曾为自己辩解说："我是清朝官，我编清朝史，我吃清朝饭，我做清朝事。"⑧舆论亦称其"自民国成立后，本无意于仕途，此次之出任清史馆馆长，

---

① 《政府公报》第628号，1914年2月5日。
② 《清史馆官制》，《申报》1914年2月9日。
③ 《政府公报》第660号，1914年3月10日。
④ 参见《清廷编订清史》（《大公报》1914年2月1日）、《康有为允任修史之传闻》（《大公报》1914年2月8日）、《睇向斋逞臆谈·康有为、梁启超》（陈灨一：《睇向斋秘录》，中华书局2007年版）、《政府确将开清史馆》（《申报》1914年1月29日）、《重要机关之重要人物未确定》（《顺天时报》1914年3月13日）等当时相关新闻报道。
⑤ 《清史馆消息三则》，《时报》1914年7月8日。
⑥ 王钟翰：《张尔田师谈〈清史稿〉纂修之经过》，《清史补考》，辽宁大学出版社2004年版，第172页。
⑦ 《梁鼎芬之直言》，《顺天时报》，1914年7月16日。
⑧ 溥仪：《我的前半生》，第90页。

且意欲编纂一至完全之清史，以尽其耿耿之心"①。再如，张尔田在解释其师章钰何以入清史馆时指出："辛亥国变，弃官从好，旅食于京沽间。先生自以为于国事无所裨，而文献之寄不可以无传，故即以读书报三百年养士之泽。"②颇能反映遗老对待清史纂修的态度。

就任后，赵尔巽成立了清史馆临时筹备处，开始按照自己的意愿和标准筹建修史队伍，要求"必须由翰林苑起家，学问渊博，掌故熟悉，或精通满蒙藏各文者方为合格"，而应者众多，"连日门前车马络绎，冠盖如云，前后求见者约达一千余人之数"。③清遗老多成名于光、宣年间，并在政坛和学坛身居要位，而辛亥革命在很大程度上挤压了其生存空间，不仅丧失了政治职权，而且不少人在经济上陷入困境。清史馆的设立无疑为他们提供了秉笔直书、青史留名的路径，并借此寻回故朝记忆，缓解时代变迁所带来的冲击，更能改善生活境况，而袁世凯对民国与清朝关系的定位又大大减轻了被视为"贰臣"的心理负担。在赵尔巽的主导下，先后被聘入馆的总纂、纂修、协修共100多人，"十九清之达官"④，实际以遗老为主体。需要指出的是，他们虽在政治立场上多不忘旧主，但并不能就此给其烙上"守旧"的印记，实则他们属于过渡期的知识群体，具有思想上的复杂性与多元性，而这一特点亦反映到《清史稿》的编纂中。

第二节 《清史稿》的编纂过程

纂修队伍初步组建后，清史馆开始正式运转，而体裁、体例的确立是第一步工作，这是历代官方修史的传统，因为采用何种编纂形式并非简单的技术问题，而是直接制约内容的安置，实际上直观反映了再现客观历史的路径和方式，同时又与正统论、春秋笔法、笔削标准、是非判定、价值取向等紧密联系在一起，而民国取代清朝又在性质上有别于以往的王朝更迭，故而关于这一问题的讨论似乎本应充满新旧思想的交锋。但是，袁世凯复辟帝制在某种程度上中断了民主共和进程，而清史馆的设置又是其中重要环节，袁甚至在设馆命令中已经作出带有明显倾向性的表述，因此有关清史编纂的体裁并未经过大的讨论就达成一致，差异仅在于具体体例的确定方面。

当时，清史馆就体裁、体例问题公开向社会征求意见，馆内外学人（以馆内纂修人员居多）纷纷就某一方面建言，比如于式枚等撰《拟开馆办法九条》、梁启超撰《清史商例》、吴廷燮撰《清史商例》、金兆蕃撰《拟修清史略例》、张宗祥撰《陈纂修清史管见数则》、朱希祖撰《清史宜先修志表而后纪传议》等。多数人认为清史"为结束二十四史之史，清史以后体例如何，自当别议"，但清史乃"与二十四正史并列之书，实在矣数千年

---

① 《清史馆消息三则》，《时报》1914年7月8日。
② 张尔田：《先师章式之先生传》，《遯堪文集》卷二，1948年铅印本。
③ 《赵次珊到京后之情形》，《盛京时报》，1914年6月9日。
④ 柳诒徵：《清史刍议》，《史地学报》1921年第1卷第12号。另，李思清曾在《舫斋载笔：清史馆文人群体的形成》（《北京联合大学学报》哲学社会科学版2012年第10卷第4期）一文中对清史馆的馆员构成及其特点加以详细考证和阐述，读者可以参考。

帝制结局之作",故而主张沿用纪传体,并在类目上"大体近法《明史》,而稍有变通"。纪传体并非单一体裁,而是带有综合性质,能够容纳丰富的史实,从不同层面反映历史演进情形,但同时也是君主专制制度在史书体裁上的映射。其时,"新史学"已风靡全国,以章节体为主的新式体裁已颇为流行,对旧式体裁的改造也方兴未艾,但以遗老为主体的清史馆显然未能表现出足够的求新意识,而是恪守传统,致使不少具有创新价值、反映时代进步的看法被有意忽略了。比如,有人提出志、传应添加图,认为:"旧史无附图者,近代舆图,日以精密,工技之精,非图未辨,左图右史,古学所重,大约疆理、河渠、邮传之志,礼器之数,兵之船械,皆非有图,无以证明……既无因袭,亦可特创。"有人建议增加民俗志,认为:

> 志宜兼详民事。中国旧史,大都详朝廷制度,略民间礼俗,《史记》独多言民事,千古称之,今宜扩而充之。凡民间礼俗之大,居处饮食之细,及一切日用风教有关者,良窳得失,灿然无遗。①

此类意见虽不占多数,但毕竟说明新的科学精神和史学理念已开始向官方修史领域渗透。

修史机构能否有序运转,很大程度上取决于是否具备完善的管理制度。然而,清史馆开馆之初,馆长赵尔巽并未制定详细的工作条例,仅设置总纂诸员分撰表和功课簿,依据馆员专长而分配任务,要求馆员每两个月到馆交稿一次。、由于秉承袁世凯羁縻"遗贤"的宗旨,上述考核制度多流为形式,并不具有实质上的约束作用。严格的监督和审查机制的缺失致使史馆组织涣散,出现许多"领执笔名义者、坐领厚薪者、饱食而嬉者"②,他们"每天聚着谈谈,随便撰写一些,全无条例,有如一盘散沙"③,甚至出现"有请人代撰者,其代撰之人,更不知学术"④的荒诞现象,因此最初几年虽成稿数量众多,纪、传、表、志等均粗具初稿,但质量参差不齐。对此,朱孔彰曾建议对"全史体例加以审正,而慎选总领之人,商定分纂之办法,庶不致紊乱无纪,冀可观成"⑤,惜未被采纳。

袁世凯称帝失败后,军阀割据、混战渐次粉墨登场,在动荡的局势下,清史馆因丧失政治象征意义而被新政权体系迅速边缘化,最直观的表现就在于经费的骤减:"馆中经费骤减十万,其后递减,月至三四千。此三四千者,犹不时至,或参以国库券公票之类。"馆员随之大半散去,仅余20多人。不过,政治负担的减轻以及素餐之人的离馆反而让赵尔巽能够放手整顿,他进一步统一凡例,明确分工,并特聘邵章为提调,专司其事,负责与编纂人员联系,同时整理先前已撰好的文稿,又在缪荃孙建议下制定了"以时代为段

---

① 朱师辙:《清史述闻》,三联书店1957年版,第3、206、4、170、206页。
② 徐一士:《关于清史稿》,《逸经》1936年第6期。
③ 郑逸梅:《清娱漫笔》,三联书店1957年版,第12页。
④ 张尔田:《清史稿撰述之经过》,三联书店1957年版,第295页。
⑤ 朱师辙:《清史述闻》,第46页。

落,择人分任"的统稿、审查原则,馆风遂大为改善。然而,直皖、直奉战争的爆发令东华门经常关闭,馆员无法"调书考证",经费亦几近枯竭,"在馆人员,等于半尽义务"。①最终馆内仅余14人,并被迫进行馆外兼职,以维持生计。无奈之下,馆长赵尔巽向吴佩孚、张宗昌等寻求支持,而"诸军帅慕义乐善,而重公之名德……皆慨输巨款"②。

1926年,鉴于全稿已粗具规模,史馆决定用两到三年时间进行终审定稿,并重新分配任务,即:柯劭忞总阅本纪、王树枏总阅志、吴廷燮总阅表、夏孙桐与金兆蕃总阅列传等。1927年春,随着北伐军节节胜利,赵尔巽以"时势之艰虞"和"年齿之迟暮,再多慎重,恐不及待"③为由,决定将史稿付印。部分馆员对此持赞同意见,希望以刊印后的稿费补发欠薪,而夏孙桐等则极力反对,认为史稿错漏太多,"断不可冒昧行之",否则恐贻笑世人,并建议"实事求是,逐加修正,务延总阅,全体讨论,以期详审"。④但赵尔巽意在有生之年完成清史编纂心愿,遂坚持己见,并称:"吾不能刊清史,独不能刊清史稿乎?"⑤不久,赵尔巽病重,适逢袁金铠来京,遂委以刊印之事,而袁又假手金梁负责。同年8月,赵尔巽病故,由柯劭忞代理馆长,并再次缩短刊印之期,造成大量书稿来不及审核、修正即付刊印。全书赶在北伐胜利之前仓促印刷完毕,计本纪25卷,志142卷,表53卷,列传316卷,共536卷,800余万字。当时,共印制1100部,其中400部被金梁未经馆长批准即运往关外,称为"关外本";留在馆内的700部被馆员发现多有金梁私自增改之处(如增加康有为、张勋传,修改部分列传,删改艺文志序,增加校勘记等),遂重加纠正,称为"关内本"。后来,关外再次重印,对部分列传、史表等做了删改,称为"关外二次本"。

第三节 清遗老政治文化心态的真实写照

《清史稿》的编纂自1914至1928年历时14年,处于北京政府时期,而无论是袁世凯、徐世昌,还是段祺瑞,虽重视程度有别,财政支持有异,但都为清史馆提供了相对宽松的政治空间,官方与史馆基本处于游离状态,馆员们具有较大的历史书写自由,从形式的选定到内容的取舍,均取决于其主观裁决,几乎没有受到来自官方的严格监督与有意干预,而这在以往的易代修史中几乎不可想象。上述现象的出现,既与当权者对民国与清朝关系的定位密切相联,又因史馆在社会转型过程中丧失了原有的政治威力,而时局的动荡更令当权者无暇顾及于此。

《清史稿》的纂修背后缺乏强有力的政权支撑,而人员较为混杂,历史观念有别、学术水平有异、用力程度亦不同,加之最后的审阅工作过于仓促,因此与传统官修史书相较

---

① 朱师辙:《清史述闻》,第58、75页。
② 徐一仕:《清史稿与赵尔巽》,《逸经》1936年第2期。
③ 赵尔巽:《清史稿发刊缀词》,《逸经》1936年第5期。
④ 朱师辙:《清史述闻》,第184页。
⑤ 爽良:《清史馆馆长前东三省总督盛京将军赵公行状》,载卞孝萱、唐文权编:《辛亥人物碑传集》,团结出版社1995年版,第52页。

在统一性方面有所欠缺，尤其表现在体例不合、内容抵牾等方面，但由于纂修人员以前清遗老为主，与以往站在新朝立场书写旧朝史颇为不同，故而在政治立场或思想倾向上又表现出高度一致，并充分折射出遗老在面对政权更迭和社会转型时的复杂心态，尤其表现在对待辛亥革命和西方入侵的态度等方面。

前清遗老们基本遵循"修故国之史，即以恩故国"的编纂原则，内清室而外民国的倾向亦较为明显。对于清代皇帝，极尽歌颂之能事；对于民族压迫，则极力回护。尤其是，对于直接导致清朝覆亡的辛亥革命及革命党人的事迹，《清史稿》少有记载或语含贬抑。比如，关于武昌起义，史稿记载称："甲寅，革命党谋乱于武昌，事觉，捕三十二人，诛刘汝夔等三人……乙卯，武昌新军变附于革命党……丙辰，张彪以兵匪构变，弃营潜逃……嗣是行省各拥兵据地号独立，举为魁者皆称都督。"①相反，对于端方、赵尔丰等对抗革命者则多有立传，并称"或慷慨捐躯，或从容就义，示天下以大节，垂绝纲常，庶几恃以复振焉"②。其他如使用干支纪年而不用民国纪年，有意不书孙文之名，将梁济、王国维载入《忠义传》等皆说明，清史馆虽属于民国时期的政府机构，但纂修人员却大多站在清朝立场上进行历史叙述。这正是《清史稿》后来被南京政府查禁的主要原因。

1928年6月，清史馆被故宫博物院接收，《清史稿》随即被封存。同年10月，刘赞廷呈请南京国民政府将《清史稿》启封发售，以"供诸民众，共见共闻，俾得详尽之批评，以便正确之修订"③。12月，故宫博物院院长易培基建议行政院禁止《清史稿》发行，认为：

> (《清史稿》)系用亡清遗老主持其事……彼辈自诩忠于前朝，乃以诽谤民国为能事，并不顾其既食周粟之嫌，遂至乖谬百出，开千百年未有之奇……故其体例文字之错谬百出，尤属指不胜屈。此书若任其发行，实为民国之奇耻大辱。④

并指出其存在的19项错误，而前六项为反革命、藐视先烈、不奉民国正朔、例书伪谥、称扬诸遗老、鼓励复辟以及反对汉族等，其余则为体例或史实方面的问题。随后，《清史稿》被当局查禁。《清史稿》在民国前后期的不同遭遇，实则是政治理念转换的必然结果，北京政府意在维持皇权正统，而南京政府则标榜民主共和，革命与忠君的观念再度发生碰撞，设馆延聘前清遗老纂修清史的法理依据已然丧失，而立场的转换使得《清史稿》的正当性不复存在，故难逃被查禁的命运，这也说明官方修史的政治属性要强于文化属性。

对于这一问题，孟森持有不同看法，认为应区别"表扬清室"与"触犯民国"："在馆秉笔诸人，当时采清代旧望，来者多以元遗山自况，用修史以报故君，故疑其内清而外民国，此诚有之，但意主表扬清室，与敢于触犯民国，并非一事，其可疑与否，当据书中内容而言，不当以揣测之故，湮没甚富之史料。"事实上，在审稿总阅阶段，纂修人员确在

---

① 《清史稿》卷二五"宣统皇帝本纪"，中华书局1977年版，第996页。
② 《清史稿》卷四六九"恩铭"，第12790页。
③ 许师慎：《有关清史稿编印经过及各方意见汇编》，台北"中华民国"史料研究中心1979年版，第223页。
④ 易培基：《故宫博物院请行政院禁止发行呈文》，《华北日报》1929年12月24日。

一定程度上做了一些修改，如金梁曾谓："近人每责史稿，谓以民国官修清史，不应立言多背时制，而不知史馆修史十余年，实未成书，及议校刻，实临时集款，购稿分印，特仓促报成，不免疏陋，实多可指耳。然当时亦颇注意，即如洪秀全传……其中贼匪等字，均已校改为敌字，即此可概其余矣。"①再者，遗老们虽对辛亥革命多有排斥，但同时又部分承认共和取代皇权的进步性，如袁嘉谷、陈敬第就曾明确主张："革命之党人，共和制原因也，讳言革命则清室之禅让为无名矣。"②当时，忠于逊清与拥护共和分别具有价值层面和道义层面的正当性，而两者无法兼于一身，郑孝胥所谓"共和"为"佳名美事"而人为"有义之物"，③就充分说明时人在两者之间的徘徊与纠结，而少数遗老显然也试图在《清史稿》的纂修中寻找一个平衡点。

此外，纂修人员还面临以往所不曾出现的新问题，即中西文明之间的文野转换。以往正史在处理中外关系时，多设有"外国传"，而《清史稿》并未遵循旧例，认为"传者专纪一邦事实而已，志则于国际大纲，必指其要领所在，且必于事之始终本末一以贯之"④，故设置了"邦交志"。但是，形式的创新却无法掩盖内容的守旧，该志充满了陈腐的史观、史法，缺乏洞悉时代变化的史识，正如蒋廷黻所言：

> 近百年来中外关系之大变迁何在？其变迁之根本理由又何在？《邦交志》非特无所贡献，且直不知此二问题为撰《邦交志》之主要问题也……《邦交志》虽为创新，然《邦交志》之书法及其根本史学观念，则纯为袭旧。⑤

面对西方列强的入侵，纂修者虽已抛弃旧有的夷夏观念，但本着为清朝讳的原则，对于丧权辱国之事多语焉不详或轻描淡写，如记载南京条约的签订时称："八月戊寅，耆英奏广州、福州、厦门、宁波、上海各海口，与英国定议通商。"⑥《耆英传》中记载虽略微详细，但只记赔款通商，对于割让香港、协定关税则只字未提。而且，由于知识结构的局限，《清史稿》有关西方的论述多有错漏，如称"俄国界近大西洋者，崇天主教"⑦等。当然，《清史稿》虽存在诸多缺陷，然其价值不应被一笔抹杀，正如金毓黻所言：

> 平心论之，是书积十余年之岁月，经数十学者之用心，又有国史原本可据，而历朝所修之实录、圣训及宣统政纪，并将蒋、王、潘、朱四氏之东华录，采摭甚富，史实赅备，囊括以成一代大典，信足以继前代正史之后而同垂于奕祀矣。⑧

---

① 许师慎：《有关清史稿编印经过及各方意见汇编》，第610、636页。
② 朱师辙：《清史述闻》，第163页。
③ 郑孝胥：《郑孝胥日记》第3册，中华书局1993年版，第1356页。
④ 朱师辙：《清史述闻》，第270页。
⑤ 蒋廷黻：《评清史稿·邦交志》，《北海图书馆月刊》1929年第2卷第6期。
⑥ 《清史稿》卷十九"宣宗本纪三"，第687页。
⑦ 《清史稿》卷一五三"邦交一·俄罗斯"，第4484页。
⑧ 金毓黻：《读〈清史稿〉札记》，《国史馆馆刊》1948年第1卷第3期。

第二章　国家意志在修史领域的弱化：民国国史馆的多舛命运（1912—1949）

中国史学发展呈现官修、私撰双线并行的基本格局，"两者如车之两轮，鸟之两翼，相辅相成，共同汇成中国古代史学浑浩流转、波澜壮阔的长河"①。从某种意义上说，是否拥有官方制度化、组织化的史学活动，正是中西方史学的主要区别所在。近代以来，随着中国社会结构的转型和史学的近代化，官方史学的地位不断遭到冲击，步入民国以后，这一趋势更为明显，以现代知识生产为依托的史学学科体系的逐步确立，使得以大学为中心的私家史学成为中国史学的主体，而处于动荡时局下的官方史学则迅速被边缘化，充分反映出国家意志在历史编纂领域的弱化。然而，这一修史机构的多舛命运，最能反映官方史学的衰微，其间更交织着中西、新旧史学理念的碰撞和官、私史学的互动，折射出史学与政治的密切关联。

第一节　新旧交织：国史馆初设无功（1912—1917）

中国在夏代可能已有史官，史官制度于汉魏时开始向史馆制度演变，至唐初而成定制，负责纂修前代史和国史，此后不断发展，至清而达鼎盛。当权者高度重视设馆修史的直接原因，一方面是吸取前朝的经验教训，另一方面是掌控历史书写的话语权；而从深层次上说，则是中华民族发达的历史意识使然，即增强民族认同、保存历史资料、延续中华文明的集体自觉。因此，辛亥革命虽终结了君主专制时代，新生的临时政府也陆续出台一系列新政，对旧有制度予以猛烈攻击，而纂修国史却依然被视为开国急务。1912年3月17日，胡汉民、黄兴等97人联名具呈孙中山，请设国史院，称："窃概观中国前史，春秋、史记而外，多一人一家之传记，无一足称社会史，可以传当时而垂后世……而所称正史者，亦复狃于君主政体，其典章制度，人物文词，见于纪传表志者，多未能发挥民族之精神……若藉为民国之借鉴，犹南辕北辙，凿枘不能相容。诚以立国之政体不良，而记载遂不衷于至当耳……兹者民国确立，以前之艰巨挫折，起蹶兴踬，循环倚伏，不可纪极。若非详加调查，笔之于书，著为信史，何以彰前烈而贻方来，正史裁而坚国本。"②传统与现代之间的交织和辉映在此展露无遗，呈文一方面延续设馆修史的传统，并强调信史精神及

---

① 陈其泰：《设馆修史与中华文化的传承》，《清史研究》2003年第1期。
② 《胡汉民、黄兴等九十七人请设国史院呈》，《临时政府公报》，1912年3月17日第41号。

史学的致用功能；另一方面则将新的史学和政治理念贯彻其中，不仅严词批判旧史记载范围狭窄、维护君主统治等弊端，而且明言史书编纂应以社会、民族、国家等为书写主体和服务对象，标志着这一与政统、学统等息息相关的文化制度开始转型。

对于这份提案，孙中山"深表赞同"，认为："中国历代编纂国史之机关，均系独立，不受他机关之干涉，所以示好恶之公，昭是非之正，使秉笔者据事直书，无拘牵顾忌之嫌，法至善也。民国开创，为神州空前之伟业，不有信史，何以焜耀宇内，昭示方来。"①他咨请临时参议院审议设立国史院，但因当时处于权力交接时期，参议院无暇顾及于此。袁世凯窃权后，将各项官制（其中国史院已改称国史馆）咨送参议院审议。议员们就国史馆官制展开激烈辩论，分歧主要集中在国史馆应否设立、馆长如何产生、是否设置评议等问题上，尤以第一点最值得注意。

从法理及体制上讲，国史馆作为皇权时代的产物，自然已经丧失了存在的正当性与合法性。不少议员就此坚决反对设立国史馆。梁孝肃指出："国史是科学之一种，可令富于历史学子，自由修纂，不能定为官修……国史之修纂，乃一般国民之公共事业，应争取全国人民公共之是非，非一二人之意思所可修纂者……以前所有历史，大半系皇室家谱，均表明一人一家之事实，求其与国民有关系，至为鲜少。今中华民国之国史，是非应公之舆论，应本国民全体之是非以判断之……若仍由政府设官修纂，则必仍蹈专制时代之覆辙，重政府而略国民。"可见，在新的政治理念和新史学思潮影响下，史学为国民而作的观念已经为不少知识分子所接受，他们担忧一旦设立国史馆，必定受到权力干预，将重蹈为帝王修家谱的覆辙，不仅不能写出整个民族的历史，甚至无法客观地写出真实的历史，故而力主将修史之业划入科学研究行列，由专门学者进行无约束的个体或组织性探索。而且，此时西学已在知识分子心中占据文化优势，西方国家并无国史馆之设，因此新生的共和政府也理当摒弃这一君主时代的修史制度。这种观点在击中官方修史要害的同时，也以政治批判眼光遮盖了史馆的文化功能。在中国文化传承和史学发展中，官方修史都扮演了极为重要的角色，其与私家修史之间也并非水火不容，而是互为补充，相得益彰。谷钟秀就反驳说："设立国史馆，并非限制民间不准修。民间学问家仍可以自由编纂，若较官修之史为佳，仍可以风行于世……有此国史馆，不但不碍于私史，且可以为私史之参考……中国数千年之文明，皆赖历史。此时万万不可不有国史馆。"②事实上，历代史馆虽与皇权保持密切关联，但也具有相对的独立性，不能简单概括为专制和教化的工具，这种独立性不仅表现在行政职权方面，还表现在长期以来形成的直书精神和信史理念上。议员们关于馆长和评议问题的争论焦点，也在于此。

政府提案中，国史馆馆长为特任，直隶于大总统。其原因是："盖以修史者应立于独立地位，无他项之关系，方能秉笔直书，若以之隶属于国务总理，则秉笔恐不无迁就，史即不足以垂征信。"张华澜等人对此表示反对，认为如此一来，则在三权之外"又有一种

---

① 《临时大总统批示》，《临时政府公报》1912年3月17日第41号。
② 以上皆见《参议院第八十三次会议速记录》，《政府公报》1912年10月29日第181号。

修史权",属于不伦不类、非驴非马,主张"用各省省议会公举",并使这一机构成为"限期之机关,非常设之机关,为合议制机关非独裁之机关,为公开之机关,非职官专定之机关",其目的仍在于将修史之权从政府转移到史家或公众手里。从理论上讲,选举制要优于任命制,但偏于理想化,操作难度很大,并不符合当时的现实境况。因此,这一建议仅获少数人支持,多数人赞成政府提案。经表决,国史馆馆长未列入行政官等行列。同样,国史馆需要保持独立性,免受外部因素的影响,不应另设专门的评议组织加以考核,因此提案中的这一条经过讨论后被删除。①

《国史馆官制》规定:"国史馆掌辑民国史历代通史,并储藏关于史之一切材料";"国史馆置职员如左:馆长,特任;秘书,荐任;纂修,荐任;协修,荐任;主事,委任";"馆长一人,掌全馆事务,直隶于大总统",②明确了这一机构的职责、地位和组织等。1912年12月11日,袁世凯任命王闿运为馆长。"闿运久不至,欲改任章炳麟,藉以羁縻,炳麟不受。"直至1914年4月7日,王闿运方到京就任。5月25日,国史馆正式成立。然而,一方面,袁世凯意在称帝,设馆只是"承旧案,应故事,初未明其蕴奥,故视为冷衙闲曹,无足轻重,短其奉稍,致使人浮于食";另一方面,王闿运对于编纂民国史并不热心,其网罗进馆之人,不仅多为湖南同乡,且有不少前清翰林院一些守旧人物,热衷于复辟清室,如担任纂修的宋育仁就联合馆员反对共和;再者,由于管理混乱,内部矛盾丛生,甚至出现贪污经费的腐败问题。③故此,这一时期国史馆虽地位显赫,然有名无实,形同虚设。当时,报界常将其与清史馆作比较,赞誉清史馆的实干精神,而讽刺国史馆的无所作为。比如,《时报》曾以《两史馆最近之态度》为题报道两馆近况,小标题分别为国史馆之清闲和清史馆之开创。《申报》亦以《两史馆最近之内情》为题进行后续报道,小标题分别为国史馆升官图和清史馆讨论会,褒贬之意不言自明。④金毓黻亦称:"未闻其时有勒成删定之史稿。"⑤1914年11月12日,王闿运辞职返湘。袁世凯准其遥领史职,并于次年1月9日任命杨度为副馆长维持馆务,亦无所作为。鉴于此,段祺瑞于1917年4月18日呈请将国史馆暂行停办,指出:"设馆数载,成绩未彰。近更主持无人,形同虚设。值此财力支绌之时,与其长此因循,徒縻经费,曷若即行停止,徐图更张。兹经国务会议议决暂行停办。停办以后,拟由教育部派员接收,另筹妥善办法,务使国史、国帑两有裨益。"⑥

袁世凯开了军阀漠视修史的恶劣风气,不仅造成官方历史记载的中断,而且使得国史馆的地位迅速下降,在一段时间内甚至成为可有可无的机构。孟森就将民国时期史馆的衰颓归咎于此,认为:"民国久无史职,学者间颇以为怪,不知此迟迟不敢设史馆之意,盖

---

① 《参议院第八十四次会议速记录》,《政府公报》1912年10月30日第182号。
② 国史馆编:《国史馆成立始末》,国史馆编印,1946年,第2—3页。
③ 逸雪:《三十年来国史馆筹备始末记》,《说文月刊》1942年第3卷第8期。文中载有《国史馆职员录》。另,《大公报》曾刊文称:"王湘绮到京多日,尚未正式就史馆之任,据闻总统请其纂修国史,则云民国无史可纪;请其兼修清史,则云自有魏收第二。是湘绮之不愿担任作史也明矣。"(《闲评一》,《大公报》,1914年4月26日)
④ 参见赵晨玲:《北洋政府的清史馆与国史馆》,《中国文化报》2010年10月19日。
⑤ 金毓黻:《旧京史馆述闻》,《国史馆馆刊》1948年第1卷第2期。
⑥ 《国务总理关于暂行停办国史馆致大总统呈》,《政府公报》1917年4月18日第459号。

惩袁政府之虚设国史馆也。"①

第二节　政学转换：国史馆降格为国史编纂处
（1917—1927）

在中国传统社会中，史馆不是单纯的学术机构，而被赋予文化和政治双重功能，是当权者掌控修史大权的重要措施和途径，因此史馆与政治之间始终存在着无法割断的关联。清朝灭亡以后，旧有的政治制度宣告结束，作为其重要组成部分的国史馆虽得到保留，但袁世凯、段祺瑞等并未真正意识到其重要性，复杂的国内外局势更使它难以进入当权者的政治视野，从而导致这一机构始终游离在新的权力体系之外，处境十分尴尬，因此才会出现政府为节省开支而将其暂行停办，转由教育部妥善处理的一幕。

面对这一难题，教育部提出了一套解决方案，即："将编纂国史事项暂行并入北京大学，本年暑假即就文科大学开办中国史学门，附设国史编纂处"，每年拨经费4万元，"较之上年度该馆预算减少五分之三有奇"。②这一以节省经费为原则的方案于1917年6月30日付诸实施，直接将国史馆的地位从政府机构降格为学校部门，在很大程度上宣告了政府对修史之权的放弃，转换跨度之大，前所未有，充分折射出官方史学从中心走向边缘的颓势。

从章程来看，国史编纂处的任务没有发生大的变化，仍包含两大方面，即纂辑股负责"纂辑民国史及历代通史"，征集股负责"征集关于史之一切材料"，但编纂主体彻底更换，由北大校长（蔡元培）兼任处长，纂辑员则由"中国史学门教员兼任之，史学门教员人数不足时，得由处长延聘他门教员，或校外专门学者分任之为特别纂辑员"。③在蔡元培和张相文的合力主导下，一个具备现代学术理念的史学队伍承担起编纂民国史的重任，风气也随之一变，政治淡化而学术凸显，因此在短时间内取得可观成绩。④

为使编纂工作有序开展，纂辑股和征集股都制定了相应的工作条例。据《国史编纂处纂辑股编纂略例》⑤可知，国史编纂处延续了从长编入手的传统，并在体裁体例上寻求创新，尝试将纪传体和纪事本末体加以糅合，以大事记代替本纪和世家，既克服旧体史书为帝王作家谱的弊端，以彰显新的时代精神，又解决通史撰述中的主干问题，使历史发展大势得到清晰再现，同时努力突破政治史范畴，借鉴西方文明史的做法，扩大记载范围，并将现代学科理念引入历史编纂。以上既反映了新史学思潮的影响，也进一步印证了在民国

---

① 孟森：《国史与国史馆》，《独立评论》1935年第135号。
②《教育部关于国史馆附于北京大学文科办理事致大总统呈》，《政府公报》1917年6月28日第526号。
③《北京大学附设国史编纂处简章》，《政府公报》1917年6月28日第526号。
④ 参见《北京大学附设国史馆编纂处职员录》，王学珍、郭建荣主编：《北京大学史料》第2卷，北京大学出版社2000年版，第356页。
⑤《国史编纂处纂辑股编纂略例》，《北京大学日刊》1917年11月16日。

时期史书体裁的发展过程中，除流行的章节体之外，还存在另一条主线，即对"新综合体"的不断探索。①

1919年3月15日，国史编纂处向教育部呈报了工作清册。呈文说："古代史官，世守微言奥义，信而可征。自唐以后，国史以宰相监修，世道衰趋避熟，史册不免寡陋繁芜，本处延聘通儒，一面纂辑通史，一面纂辑民国史，总期详实，一洗从前官修之弊。然参考典籍，非从事征集不为功。本处搜罗掌故，不厌周详……综计开办以来，纂辑稿件约二百五十五册。征集中东西文各书报约七百八十余种，计五千五百六十余册。"②摆脱权力影响、以独立的学术精神编纂信史，是其工作主旨和目标，而在学者多为兼职的情况下，能于两年内取得如此成绩，已属难能可贵。从报告中可知，纂辑股按照各编纂员的研究方向进行学术分工，既便于最大程度地发挥学者专长，又与其原来工作保持一致性，尽量规避了两者之间的矛盾。

在史料收集方面，征集股最初制订的计划，是以国史编纂处的名义向国务院及各省政府机关发公函，索取出版的政府公报，并以蔡元培名义在各机关中聘请熟悉掌故和主管文牍的人员为名誉纂辑员、名誉调查员，以提供相关史料，但这种官式做法成效甚微。1918年6月，张相文提出"众擎共举"的主张，在北大创设征集会，发动学生参加史料收集工作，后又在各大报端刊登广告，将史料征集范围扩大到全国，短时间内即取得显著效果。③史料的获得途径，则大致包括赠送、购买、抄录、翻译、征集等五种。④此外，张相文、叶瀚等又于1919年1月发起成立史学讲演会（初名通史讲演会），设于国史编纂处内，目的在于集思广益，规定教师和学生均可担任主讲，演讲内容属史学者，由北京大学月刊发表或出单行本，属地理者，由中国地学会《地学杂志》刊登，而对于最优秀的学生，则提请校长给予奖励。⑤

上述一系列举措，使得国史编纂处与北京大学之间形成双赢局面。后者为前者提供了有利条件，前者又为后者学术风气的进一步改变作出重要贡献。对于国史编纂处的工作，教育部给予充分肯定，称："该处并入大学，成立仅阅年余，关于纂辑、征集两部分事项，广罗名宿，实事著述，积极筹办，成绩斐然，至堪嘉许。应即继续进行，以期美备。"⑥国史编纂处之所以能取得显著成绩，很大程度上得益于对权力干预的剥离和对学术精神的贯彻，同时与主持者、参与者的态度、观念和能力密切相关。可以说，这一时期的国史馆发生了质的转变，假以时日，或许能编纂出高质量的民国史和通史。然好景不长，教育部"应即继续进行，以期美备"的命令下发尚不足两月，"五四"运动爆发，蔡元培对

---

① 参见陈其泰的《近三百年历史编纂的一种重要趋势："新综合体"的探索》（《历史编纂与民族精神》，国家图书馆出版社2011年版）及拙文《20世纪"新史学"流派对史书体裁的综合创造》（《人文杂志》2012年第1期）。
②《北京大学国史编纂处呈报纂辑、征集工作清册》，《教育公报》1919年5月第6年5期。
③ 参见张至善：《张相文和北京大学附设国史编纂处》，《史学史研究》1991年第3期。
④《北京大学国史编纂处呈报纂辑、征集工作清册》，《教育公报》1919年5月第6年5期。
⑤《国史编纂处纪事》，《北京大学日刊》1919年1月17日。
⑥《教育部指令》，《北京大学日刊》1919年3月26日。

北大学生的回护引起当局不满，校长职务被免除，国史编纂处也于1919年8月27日被收回，改归国务院。北京政府给出的理由是："仅由学校附设机关，不足以昭郑重，自应遵谕暂由国务院接收办理，拟仍沿用国史编纂处名称，并照原有经费开支。"①所谓"不足以昭郑重"，显为冠冕堂皇的借口。早在1918年3月，江瀚就曾呈请将国史编纂处收归国务院，并在呈文中怒斥"废馆设处，并未提交国会，仅由国务会议贸然通过，遽行降国史于教科，委纂修于校员，得无近于非法乎"②。当时，教育部回复称："文明各国纂集史事，多由最高学府典领，以期贯通学术，发扬国光。本部前此暂拟归并办法，亦即本此主旨，以为设施。至原定国史馆官制，系专设机关，规模宏备，需款甚巨，应俟竟来查察情形，再行斟拟规复。目前仍应暂行归并大学办理。"③显然，"五四"之前，北京政府无意收归国史馆，而借世界通行做法之名，行省节经费之实。此次政治干预直接导致原国史编纂处的工作前功尽弃，只有屠寄入新国史编纂处继续编纂蒙兀儿史。蔡元培回忆说："政府忽又有国史馆独立之一案别行组织，于是张君所编的民国史，薛、童、徐诸君所编的辞典，均因篇幅无多，视同废纸，只有屠君在馆中仍编他的蒙兀儿史，躬身保存，没有散失。"④

1919年9月1日，新国史编纂处正式成立。国务院重拟简章，规定："国史编纂处附属于国务院，掌编纂国史，并征集保存关于国史之一切材料。"⑤同年9月10日，国务院委派涂凤书兼任处长，并招揽一批清末进士入处。⑥关于这一机构的运作和成绩，现已很难查考，仅能从金毓黻的文章中略窥一二："考编纂处经始于八年八月，结束于十六年秋季，凡历八年岁月，尔时能举记言书事之职者，实止黄维翰一人……当时国史体例，凡分五类，即纪、表、志、传及纪事本末是也。按实言之，以八年之岁月，仅撰成纪表志及纪事本末四十五册，列传四十五篇，究属寥寥可数，岂非所谓世态炎凉，徒延岁月，头白可期，汗青无日乎……此事原委，由鲍君育万告余，故得悉焉。"⑦1927年9月21日，张作霖以"国务院附设国史编纂处，规制简略，职司未备"为由，下令"应仍旧制，设置国史馆，从事纂修"，⑧并公布国史馆官制，规定"国史馆掌修民国国史……置监修一人，由国务总理兼领……置馆长一人，由监修呈请大元帅聘任"等⑨，"以柯劭忞为馆长，王树枏为总纂……尔时曾续撰列传若干篇"⑩。此后，国民革命军北伐成功，北京政府垮台，国史馆随之解散，

---

① 《教育部致北京大学训令》，中国第二历史档案馆编：《中华民国史档案资料汇编》第三辑·文化，江苏古籍出版社1994年版，第569页。
② 《江瀚为国史馆改隶国务院致大总统呈》，中国第二历史档案馆编：《中华民国史档案资料汇编》第三辑·文化，第568页。
③ 《教育部咨呈国务总理详陈国史馆附设北京大学校办法》，《教育公报》1919年4月第6年4期。
④ 蔡元培：《我在北京大学的经历》，高乃同：《蔡孑民先生传略》，商务印书馆1943年版。
⑤ 《国史编纂处简章》，《政府公报》1919年9月4日第1286号。
⑥ 参见《国务院国史编纂处职员录》，逸雪：《三十年来国史馆筹备始末记》，《说文月刊》1942年第3卷第8期。
⑦ 金毓黻：《旧京史馆述闻》，《国史馆馆刊》1948年第1卷第2期。
⑧ 《大元帅令》，《政府公报》1927年9月24日第4101号。
⑨ 《国史馆官制》，《政府公报》1927年9月24日第4101号。值得一提的是，收归后的国史编纂处和重设的国史馆，在职责范围上发生重要变化，即不再负责编纂通史。
⑩ 金毓黻：《旧京史馆述闻》，《国史馆馆刊》1948年第1卷第2期。

由南京政府派专员接收。

对于北京政府时期国史馆的无作为，梁启超曾给予批评，所论在今天看来仍有警醒意义："史官在法律上有独立的资格，地位又极尊严，而且有很好的人才充任，这是中国史学所以发达的第二原因。但是到民国以后就糟了，自史佚以来未曾中断的机关，到现在却没有了……独立精神到现在消灭，是不应当的，几千年的机关，总算保存了几千年的史迹，虽人才有好坏，而纪载无间缺，民国以来怎么样，单是十六年的史迹，就没有法子详明的知道，其故，只因为没有专司其责的国史馆。"①

第三节 筹而未设：停留在政策层面的国史馆（1927—1937）

民国以来，随着社会环境的变化，作为旧事物的国史馆，虽在文化和史学传统影响下得以保留，但在面对复杂多变的政局时却无法发挥立竿见影的效果，因此这种延续往往流于形式，并不能得到当权者的真正重视，其重要性也更多地停留在理论或政策层面，而在现实中则处于十分尴尬的境地。南京政府成立后，在有识之士的推动下，这一情形逐渐发生变化。至抗战爆发前这十年间，当局对于国史馆虽筹而未设，也未取得实质性成绩，但所制定的相关政策，却抓住了新式官修国史的核心，成为国史馆发展的一大转折点。

南京政府成立后不久，薛笃弼就在国民政府第80次会议上提议设立编纂国史的专门机构，"责令现有之部院，视其职权性质，可以兼掌国史者，添设一处，专责编纂国史之责"。②不过，这一建议在当时的混乱局势下并未被采纳。1928年11月19日，首都新闻记者联合会、南京国民晚报社等联合向国民党中央党部建议设立国史馆，并速派员接收原国史馆的稿件，文称："每直易代，必修专史。况自吾党建立民国，扫除五千年专制历史，理合修造新史，于总理提倡之民生史观，上以端正人心之趋向。查民元北平曾设立清史馆与国史馆……北伐告成，国家统一，奠都南京，重组政府，由中央派员北往，接收北平所有政治机关，而独遗国史馆，无人过问。大惧中华民国光荣史实，湮没弗彰，陷于共产党徒抹杀历史之谬误，其何以息邪说，距僻行，而正人心。"③这一建议最值得注意之处，并非点明应延续官方修史传统，并撰写符合时代精神之新史以端正人心，而在于它特别指出，要与中共争夺历史书写的话语权，将历史编纂纳入政治斗争范畴，已然背离了直书精神。不过，这一争夺局面后来更多地出现在带有政治倾向的私家修史领域。

1928年11月28日，江苏省政府主席钮永建亦呈请国民政府设立国史馆，指出："先总理四十年革命精神，为民请命，历朝开国元首皆有实录，所必录者，以领袖举动，俱关全

---

① 梁启超：《中国历史研究法补编》，《饮冰室合集》专集之九十九，中华书局1989年版，第155页。
② 中华民国史事纪要编辑委员会编：《中华民国史事纪要》（初稿），台北"中华民国"史料研究中心1982年版，第126页。
③ 许师慎编：《国史馆纪要》（初稿），台北"中华民国"史料研究中心1977年版，第84页。

局,振衣者必挈其领,自古史家,非好媚兹一人。今总理奉安有期,中山实录宜有以宣示中外者,史氏溺职,未勒专书,史职之设,又政府所未可漠视者也……应表彰者社会未显其名,宜惩罚者后世无以为戒,忠义奸邪,彼此绝影,不有信史,何以愍后,史职所关,亦我政府所亟当注意者也……今之清史……可谓官治通史之结束。全国革命,总理创之,民史开元,纪载尤重民族精神之发展程度,民权民生之如何运用而贯彻之,中华民国之国史,殿官治而启民治,史职之设,未可缓缺。"①与上述新闻团体以党争为出发点不同,此文立论更侧重于对官方史学传统的继承,即保持历史记载的连续性、为重要政治人物立传、惩恶扬善的道德教化功能等,实际上以发挥、运用"史权"塑造价值观为核心,同样带有明显的政治色彩。当然,他强调国史编纂应以民众为主体,记载整个民族的发展情形,则反映出新史学的影响。

面对来自社会和政府内部的呼声,政权已相对稳固的南京政府于1931年5月11日通过了设立国史馆案,由内政、教育两部负责筹办,并成立国史馆筹备处。然而,时隔近3年后,国史馆依然未能成立,遂引起国民党部分元老和有识之士的重视。1934年1月,邵元冲、居正、方觉慧等在国民党第四届中央执行委员会第四次全体会议上联名提交重设国史馆案并获通过。提案称:"查吾国数千年来文化之特色,在有数千年继续不断之记事及断代之历史,并一切典章制度文化之史料,为世界任何国家所不能及。而总其成者,实为历代中央政府所设之国史馆为之中枢……国史大业,停顿多年,等于中断。夫吾国之国史,不中断于千年来君主之时代,而乃中断于民国时期,不特将来之一国文献无征,而民国创造之艰难,与夫开国之丰功伟烈,亦将渐就湮没,实可深恫。夫民族主义之精神,即在民族有悠久之历史,为国家兴盛之资。而本党现负建国之大任,对此与民族精神关系至切之国史机关,自应从速重设,俾国史不致中断,关系实异常重大。兹略举原则如下:一、国史馆直隶于国民政府。二、国史馆掌理中华民国国史及特种史料之纂辑审订,编刊一般史料,及历史图书之征集整理保管事宜。"②其将国史编纂置于世界文化范围内加以讨论,认为历史记载的连续性以及历史文献的丰富性是中国文化的特色,为其他国家所无法比拟,而这一特色的形成,主要得益于官方修史机构的设立。正因如此,国史编纂具有广泛而深刻的文化意义,更是民族精神和民族认同的重要载体,不应为政治所累,无论君主时代,抑或民主时代,均应给予高度重视。这一以保存民族文化为宗旨的论调之出现,是以日本侵华为时代背景的,两者之间显然存在密切关联。从提案所拟机构设立原则来看,国史馆的独立地位得以恢复,职责也更为明确。

提案通过后,国民政府令行政院转饬内政、教育、财政三部会商办法,呈备采择。1934年3月3日,三部在行政院召开重设国史馆案审查会议,共同制定了《国史馆组织法草案》,规定:"国史馆直隶于国民政府,为国家史乘机关……国史馆掌理国史之搜集、记

---

① 许师慎编:《国史馆纪要》(初稿),第85—86页。
② 《邵元冲居正方觉慧等提请重设国史馆案》,中国人民大学历史档案系档案史教研室编:《中国档案史参考资料·半殖民地半封建时期》,中国人民大学出版社1962年版,第241页。

载、编纂等事宜。"但同时提出一份《附带建议》，认为官撰新史尚非其时："今日在国史整理上之需要从事者不在国史馆而在下列二事：一、抄索史料，以及整理在时间上已可公开之档案，应委托学术机关从事，作为一种科学工作。二、未到公开时期，而不专属任何机关，或现属某某机关而堆积不用之档案，应设立直隶于行政院之国立档案库，为之分类编目，庋藏高阁，以保存国家文献，减少将来学术工作必经之预备手续。"①史料是历史编纂的基础，传统社会的官修史书之所以能取得巨大成绩，是因为背后有一整套严密有效的史料输送制度作为支撑，当这一制度随着民国政治体制的转变而消失后，国史馆的运作必然困难重重。事实上，除政治影响外，史料不足确实是困扰民国国史馆的主要因素。②这份建议可谓抓住了问题核心，为此后国史馆的发展指明了方向，从而成为民国国史馆发展上的一大转折点，也标志着当局开始对民国史编纂真正重视起来。

1934年4月28日，第二次重设国史馆案审查会议召开，讨论上述《建议》实施的具体办法。除内政、教育、行政三部外，中央研究院也受邀参加此次会议，代表为傅斯年，他们共同拟定了四点办法："一、由中央图书馆搜集民国以来官书私著，分类储藏，并由行政院呈请国府通令各机关所有新旧刊物，均应检送一份于该馆。二、先由行政院于院内及内政教育两部故宫博物院调派人员，并邀中央研究院参加，组织国立档案库筹备处，计划库房之建筑，及保存储藏与便利研究各事宜。三、中央及各地方政府暨其附属机关，并公共团体，所有档案卷宗，均应每年登记一次，呈报上级机关，转送国立档案库存查。四、由教育部通令各大学及各学术机关：（一）于国立档案库筹备处成立时，派专家参加整理工作。（二）其有近代中国史科目之各大学及各学术机关，应充分注意近代史料之搜集，并应随时与国立档案库密切联络。"③同年5月24日，南京政府将上述办法予以颁布。然而，国立档案库筹备处并未如期设立。当时，行政院正在进行提高行政效率的活动，并且成立了行政效率研究会。该会讨论后认为，"设立国立档案库筹备处之先，必先将各机关档案加以整理，否则无从进行，拟请呈复行政院将设立筹备处一案暂行搁置。先在院内成立档案整理处，负责拟定整理档案具体办法，并指导各机关整理档案，俟行政院所属各部会档案整理将次完毕，然后着手筹备建筑"④。1934年11月2日，档案整理处成立，处长由行政效率研究会筹备处主任甘乃光兼任，后由滕固代理。1935年7月6日，档案整理处遵令归并行政效率研究会。其间，这一机构在制订档案整理办法、监督机关整理旧档案以及整理原北京政府档案等方面开展了一小部分工作，但成效甚微。不久，抗战爆发，政府机关内迁重庆，国史馆的筹建工作再度停顿。

---

① 逸雪：《三十年来国史馆筹备始末记》，《说文月刊》1942年第3卷第8期。
② 后来，国民政府文官处在筹备国史馆时曾说："前北京政府初亦设有国史馆，后又改为国史编纂处，绵历十数年，耗费不少，竟未撰成一字。此虽由于不务实际，办理不善有以致之，而当时各机关档案无法调集，史料无从取给，亦为一重大原因。"（《筹设国史馆一案之筹备经过》，载许师慎编：《国史馆纪要》（初稿），第116页）史料保存及输送制度对国史馆影响之大，由此可见一斑。
③《筹设国史馆之四办法》，《教育周刊》1934第193期。
④《行政院交付研究组织国立档案库筹备处案审查意见》，中国第二历史档案馆编：《民国时期文书工作和档案工作资料选编》，档案出版社1987年版，第593页。

需要指出的是，上述旨在为国史馆设立奠定基础的政策，也大大推动了档案学在中国的建立和发展。正是在这一时期，滕固于《档案整理处的任务及其初步工作》一文中首次将"档案学"的概念引入中国。①现代档案学的引入，又反过来促进了中国官方史料保存制度的不断完善。这一时期政府对史料尤其是档案保存的重视，也得到学者的认同。孟森就评论说："开国积二十余年，留意文化，恒欲超越前代，则不但类似前代之国史馆当设，即前代所有之实录方略会典诸馆亦无不当设久矣。然而不能设者，自改革以来，无人知为国留史之法，即无人知为史留迹之法……国史不生于国史馆，国史馆则待有既成之国史原材而后下笔，此一定之理也。今闻人言政府不主张即设国史馆，而谋设保管档案之所，是即悟史有原材矣……有欲谈国史者，今日官制之下，尚无集中史材之法，则国史无由生，即国史馆何由设乎？"②

第四节 保存史料：战火淬炼下的国史馆筹备委员会（1937—1946）

这一时期，日本的大举入侵，无疑使民国史编纂所面临的外部环境进一步恶化，但国史馆的建设却突破了政策层面，正式转入实质性筹备阶段，并于战乱中取得可观成绩。其直接原因，是不断加深的民族危机感促使国民党内部的有识之士进一步意识到民国史编纂的重要性和紧迫性，并采取了行之有效的措施，而间接的思想动力和理论支撑，则来源于历史记载关乎国家兴亡、民族存灭的观念。这一观念由龚自珍明确提出来，后经梁启超《新史学》赋予其近代意义而广为知识分子所接受。事实上，近代历史编纂学的两次高潮，均出现在民族危机异常严重、民族主义思想大炽时期，一次是19世纪末20世纪初，一次即为抗日战争时期。

1939年1月27日，张继、吴敬恒、邹鲁等13人在国民党第五届中央执行委员会第五次全体会议上提出建立档案总库、筹设国史馆的提案，获得通过。③提案开篇即强调国史编纂的政治和文化意义，认为"民族之所以悠久，国家之所以绵延，全赖国史为之魂魄"，并极言蔑弃修史的严重后果，指出"亡史之罪，甚于亡国……自古以来，灭人之国，必以其历史为灭之。自灭者，蔑弃史料，不修国史"，将国史提升到魂魄的高度，表现出浓厚的民族主义思想。对于政府因抗战爆发而将国史编纂"视为不急之务"的做法，提案给予严厉批驳，指出"存亡绝续之交，史务尤宜重视，捐躯报国，毁家纾难，以及内政外交，

---

① 参见中国第二历史档案馆编：《民国时期文书工作和档案工作资料选编》，第594—597页。
② 孟森：《国史与国史馆》，《独立评论》1935年第135号。
③ 这份提案是朱希祖代张继等所拟。早在1936年，朱希祖就曾致函邵翼如谈论国史编纂的重要性和紧迫性，他说："今之国史亦决不宜从缓。吾国历史延绵不绝数千载者，实因汉唐以来，一日有一日之起居注，一代有一代之实录，一朝有一朝之国史，故其美富，实冠冕万国。外族猾夏，国祚再亡，然而终能光复者，实赖此有以维系民族。"（《致邵翼如书》手稿，现存于中国国家图书馆）

军务战绩,非有专职记载,何以鼓舞群伦……类皆发愤于夷狄之侵,奋笔于兵兴之际,扬腥臊之秽迹,表忠烈于千秋,国家至急之务,孰有过于此者",并就运作机制等提出了诸多设想。而且,提案明确指出,应将国史编纂与党史编纂划清界限,"二者性质迥不相同,必不可混而为一"。①这份长达四千余言、言辞恳切的提案,从理论和实践两个层面对国史馆的建设提出了详尽、可行的方案,相较之前的诸多提案而言,无疑更为切要、深入、全面。这与朱希祖深厚的中西史学素养密不可分。他曾出国留学,对世界学术发展情形较为熟悉,归国后在进一步了解西学的基础上,致力于"以欧美新史学,改革中国旧史学"②;同时,他又主张将史学史(概论)作为史学研究的基础,率先在大学开设中国史学史课程③,对中国史学的优劣尤其是设馆修史的演变有着清醒认识,而撰写这一提案时在上述两方面已有近20年的积累。

1939年12月26日,国民政府召开临时会议,决议设立国史馆筹备委员会(以下简称筹委会),以张继、邹鲁、叶楚伧、邓家彦、胡毅生、王伯群、杨庶堪等七人为委员,张继为主任委员。1940年2月1日,筹委会在重庆成立,自此至1947年1月国史馆正式成立,共存在近7年时间。筹委会直隶于国民政府,独立地位得到保障,其职责在于掌理国史馆成立前各种筹备事宜。从人员构成来看,筹委会除七位委员之外,设总干事一人,副总干事一人,下设第一、第二两组,每组设主任一人,干事三人,第一组掌规划国史体例史料整理,及起草有关国史馆法规,并采访事宜,第二组掌文书会计庶务,及不属于第一组事宜,后又增设人事室和会计室等。④由于第一组任务繁重,故增设顾问六人、名誉顾问若干,延聘各大学和科研机构人员兼任,后将顾问改为编审,以"去咨询之空名,负载笔之实责"⑤。显然,机构十分精简,责任也较为明确。

筹委会原定筹备时间为一年,因此最初将工作重心放在拟定史馆制度、国史体例以及档案保存、管理方法等方面,对相关的历史和现实问题进行了考察,并出版了专刊《史蠹》⑥。足见其十分重视借鉴中国传统设馆修史和西方档案保存、管理的经验,以建设符合时代要求的国史馆。期间,分任总干事和副总干事的朱希祖和但焘,在史馆制度和国史体例方面产生了较大分歧。针对朱希祖所拟定的《筹备大纲》,但焘撰写了《国史事例杂议》,系统表达其见解,随后朱希祖又撰写《国史事例杂议质疑》,对但焘所论问题

---

① 《张继、吴敬恒、邹鲁等十三人提议建立档案总库筹设国史馆案》,国史馆编:《国史馆成立始末》,第6—15页。
② 朱希祖:《北大史学系过去之略史与将来之希望》,周文玖选编:《朱希祖文存》,上海古籍出版社2006年版,第330页。
③ 《北京大学日刊》1919年10月24日刊登的《文本科史学系三二一学年课程时间表》中明确写着"史学史朱",这一课程后来虽改为"中国史学概论",但其内容为"说明中国史学之源流变迁及编纂方法并评论其利弊……并与西洋史学相比较"(见朱希祖:《国立北京大学讲授国学之课程并说明书》,《北京大学日刊》,1920年10月19日),而且他曾明确说"余尝为《中国史学史》,叙吾国史学之渐次进化"(见朱希祖:《中西交通史料汇编·序》,张星烺:《中西交通史料汇编》,北平辅仁大学图书馆,1930年),显然两个名目指向同一部讲义。
④ 《国民政府国史馆筹备委员会组织大纲》,国史馆编:《国史馆成立始末》,第15—16页。
⑤ 国史馆编:《国史馆筹备委员会结束报告书》,国史馆编印,1947年,第5页。
⑥ 即卫聚贤主编的《说文月刊》1942年第3卷第8期。

逐条进行反驳。①总的来说，但焘的主张有创新但偏于对传统的继承，而朱希祖的主张有对传统的继承但偏于创新，显然后者所论更符合现代史学精神，而且在反驳时以深厚的史学功底广征博引中外著作，显得游刃有余，其主张也获得不少人如王伯群、金毓黻等的赞同。然而，虽几经讨论，双方仍各持己见，互不妥协，最终朱希祖主动提出辞职，经张继挽留调任顾问，后又调任名誉顾问，加之筹委会工作重心转移到史料的编辑和采访，争斗方告终结。

这场学术意见之争的实质，是对筹委会实权的争夺。朱希祖在受张继委托计划筹委会事宜时，便向张继建议说："筹备之际，必先求得若万斯同其人者，专任以提调一切事宜，若今秘书长之职，则其人乃能负责赴事，不致为其同侪所掣肘，破除情面，综核程功，此其最要矣。凡调查材料，筹划事业，审核要件，决定大计及奉行委员会决议案，皆惟彼一人是赖，如此则主任乃可不劳而成，无为而治。"试图独掌大权，以贯彻其史学主张。在筹委会第一次会议上，朱希祖被公推为秘书长，由国民政府简任，月薪六百元七折。但仅过十天，第二次会议就将前次决议推翻，改秘书长为总干事，不支薪，仅有办公费月二百六十元，仍由朱希祖担任，可不辞中央大学教授，支原薪。秘书改为副总干事，由国民政府秘书但焘兼任，办公费月二百四十元。②这次人事变动显然是当局有意为之，目的在于掌控筹委会。不过，朱希祖任职总干事期间，全身心投入工作，不仅撰写了一系列学术文章，而且制定了各项章程、规则等，为筹委会的有效运行奠定了基础。经他推荐入馆的金毓黻、张圣奘、李菊田、蒋逸雪、傅振伦等，各有所长，均为筹委会的继续发展作出重要贡献。

鉴于时局艰难，国史馆不能如期开馆，原定计划亦无法全面开展，筹委会不得不将工作重心转移到"史料之编辑与采访，以保存史实，免为战争之灰烬"③。

在战争环境下，以保存史料为工作中心切合实际，也较易取得成绩，而对史料按照一定体例进行分类编辑，制作史料长编，实际已经超出筹备范畴，而承担起了史馆的早期任务，为正式开馆后的工作奠定了坚实基础。

在史料编辑方面，筹委会取得如下成果：第一，《民国史料长编》四编。自1894至1912年为第一编，由傅振伦编，成稿30余册；自1912至1925年为第二编，由蒋逸雪编，成稿100余册；自1925至1937年为第三编，由李菊田编，成稿150余册；自1937年以后为第四编，由朱焕尧编，成稿220余册；补编各年所缺事实，约100万字。第二，《民国大事日历》，约20万字，自1912至1929年。第三，《民国大事年表》（字数不详）。第四，《国史拟传》，共撰成人物传稿约64篇。第五，《金石志稿》，王献唐辑，共20卷。④

在史料征集方面，筹委会制定了《征集史料简则》，详细规定了史料征集的范围、类

---

① 朱希祖：《国史事例杂议质疑》，《史馆论议》，中华书局2012年版。出于多方面考虑，朱希祖生前并未将此文公开发表。
② 朱希祖：《重庆日记》（手稿）"1940年1月10日"、"1940年1月25日"、"1940年2月5日"，现存于南京图书馆。
③ 国史馆编：《国史馆筹备委员会结束报告书》，第14页。
④ 国史馆编：《国史馆筹备委员会结束报告书》，第20—21页。

别、方法和程序等。尤其是,《简则》特别规定,"除用文字记载者外,得随时延请当过勋贤及熟谙掌故之时彦为史实之讲演,或派员前往访问,录存参考"①,已经注意到口述史料的重要性,从某个侧面反映出民国时期史料观的进步。官修与私撰之间的主要区别之一,即在于对档案史料的自由使用权。为保证筹委会工作的顺利开展,国民政府下令所属机关给予极端便利。1941年3月29日,张继等向国民党第五届中央执行委员会第八次全体会议提交提案,明确指出了档案在官修取材中的核心地位,认为"蕴藏最富功用最巨者,厥为档案,凡国家要政,对内对外,自中央以达各省县市,原委本末,大备于是,尤史料之渊薮……历代史馆秉著其所取材……亦皆出于政府,非是,则所收只为共见共闻一般图书,私家皆能篡述,非国家开馆官修之急也"②,呈请国民政府令各机关将废存档案移交国史馆筹备委员会保存,得到会议通过。同年10月25日,行政院颁布《各机关保存档案暂行办法》。③至此,一套适合现代社会结构且行之有效的史料收集和输送制度初步得到确立,标志着国史馆建设进入到实质性筹备阶段。据不完全统计,筹委会在1942至1946年间共接收各类档案69133件,同时也收集了大量的图书、杂志和报纸等。日本投降以后,筹委会一面派员到南京接收伪国史馆编纂委员会图书、档案及史料,一面在北平和重庆分别设立接收档案办事处。在南京,共接收图书1000余册,史料200余件;在北平,共接收各类档案18万余宗;在重庆,筹委会与党史史料编纂委员会成立联合接收档案办事处,共接收各类档案13万余宗。④

上述一系列工作使大量珍贵史料(尤其是档案)得以在战乱中保存下来,不仅为民国史编纂奠定了基础,成为学者"重建"民国历史的重要来源,而且为中华民族文化的传承作出巨大贡献。难得的是,这些成就取得于极为艰难的环境下。当时,除需要经常躲避敌机轰炸外⑤,筹委会面临的最大问题,是由战争带来的经费不足。"国家之财赋,皆集中于军事,枢府之筹策,亦尽瘁于戎行","二十九年,仅以开办费二千元之数,筹备成立……以最简单之形式,得粗具规模。是年核定二月至十二月份经常费八万八千元……三十年后,物价日见腾涨,虽依政府之规定,每年经费,略有增加,然与物价指数仍相差过巨,经济益见拮据,不得不一再紧缩"。⑥筹委会在人员上的流动性,与此恐不无关系。⑦

---

① 许师慎编:《国史馆纪要》(初稿),第126页。
② 《拟请国府通令所属以废存档案移交国史馆筹备委员会保存案》,《浙江省政府公报·公牍》1941年第3307期。
③ 《各机关保存档案暂行办法》,国史馆编:《国史馆成立始末》,第16—18页。
④ 国史馆编:《国史馆筹备委员会结束报告书》,第24—37页。
⑤ 金毓黻就曾在日记中写道:"诘朝诣歌乐山史馆,经重庆大学,礼堂、图书馆皆被震毁,路旁断木纵横,瓦砾满目,为状之惨……偕铭儿转至向家湾,遂同史馆同人避于宽仁医院之防空洞,久之敌机未入市空,午后三时警解返馆。"(《静晤室日记》"1940年7月5日",辽沈书社1993年版,第4565—4566页)。
⑥ 国史馆编:《国史馆筹备委员会结束报告书》,第1、38页。
⑦ 参见《国民政府国史馆筹备委员会历年职员动态表》,国史馆编:《国史馆筹备委员会结束报告书》。

第五节　复古"正统":国史馆政治属性的强化
（1946——1949）

从性质上讲,除文化属性外,国史馆还具有一定的政治属性,政治因素总是或多或少地影响着其演进路径。抗战胜利尤其是国共和谈破裂以后,国民党采取包括军事在内的诸种手段强化独裁政权,国史馆也被纳入其中,成为与中共进一步争夺史学话语权的工具,其在民族危机下一度凸显的保存史料的文化属性迅速弱化,取而代之的则是明显强化的维护国民党专政的政治属性。

1946年3月,张继赴南京布置筹委会回迁事宜,并"请国府明令成立国史馆"。9月,"会中各工作人员陆续督运会中所写成之史料、所收集之史料及图书档案到京"。①10月23日,张继、邹鲁等联名向国防最高委员会提交议案,呈请将筹委会改为国史馆,获得通过。经立法院审议后,国民政府于1946年11月23日公布了《国史馆组织条例》。1947年1月,国史馆正式成立,张继任馆长,但焘任副馆长。12月15日,张继因病去世,馆务由但焘代理。1948年6月5日,国民政府特任戴季陶为馆长,但他坚辞不就。1949年春,国史馆遣散部分职工后,奉命迁往广州。4月12日,居正被特任为馆长,但也未到职。7月5日,但焘辞去副馆长之职,由刘成禹代理。此后,在国民党的节节败退中,国史馆先迁桂林,后迁重庆,最后撤往台湾。

张继在提交给国防最高委员会的议案中称:"将今之国史馆筹备委员会改为国史馆,一举而数善备焉。民国之创建也,本党实肩其责,由本党妙选史才,及时纂述,则事皆纪实,语无浮夸,善一也。我国固有文化,超越宇内,世界和平机构之成立,鉴往知来,其原理原则,必争先取法国父之遗教。盖国父上绍尧、舜、禹、汤、文、武、周公之治统,由格、致、诚、正、修、齐、治、平之一贯大道,以进于大同,本末先后,不容或紊。举凡国父所昭垂,总裁所绍述者,咸当汇为实训,藏诸史葳。今若以本党身预缔创及致力中兴之彦,与夫海内鸿儒,协力纂修,必可事半功倍,善二也……总裁用兵之方略,治国之实训,则于文官处,置方略股、实训股……专司纂述。每季选其可公表者,送国史馆,而方略与实训,恭俟主席亲定后,勒为一书。"②全文措辞、主旨及内容均充满复古色彩,以接续治统、道统之名,行独裁专政之实,意欲通过各种手段,将"民国史撰修成为一部为国民党政府歌功颂德的'钦定'正史"③,其所忧虑的不再是民族文化的湮没,而是国民党史的覆灭,这种皇权意识主导下的正统论和将国史狭隘化、工具化的倾向,不仅背离了传统史学的直书和信史精神,而且与现代史学谱写民史的理念格格不入,何况在民主和科学精神早已深入人心的时代,意图打着所谓正统的旗号蛊惑民众,显然难以奏效,也充分反

---
① 黄樨荃:《前国民政府国史馆筹备及成立经过》,《杜邻存稿》。
② 国史馆编:《国史馆成立始末》,第19—20页。
③ 孔庆泰:《中华民国时期民国史撰修概述》,《历史档案》1982年第1期。

映出国民党已是穷途末路的窘迫处境。从文中所论国史馆制度等内容与但焘主张如出一辙来看，提案或出其手，在整体上与朱希祖在抗战时期代张继所拟提案形成鲜明对照，也印证了当时两人之间绝非单纯的学术之争。

在地位和职责上，国史馆依然直隶于国民政府，掌理修撰国史事宜。在组织机构上，国史馆置馆长（特任）和副馆长（简任）各1人，纂修20—25人，协修25—30人，助修15—20人，主任秘书1人，秘书、处长、科长等数十人，并设有史料处（下设档案、图书科）、征校处（下设时政、实录、征集、校对科）、总务处（下设文牍、庶务科）、人事室、会计室等，后又增设特约纂修一职。尤其是，国史馆特别设立了史料审查委员会，以切实掌控国史编纂。[①]为保证机构的正常运转，国史馆制定了办事细则、馆务会议规则、纂修会议规则、与党史史料编纂委员会互借档案图书办法等一系列规章制度。比如，史馆规定，在南京的纂修人员每周五要举行工作联合会议一次，居沪、苏一带者，每月出席一次，居住远地者，则以通信方式商讨。[②]在人员构成上，国史馆延聘了大批文史哲学者，其中不乏史学名家，如吴廷燮、陈垣、柳诒徵、顾颉刚、金毓黻等，规模超过了民国以来历次史馆建置。[③]不过，许多人并不住馆，"只是开会时一到，或撰文而已"[④]，且承担的工作十分有限。

历史具有一去不返的不可复制性，人们在以历史编纂"重现"过去时，只能依赖文字记载、文化遗存或民俗等各类史料，尽可能掌握丰富而全面的史料，是进行历史编纂的首要条件和基本前提。因此，国史馆成立以后，将征集史料视为头等大事，每年的工作计划都将其列在首位[⑤]。馆员对此也十分重视，比如在第一次纂修会议中，刘成禺就提出，"史料之征集，确为急切待办之事，史实不能向壁虚造，必有可考史材，方能载笔"；顾颉刚则强调要注意边疆史料的征集。[⑥]为此，国史馆专门颁布了《征集国史资料计划大纲》，并在史料征集方法上更为完善和多元化。特别是，它尝试借助政府力量建立一套协助征集制度，即：一方面规定中央各机关成立史政机构，编辑机关纪事和档案目录，按月送交国史馆；另一方面规定地方政府、全国文献征存机关、社会团体、出版机关及海外机构等协助国史馆征集史料，对于作出贡献的机构和个人，给予不同程度的奖励，如政府褒奖、颁发奖状、聘为名誉官员、付给酬金、赠送国史馆出版的书刊等。[⑦]

历史编纂首重体裁，体裁不确定，撰述便无从着笔。针对民国史应该采用何种体裁

[①]《国史馆组织条例》，国史馆编：《国史馆成立始末》，第23—25页。另，在张继提案所附《国史馆组织体例草案》中，于史料审查委员会之外，尚有设置史才甄拔委员会一条，且二者人员皆由国民政府聘任，而在正式公布时则删除了后条，前条的人员选择也改为由馆长指定或聘任。（见国史馆编：《国史馆成立始末》，第22页）
[②]《志传组纂修会议记录》，《国史馆馆刊·馆务》1947年第1期。
[③]《国史馆职员录》，许师慎编：《国史馆纪要》（初稿）第152页。
[④]黄孷荃：《前国民政府国史馆筹备及成立经过》，《杜邻存稿》。
[⑤]参见《国史馆三十七年度工作计划》《国史馆三十八年度工作计划纲要》，许师慎编：《国史馆纪要》第156—158、166—169页。
[⑥]《国史馆纂修人员第一次座谈会记录》，《国史馆馆刊·馆务》1947年第1期。
[⑦]《征集国史资料计划大纲》，《国史馆馆刊·附录》1948年第1卷第2期。

问题，国史馆召开了数次纂修会议加以讨论，不少馆员还专门撰写文章提出建议，如金毓黻的《国史商例》、吴廷燮的《国史义例》以及马騄程的《中华民国史义例及意见书》等。诸家观点虽有不同，但均倾向于沿用带有综合性的纪传体并加以改进。这也成为国史馆的最终决定，其所拟定的《国史类目草案》①包括纪、传、表、志四部分，而将各种图录分别附于志传之内。原有的帝王本纪被按阶段划分的国家纪所取代，其他三体在内容上也与传统纪传体存在很大差别，一定程度上反映出新的时代面貌。

值得注意的是，金毓黻认为，"以人记者为纪传，以时记者为编年，以事记者为纪事本末，以地记者为世家载记。前代正史，大抵包此四体，尤以《史记》为备：本纪以时，列传以人，世家以地，志表以事。修史义例，自当以是为准……惟志多载典章经制，少能具一事之本末，应别立录，以纪革命建国抗战诸大事……近世新史，类以事为纲，具赅一事本末，而成篇章，略如吾国之纪事本末体。今本此旨，在国史立录，以别于以人为纲之列传"②，力倡在纪传体基础上吸收纪事本末体的优点以成新的综合体。上述主张试图克服纪传体难以反映历史大势的缺陷，符合民国史书体裁的综合发展趋势，也得到馆内柳诒徵、熊公哲等人的赞同，但最终未被采纳。这是因为，国史馆的性质和任务已经发生根本变化，不再以反映社会全貌为目标，而是努力维护国民党所谓的"正统"地位，故而在体裁上亦不许有大的变革。张继就在第一次纂修会议上明确指出："中国历史体例之善，为世界所推许，今日修史，当维持中国之正统，以期继往开来……中华民国，以民为本……故必以三民主义，为吾今日撰述之依据……采取外国史学之优点，以补吾国以往史学之不足……史馆为学术机关，并非普通衙门。"实际上已经确定了纂修体裁和主导思想，而他所谓对西方史学的借鉴和对史馆性质的定位，显属冠冕堂皇之词，这也再次印证了此期国史馆复古色彩和政治属性的强化。对此，汪辟疆强调修史"最要者，尤在据事直书，无所讳隐，否则史德不具，史体不尊，甚无谓也"，刘成禹则称应真正保持史馆的学术独立性，皆有反驳之意。③

体裁确定以后，国史馆将纂修人员分为编年和志传两组，并推选柳诒徵和刘成禹分别负责总纂事宜。两组按期召开单组及联合会议，安排年度计划，制定具体类目，并各自认编一部分，取得了一定成绩，尤其是撰写了为数不少的人物拟传。④其间，对于之前筹委会所编《民国史料长编》，馆内形成不同意见。柳诒徵认为："正其虚实，补其缺略，当不失为一良好之依据。"汪辟疆认为："此项史料长编不过就重庆商务日报为依据，且阙略甚多，恐难合用。"⑤金毓黻则指出："悉属于国都奠居南京以后之事迹，且多出自报章杂志，不可尽信，首尾亦不完具，尚须重行编订。"⑥此外，国史馆在最初制订工作计划时，将

---

① 《国史馆馆刊·馆务》，1947年第1期、1948年第1卷第2期、1949年第2卷第1期。
② 金毓黻：《国史商例》，《国史馆馆刊》1947年第1期。
③ 《国史馆纂修人员第一次座谈会记录》，《国史馆馆刊·馆务》，1947年第1期。
④ 参见《国史馆职员录》，载许师慎编：《国史馆纪要》（初稿），第152页。
⑤ 《编年组会议记录》，《国史馆馆刊·馆务》，1947年第1期。
⑥ 《提议编纂日历、时政记、通纪、会要四种以立国史记注案》，《国史馆馆刊·附录》，1948年第1卷第2期。

《清史稿》的修订纳入职责范畴,并提出不少意见。如柳诒徵指出:"修订《清史稿》,亦本馆之要务,然本人以为除补、改之外,再要删。盖其遗漏与远碍之处固多,而其冗繁与无关宏旨之处,亦属不少,且删之工作,尤难于补、改。"①

纂修人员在史馆制度、史书体裁体例及人物拟传方面的研究心得,大都刊发在国史馆出版的《国史馆馆刊》上,不过其中包含了很多筹委会时期的成果。《国史馆馆刊》的创办,是顾颉刚在第一次纂修会议上倡议的,目的在于打破官、私修史之间的屏障,共同为史学发展作出贡献。他说:"史料贵于研究,而研究所得,尤贵供诸社会,故希望吾国史馆能倡办一研究近百年史之刊物,以供世人阅读。"②该刊"以研究史学史法以及关于文献之整理、体例之商榷为主旨","内容略分为论著、专著、史稿、文艺、馆务五类"。③需要指出的是,张继对于馆刊内容也予以制约,他在馆刊编辑委员会会议上再次强调了所谓的"正统"论:"中国国民党为缔造中华民国之唯一政党,故自国父建党以来之一切活动,实居中华民国历史之主要地位……本馆受命纂修国史,应坚守三民主义之立场,以中国国民党所组织之合法政府为正统。对于清末民初之事实人物,皆当直笔书之,而于北洋军阀之乱政祸国,尤不可稍予假借。至于馆刊所载史传之稿,应以开国革命勋贤,如黄兴、胡汉民、杨庶堪等为先,次及抗战殉国忠烈,以至民间节义之士,庶几可以激励来兹褒崇先德。"④由此可见国民党对国史馆掌控力度的空前强化。

近代以来,由于官方修史与时代严重脱节,原本官、私并行的格局被打破,私家史学逐渐成为中国史学的主导力量,尤其是步入20世纪以后,社会转型的深化以及现代学术机制的开始确立,更加剧了史学话语权由官方向私家转移的趋势。民国时期,官方修史的基本格局为清史馆与国史馆并行发展。从设馆时间与目的上看,国史馆与民国成立相伴而生,清史馆则为袁世凯恢复帝制的一环,因而前者随着南京政府的成立而日益受到重视,后者则在北伐胜利后不复存在;就运作机制而言,国史馆屡经更迭,并缺乏新史料输送制度的支撑,清史馆则在赵尔巽执掌下一以贯之,而这是后者最终能够编成形制较为完整的《清史稿》的重要原因;从性质上讲,国史馆从成立之初就表现出新的时代精神,并逐步趋新,而清史馆则在很大程度上仍为传统官方修史的延续,两者在政治、文化立场及价值取向上均存在重大差异;就外在环境而言,国史馆受到更多的政治干预,清史馆则自始至终都拥有较大的纂修自由,当然两者都受到战争的影响,并均受到财力不足的制约。

---

① 《编年组会议记录》,《国史馆馆刊·馆务》,1947年第1期。
② 《国史馆纂修人员第一次座谈会记录》,《国史馆馆刊·馆务》,1947年第1期。
③ 《志传编年两组工作联合座谈会第五次会议记录》,《国史馆馆刊·馆务》,1948年第1卷第2期。
④ 《馆刊编辑委员会会议记录》,《国史馆馆刊·馆务》,1947年第1期。

第三章 "历史完形论"的提出与实践：
周谷城的中外通史编纂

周谷城（1898—1996），湖南益阳人，现当代著名史学家。幼年曾在族立小学接受教育，后就读于长沙省立一中，1917年考入北京高等师范学校，积极参加"五四"运动，毕业后到湖南一师任教，在毛泽东影响下组织农民运动，1927年大革命失败后逃亡上海，以翻译为生，1930年任中山大学社会系主任，1933年任暨南大学史地系主任，1942年后长期任教于复旦大学历史系。他一生治学领域宽广，著述宏富，成就斐然，尤其是以一人之力独撰极具特色的《中国通史》和《世界通史》，为世所罕见，为中国历史编纂学的进步作出创造性贡献。金冲及曾谓："一个人能写出一部《中国通史》，又写出一部世界通史，而且都是有分量的学术专著，在中国学者中恐怕没有第二人，直到现在依然如此。"[①]

第一节 以"新史学"为主旨的通史编纂理论

编纂通史是中国史学的优良传统。司马迁撰《史记》，被誉为中国通史之创始者，此后这一学术取向被延续下来并形成"通史家风"。20世纪初，梁启超融合中西创立新史学体系，并将通史编纂纳入其中，从而开启了这一领域的现代转型。"五四"以后，许多学者沿着这一路径继续探索，创作出大量主旨相近而风格不同的通史，有力推进了历史编纂学多元化时代的到来。如，吕思勉大胆糅合纪事本末体和典志体，同时突出考证特色；张荫麟以哲学为基础总结史实去取五大标准，并致力于史学的艺术性；而周谷城则提出了更具系统性的通史编纂理论，并对纪事本末体进行了大胆改造。

周谷城是具有强烈时代气息、鲜明创新精神和深厚民族责任感的新型学者，成长于"五四"时期，得自由学术风气和西学广泛传播之惠，又受到梁启超的直接影响，因此在治学上表现出深刻的批判意识和建构体系的学术自觉，力求"树立自己的学术系统"[②]，这一特点在其通史编纂中得到充分体现。

他到暨南大学任教时开始正式编纂《中国通史》（此前已撰有《中国社会史论》），于1939年完成并由上海开明书店出版，洋洋近百万言，出版后迅速风行，先后再版12次，

[①] 金冲及：《五十年前的回忆》，载上海社会科学学会联合会编：《周谷城学术思想研究论文集》，上海社会科学院出版社1998年版，第19页。
[②] 周谷城：《我是怎样研究起史学来的》，《文史知识》1983年第10期。

新中国成立后，亦多次再版，总发行量超过100万册。开明书店在重印时曾称："周君本其十余年的教授经验，汇合最新的史学理论，形成自己的一贯系统，用来说明中国数千年往事，轻快自然，头头是道，书中有任何其他中国通史著作所未曾运用过的史学理论，未曾采录过的新鲜材料，未曾使用过的编制方法。"①这虽是广告语，却毫不夸大，而是切中肯綮。他撰写此书，前后历时约12年之久，期间虽时局动荡、条件困苦而坚持不辍，彰显出中国史家可贵的著史精神。尤为重要的是，他对前人的许多史学观点逐一展开批评，并在此基础上建构了一套通史编纂理论体系，命名为"历史完形论"。可以作如下概括：

第一，针对当时学界对历史、史学不加区分的现象，进一步明确指出二者的不同内涵，并以此确定通史编纂的对象。他认为，"史学本是史料学"的观点误将史料看作历史；"历史即阶级斗争史"等主张则误将史观看作历史。实则，历史是"人类过去之活动"；史学则"研究人类过去之活动……寻出诸种因素间必然不可移易之关系"，前者是通史编纂的对象，后者则是为了认识前者而作的解释。第二，主张在尊重历史客观性基础上，发挥通史编纂的社会功能。他反对传统资鉴说，认为其以帝王为服务对象，往往强史以就我，而"完形论则务须维护历史之客观的独立存在，明了历史之自身，以增今人的知识"。第三，阐明通史与专史的辩证关系。他极力反对将通史等同于专史之和的观点，认为"拿活动之自身作叙述之对象的为通史，拿活动之成果作叙述之对象的为专史"，两者"有绝对不可混同的区别，各有各的一定之对象，但彼此却是互相为用，而不可分离的"。第四，以表达历史自身之完整为标准，对已有史书体裁展开猛烈批评。第五，论述维护"完形之通史"的方法。（四、五详见下文）②

这是中国近代历史编纂学上第一次专门就通史编纂理论进行系统建构，涵纳理论基础、编纂对象、任务、范围、方法及体裁等，而核心在于以进化论为指导探寻因果关系，从而展现历史之完整性和客观性，所论虽有偏激和武断之处，但总的来说自成体系，特色鲜明而独树一帜。从史学思想上讲，这一编纂体系正以新史学为主旨。周氏称梁启超为"伟大的史学家"，并在论证过程中将《历史研究法》及补编作为参照，予以修正、扩充和深化。这种承继关系在《中国史学之进化》"创造中的新史学"一节中有更直接的表现。

他一方面肯定"整理史料，乃创造新史学所不可忽视的基本工夫"，一方面明确指出绝不能止步于此，而应以解释历史为旨归："治史的唯一目标，在阐明历史……阐明历史，目的也；考证史书或熟读史书，手段也。"他认为能与《史通》、《文史通义》相接续者即"纯粹史学或史学方法论……如梁任公先生的《中国历史研究法》，及《中国历史研究法补编》等是也"，明确将梁视为中国史学发展到近代以后的主要代表。他说：

> 先生的著作，有其重要的意义。一曰尊重历史自身的一切联系。彼于《中国历史研究法》……有曰："史之为态，若激水然，一波才动万波随……不独一国之历史

---
① 参见莫志斌：《周谷城传》，湖南师范大学出版社1997年版，第136页。
② 周谷城：《中国通史·导论》，开明书店1939年版。

为整个的，即全人类之历史亦为整个的。"……二曰主张史学著作的有机组织……先生之言曰："人类活动状态，其性质为整个的，为成套的，为有生命的，为有机能的，为有方向的，故事实之叙录与考证，不过以树史之躯干，而非能尽史之神理。故为史者之驭事实也，横的方面最注意于背景与其交光……纵的方面最注意于其来因与其去果。"……三曰反对专为权力阶级而作之史书。

观此，其"历史完形论"的思想来源一目了然。当然，他在梁的基础上予以进一步完善，认为"新史学如欲成为纯粹科学"，则必须注意三点："一曰确认史学的对象……史学……首在阐明历史的自身，或历史发展的必然趋势……史学成立的经过，当在求真；其存在的理由，则为致用……二曰稳定史学的地位……史学与其他科学，同属科学范围，并非完全相反……三曰改进史学的方法……其他科学的新方法……皆直接或间接，部分或全体，可为史学用……史学方法之用……亦在于分解其对象的诸种因素，求出其间不可移易的关系或因果定律。"①显然，他针对梁后期在史学科学性、客观性及因果规律等方面表现出的动摇予以批评，再次确立了新史学的理论体系，即以进化论为指导进行历史解释、描绘社会生活全貌、坚持求真与致用的统一、倡导跨学科治史方法及崇尚系统性著史等。②

第二节 以新纪事本末体维护"历史自身之完整"

维护"历史自身之完整"，是周谷城通史编纂的最大特点，凡理论的运用、史料的剪裁和组织、体裁体例的创新、文字的表述等，皆围绕这一中心而展开。他明言：

> 我著《中国通史》时曾力求得到通史的统一整体，其初版导言曰"历史完形论"，意在指出历史事情的有机组织和必然规律。撰写世界通史亦复如此，统一整体或有机组织也是必要的，否则写出的书也必然是流水账式的。③

这一整体史的写法，最直观的表现在体裁创新上。

他说："要得全体之完整，须遵两个条件：一、消极的不破坏诸部分自身的完整性；二、积极的须阐明诸部分彼此间不可移易的关系。"所谓消极与积极，当分别指向史书体裁与历史解释。以上述标准审视已有体裁，则它们均在不同程度上破坏了历史的完整性。纪传体分类叙述，一事分见数篇；编年体"把同时间而彼此无关系的许多事情并列起来"；章节体"除将历史事情纵剖之外，还按朝代横断之……于是纵剖出来的诸部门间彼此必然的关系固不明白，即每一部门前后相续之状或演变之状，亦令人茫然无知"。相较之下，

---

① 以上见周谷城：《中国史学之进化》，《复旦学报》1944年第1期。
② 此外，《关于历史哲学》（《史地丛刊》1933年第1卷第2期）一文，也充分表达了这一治史旨趣。
③ 周谷城：《我是怎样研究世界史的》，《浙江日报》1981年9月14日。

唯有纪事本末体"破坏历史自身之完整处较少",但"事情与事情间或篇与篇之间没有联系"。①基于这一认识,他尝试克服上述种种缺点,高悬深识别裁和系统性的目标苦心经营,创造性地改造并大大发展了纪事本末体,以表达历史自身的完整性。

纪事本末体具有"因事命篇,不为常格"的优点,近代以来广受史家青睐,但其本身也存在范围狭窄、互不统属的缺陷,因此史家在运用时大都与其他体裁相配合。而周谷城则重在以历史完整性为标准对这一体裁进行系统改造,匠心独运地提出"因事命篇一依历史事情发展之次序为常格"②,尤其注重两个方面的突破。

首先,突破旧有纪事本末体以历史事件为中心的局限,将"因事命篇"的"事"发展为"专题",即写出社会历史进程的方方面面。这是近代历史编纂学的发展趋势之一,因为史学发展到近代以后,要求突破政治史范畴,描绘社会生活全貌。周谷城就勇敢打破以政治事件为主的模式,力求展现中国历史上经济、政治、军事、外交、制度、文化、民族等各方面情形,亦即反映社会整体的演进态势,大大扩充了叙事范围。他在每一篇中都设置专章论述制度、学术、文化等,如第三篇第五章"六朝时代江南的文化"分"江南文化之物质基础"、"社会构造与江南文化"、"六朝时代之学术思想"、"六朝时代之文艺美术"等四节予以阐释,不仅照顾全面,而且注重分析。值得注意的是,与很多史家重视突出历史丰富性而对典章制度等予以详述不同,周谷城认为通史任务在于突出人类历史活动,而描绘静止文化成果属于专史范畴,因此仅择与社会发展关系密切者加以叙述,并多用溯源方式对其演进情形予以梳理,以便读者从整体上把握。比如,他在论述隋唐官制时说:

> 我们于此前各篇各章,从未单独地叙述过官制,一则因通史的任务,应该置重整个的活动,不宜多涉静止的制度。二则因静止的制度如官制等,应由专门史……去叙述……但这里却又专述官制者,盖有两个理由。一、隋唐官制,含有外族所创的成分,述之可以显示种族斗争对于文化的影响之伟大。着重之点,仍在整个社会的活动。这样的叙述,与第一篇里叙述怎样建立社会次序,第二篇里叙述集权帝国之诸制度,其用意正同,都是拿所述的制度以显示伟大的活动之影响,并不是为着静止的制度的本身而叙述,乃是为着阐明整个的活动而叙述。二、隋唐官制,既是集汉民族与其他各民族之大成,且其体系又较完备,如吏户礼兵刑工等六部之分,几乎成为后世的典型,我们于此,顺便知道中国史上官制的大略,亦是一种收获。③

这段话也充分表明了其选材标准,即"决断去取,一依历史事情自身之完整为标准"④,可谓独具特色。

其次,克服旧有纪事本末体记载史事缺乏联系和分析的弊端,极力突出社会各方面情

---

① 周谷城:《中国通史·导论》。
② 周谷城:《中国通史·导论》。
③ 周谷城:《中国通史》,第534页。
④ 周谷城:《中国通史·导论》。

形之纵向联系及横向联系,以探求历史情形的有机联系和内在规律。周谷城认为,历史作为一种独立客观存在,具有固定发展次序,史事之间皆有不可移易的地位和关系。因此,他借鉴了章节体的形式,以篇、章、节、目等凸显历史演进的阶段和主次,但打破了分朝、分类叙述的编纂模式,而以社会整体变迁为选择、安排史事的标准,注重突出纵、横两方面的因果联系。[①]他将中国历史依照社会关系的变迁划分为游徙部族定居、私有田制生成、封建势力结晶、封建势力持续、资本主义萌芽时代等五大阶段,在注重整体动态演进的同时,于每时期内力求彰显历史发展的内在关联。如第二篇分为"新经济腐蚀贵族"、"新经济促成霸政"、"新经济产生新阶级"、"新阶级之创造集权帝国"、"集权帝国之制度"、"随社会而演变的学术思想"等六章,在在突出历史发展的必然之势和因果关系,不仅克服了纪事本末体的固有缺点,而且彻底颠覆了朝代更迭的叙事传统,同时又反映出社会的结构性和历史的层次感。[②]尤其是,朝代更迭之际是人类活动的剧烈时期,也最能反映历史的纵向联系,而过去史书往往由于政治原因而有意忽略。周谷城力矫此弊,如将西汉的社会矛盾与东汉的建立合并叙述;将唐中叶以后的社会变乱与北宋建立合并叙述;将蒙古统治之瓦解与明帝国之树立合并叙述等,以保持历史的完整性和连续性。

此外,由于其着眼点在历史整体,因此并不拘泥于具体历史事件的先后顺序,而是按照构成社会发展的不同单元间的关系安排史事,真正做到新型的"因事命篇"。比如,对于近代以来的历史,他按照外国侵略压迫而中国奋起图强的主线加以叙述,故而将太平天国运动置于上一篇之"清代之各种反抗运动"中,充分体现了这一新式体裁的灵活性。而且,他对选材、行文及标目等问题亦有自己的见解,认为选材远比文字表述重要:"倘所选之材料不是构成历史自身之一环,或是一环,而移易了地位,以致与前后各环间的必然不可移易之关系或因果关系,被打断了,即文字无论如何优美,终亦不能显示其所应有之效用。"[③]而"今之新体史书,于标题一端,往往全无意义",[④]不能紧扣所述内容,亦难以体现因果关系,故他在标目设置上呕心沥血,使人能直观感受到历史的发展大势及内在关联。如"新经济促成霸政"就直接点明春秋争霸格局背后的经济因素;"九品中正助长士族"突出强调政治制度与社会阶级的关联;"中外文化汇合演进"则凸显隋唐时期中外文化交流之频繁等,要皆含义明确、言简意赅。

总之,他以维护"历史自身之完整"为目标,对这一新式体裁加以灵活运用,从而使整部通史环环相扣、浑然一体、别具一格。当他转向《世界通史》编纂后,历史完形论及新纪事本末体再度得到贯彻,并成功实现了三大突破:一、纠正了人们将世界史等同于外

[①] 在他看来,章节体传入中国以后,学者虽多采用"所谓上古、中古、近世、现代等名目……其实这也只是形式上的更改……其包括的单位,仍只是若干朝代,不是特殊活动",即未能做到按照历史自身发展之次序展开。(见周谷城:《中国通史·导论》)
[②] 邓嗣禹就曾评价《中国通史》说:"它从社会学的角度撰写……优点在于崭新的着眼点,在论述各朝历史时清除了旧体系。"(见[美]邓嗣禹撰,李扬眉、周国栋译:《近五十年的中国历史编纂学》,《山东社会科学》2004年第6期,原文载《远东季刊》1949年第8卷)
[③] 周谷城:《中国通史·导论》。
[④] 周谷城:《中国通史·导论》。

国史而将中国排除在外的观念；二、打破了分别叙述各国历史即将世界史等同于国别史之和的编纂模式；三、首次对盛行的"欧洲中心论"思想予以有力回击。一言以蔽之，即维护世界历史自身的完整性，实践了梁启超所谓"全人类历史亦为整个的"理念，成为全球史观的开拓者。有关其具体观点，学界已多有论述。[①]

概括来说，周谷城对史书体裁有着深刻而独到的体察，并将纪事本末体的优势发挥到极致，但也不可避免地存在较大缺陷，即：刻意压缩对典章制度的论述，屏蔽了历史本应具有的丰富性和多样性；在史实选择上因无法克服史家的主观好恶而导致重大历史事件的缺失或论述太略，如义和团运动等。这说明，要反映复杂的历史进程，仅靠单一体裁难以实现，必须采用多体配合的"新综合体"。[②]

第三节 对马克思主义理论的吸收和借鉴

上述体裁创新属于消极的不破坏历史完整，积极的则需以进化论阐明历史因果关系，这是周谷城通史编纂的主旨，也是新史学的理论核心。他很早就接受了进化论，并认为"历史本只是记载些过去的成迹，当生物进化论未出现之先，历史本是死的"[③]。进化是其史学思想体系的核心概念，贯穿始终。而由于新史学与马克思主义史学存在理论共通性，尤其都反对停留在考据层面而注重历史解释，都坚持人类社会不断进步的观念，因此当唯物史观这一科学体系传入中国特别是经过社会史论战洗礼后，新史学派学者大都受到影响，周谷城就是其中较为突出者。

他自"五四"时期就开始阅读马列著作，并谓："读马列著作，则很少提出异议……这种态度，现在回忆起来，出于同情倾向者多，出于分析判断者少。"到湖南一师任教后，他从日本邮购德、英两版《资本论》加以研读，逃亡上海后"运用革命理论为指导，分析中国历史。首先写了《中国社会史论》三卷"[④]，"尽是讲阶级斗争，但人家说我周某人阶级斗争讲得好，就是辩证法没那么多……从此从《资本论》研究转入辩证法，开始读黑格尔的逻辑"[⑤]。严格来说，这一时期他的研究重心在社会学方面，且带有强烈的政治目的，乃将马克思主义作为指导革命的思想，而非史学理论的一种。因此，当他从革命实践转入学术研究后，无论是所提历史完形论，还是总结中国史学演进历程的《中国史学之进化》，都未提及当时已获得很大发展的马克思主义史学。当然，这一从社会学视角研究史学的取向以及对马列著作的钻研，都对其通史编纂产生重要影响，以至于《中国通史》一出版就

[①] 参见姜玢:《周谷城的史学成就与他的〈世界通史〉》，载上海社会科学学会联合会编:《周谷城学术思想研究论文集》，上海社会科学院出版社1998年版。
[②] 参见陈其泰:《近三百年历史编纂的一种重要趋势:"新综合体"的探索》，《史学史研究》1984年第2期。
[③] 周谷城:《生活系统》，第125页。
[④] 周谷城:《我是怎样研究起史学来的》，《文史知识》1983年第10期。
[⑤] 周谷城:《教学、科研与反帝爱国》，载《周谷城学术思想研究论文集》，第227页。

被认为"有马克思主义嫌疑"而被迫转向世界史研究。[1]

首先,在历史分期上受到社会形态说的影响。周谷城对中国社会发展阶段的划分,已经大略呈现出这一特点,只是尚不承认奴隶社会的存在,认为"希腊之奴隶社会,或出于天然的特别原因,中国历史,不能完全与他一致"[2]。这一看法在《世界通史》中发生了变化:

> 进化阶段,不能因难明而予以否认。世界各地历史的演进,无不有阶段可寻。典型的阶段为由氏族社会时代到奴隶经济时代,再到封建时代,再到前资本主义及资本主义时代,然后到社会主义时代。例如本书第一篇第三、第四两章所述六个古文化区,都有城市工商,都有阶级对立,都有奴隶劳动,都有城市国家,都有金属器物,都有文字记录;就这种种看,都与奴隶经济阶段相当。[3]

六个古文化区就包括中国,显然他转向世界史研究后,视野更为开阔,认识也随之得到提高。正如其所自言:"研究中国史而不研究世界史是很不方便的。"[4]

其次,尝试运用生产力与生产关系、经济基础与上层建筑的关系原理。他在《中国通史》中极为注重对包括地理条件在内的经济情形的论述,而且多将社会变化的原因归结于此。比如,他对秦汉时期法治取代礼治的阐释,就非常典型:

> 法治的要求,首先由于经济的发展。因社会一般的经济发展了,社会关系随着复杂起来。社会关系复杂了,次序的维持,便没有往日那么容易,往日的"德"与"礼"等等渐渐失去作用,而发生"法"的要求,这是一事。其次由于社会关系的变动。在一般的经济发展过程之中,贵族被奢淫生活所侵蚀,而逐渐腐化,逐渐没落,工商地主等阶级便随着各自的业务之兴起而兴起了。社会关系既然这样变了,则旧有的维持社会次序的方法,自不得不变。旧阶级所用之方法,自不能合新阶级之用。这是又一事。[5]

这表明他对社会结构及相互关系已有一定认识。他在《世界通史》中专列"有机的结构"一节,指出"下层基础与上层结构之分,本是马克思氏与恩格斯氏的固有分法。布列哈洛夫氏把马恩二氏的见解综合列为五项:一曰生产诸力量,二曰经济诸形态,三曰社会政治的结构,四曰社会意识,五曰意识形态",并认为这种划分较为进步和精密。[6]《世界

---

[1] 周谷城:《周谷城自传》,《晋阳学刊》1980年第2期。
[2] 周谷城:《中国通史》,第113页。
[3] 周谷城:《世界通史·弁言》,河北教育出版社2000年版。
[4] 周谷城:《周谷城自传》,《晋阳学刊》1980年第2期。
[5] 周谷城:《中国通史》,第254页。
[6] 周谷城:《世界通史》,第35—36页。

通史》是在史料极为欠缺的情况下编纂而成，在内容上多参考外国学者已有成果，按照上述社会进化阶段和结构对各国历史及相互联系予以组织和分析。如，他在论述欧洲社会政治之变革时就分为社会经济之变革、民族国家之成长、专制政治之发达、上层文化之变动等部分。

最后，阶级分析法的熟练运用。他对阶级斗争观念接受很早，故对这一方法使用较为广泛。他论述了不同时期的阶级构成及其兴衰，考察其在历史演进中的作用，而尤为注重阶级对立和斗争，并关注人民的生活状况。比如，他阐述地主取代贵族掌握社会支配地位的过程，认为王莽改革后，随着"社会关系的剧变告终，贵族与农奴对立之局完全为地主与农民对立之局所代替"，而封建时期在整体上又分为剥削与被剥削两大营垒："一方面为官僚，为地主，为富商大贾等……压迫他人而剥削他人的……另一方面为农民，为手艺工人，为小商人等……被人压迫被人剥削的分子。"近代以来，随着经济的变化，这种关系又"转变为资本家与产业工人的对立关系"。此外，他在论述朝代更迭时往往用一定篇幅描绘人民所遭受的压迫，如在"由蒙古统治之瓦解到大明帝国之树立"一章中，以身分被人奴役、土地被人占领、财产被人搜括、物价腾贵无以为生等说明人们生计的困苦。① 当然，《世界通史》中有关各国自身的发展情形也包含对阶级构成的论述，限于篇幅，不再展开。

需要说明的是，上述内容都统摄于历史完形论之下，其对马克思主义的运用无论在理论深度还是系统性方面都无法与郭沫若、范文澜、翦伯赞等马克思主义史家相比肩，尤其在人民群众创造历史方面存在重大缺陷。他本人在新中国成立前的著作中，及此后对这一时期的回忆中，也从未自称马克思主义史家。换言之，他的运用属于启发性而非规范性。

第四节　历史比较方法的广泛运用

比较方法的实际运用，在我国起源很早，但比较史学作为一种系统的研究方法或史学的一门分支学科受到普遍重视，则迟至20世纪80年代，"最先倡导的是周谷城"②，即其《中外历史的比较研究》一文。有关这一问题，学界多关注他在新中国成立之后的成就，而对他此前的学术积累却有所忽略。事实上，他之所以能对比较史学率先加以倡导，不仅得益于本身兼具中西史学两方面的素养和突出的汇通意识，而且因为他早在通史编纂中已对这一方法有明确的理论认识并加以熟练运用，从而成为其史书编纂的一大特色。

他在《中国通史》中称：

---

① 周谷城：《中国通史》，第290、1083、1084、806—807页。需要指出的是，他同情人民所受压迫，但又将反抗压迫的人民及行为称作"贼"、"贼众"、"流贼"、"贼乱"、"捣乱"等，表现出正统论倾向。这种矛盾，一方面可能与其社会学取向即着眼于社会秩序有关；另一方面则可能与其作为知识分子的立场有关，因为他将知识分子定位于调和两大对立阶级的中间阶级。（见《中国通史》，第968、1084页）
② 范达人、易孟醇：《比较史学》，湖南出版社1991年版，第195页。

> 类比之法，即形式逻辑中之 Analogy……或拿中国史与欧洲史比较，依据若干类似之点，推究两者如何相同。或拿中国社会发展的诸阶段与一般社会进化史上所确定的诸阶段比较，依据若干类似之点，推究两者如何相同……不过比较的目的，并不是为着"比较"的自身，而是为着明了各自的历史。须知诸事物之可以比较，正因各有各的"自性"……我们利用比较，即是为着要明了所研究之对象的本身，并不是为着要造一个完全同一的比较表。并且被比较的东西，倘完全相同，则比较云云，也就全无意义了。这层道理，我们要首先明白，才不至被类比之法所拘束。①

这段话借助逻辑学对比较研究的对象、方法和目的等进行了界定，明确指出平行比较的可行性和意义，并警示人们不要陷入为比较而比较的窠臼，忽略其作为认识历史客观规律之手段的本质，所论已具相当的理论高度，推进了史学理论的发展，也充分印证了其对跨学科治史主张的践行。不过，此时他虽十分重视对外关系的叙述，但有关中外历史的比较尚不多见，仍更多地关注中国历史的内部比较，包括对同时期不同历史对象的比较，以及不同时段历史现象的比较。比如，他比较儒、法、墨、道诸家的共同点和不同点，认为前两家"立言之旨，都比较地注重治者方面"，但"儒家为旧治者阶级说话，法家为新治者阶级说话"；后两家则"都注重被治者方面"，而墨家属于积极一方，道家则属消极一方。这是利用阶级分析法比较春秋时期诸家思想之同异，属于横向比较。再如，他比较隋唐帝国与秦汉帝国的不同说："这隋唐帝国，其形势颇似秦汉。然就种族的成分讲，或就文化的元素讲，却与秦汉不同。以言乎种族的成分，则重新同化了自北部及西北部移入的许多民族。以言乎文化的元素，则因自西汉以来，常与葱岭以西的诸民族通商贸易之故，把印度文化及希腊文化从中央亚细亚一方面，不断地输入，尤以印度的佛教文化输入的最多，于是文化的内容，也较秦汉时为更丰富。"②这是对时空跨度较大的帝国间进行比较，属于纵向比较。

《中国通史》对比较研究虽有理论和方法的阐述，但在具体运用上尚嫌单薄。相较之下，《世界通史》对这一方法的运用则显得更为广泛和娴熟，不仅将比较视野由一国内部转向各国、各地域之间，而且在内容上涉及经济、政治、宗教、文化等各个方面，可谓贯穿全书始终，与新纪事本末体一齐表达了"世界历史自身之完整性"。比如，他在论述马其顿兴起时指出，其"团体生活，因物质环境的不同，与希腊人亦恰恰相反。希腊人，因着地形的破碎，小国的并立等等影响，早已形成高度的个人主义；马其顿人则以地形完整，交通较便，离海较远；且天然物产丰富，极易维持一个统一的民族国家"，通过地理条件的比较说明国家形式的差异，分析深入而耐人寻味。再如，他通过比较发现基督教在罗马帝国后期的迅速传播与佛教在中国汉唐时期的兴盛于时间上大体一致，于原因上亦颇相同，即贫民为图得到安慰、富人为图得到保障、帝皇为图巩固统治等，而且"基督主义

---

① 周谷城：《中国通史》，第46页。
② 周谷城：《中国通史》，第273、508页。

之发达,正值北方蛮族侵入罗马时代;佛教之发达也是如此,正值北方民族侵入中原的时代"①,充分反映出他对中外历史进程的宏观把握以及突出的比较意识。此外,由于他反对欧洲中心论的目的之一,在于突出中国在世界发展史上的地位,②因此不仅在全书篇幅上突出中国比重,而且比较研究的对象也多侧重于中外之间。

尤其值得注意的是,周谷城对世界各国历史进行比较的最终目的,在于认识历史客观规律,即人类社会的必经阶段,而这一规律又反过来成为历史比较的基本前提。最典型的例子是,他批评梁启超有关戴震思想"与欧洲文艺复兴时代之思潮之本质绝相类"的观点,指出:"一、文艺复兴思想,是中世纪基督教义之反响;戴东原思想,则是重商主义时代理学之反响。二、文艺复兴思想,起于重商主义时代唯心哲学之先;戴东原思想,则起于重商主义时代宋、明理学之后。我们可以把汉、唐佛、老思想与欧洲中世基督教义相提并论;也可以把宋、明理学思想与欧洲重商主义时代唯心哲学相提并论。但不能把宋、明理学与中世纪基督教义相提并论。文艺复兴运动者所反的,是基督教的思想;戴东原所反的,是重商主义时代的思想。两者所处进化阶段不相同,不能说他们的思想本质绝相类。当然相类之点也是有的,比较比较亦未尝不可;不过两者所处不同的时代,却不可错乱。"③历史比较在于寻找相同点和不同点,但必须注意历史现象的时代性,这是对其比较理论的进一步阐发,所论至今仍有较高参考价值,且反映出其对比较方法的重视受到梁启超影响,进一步印证了与新史学之间的传承关系。

---

① 周谷城:《世界通史》,第304、486页。
② 他曾在《评没有世界性的世界史》一文中说:"我们自己讲世界史,如果也以欧洲为中心,则大不可。就爱国的思想说,不应该。"(《周谷城史学论文选集》,第146页)
③ 周谷城:《世界通史》,第916—917页。

第四章　吕思勉与历史编纂的新探索

中国历史编纂学源远流长，内涵丰富，并具有不断开拓创新的传统，不仅创造出以纪传、编年、纪事本末为主的多种体裁，而且每种体裁也都随着史学的发展而不断获得丰富和完善。"史书的编纂，是史学成果最便于集中体现的所在，也是传播史学知识的重要的途径。历史理论的运用，史料的掌握和处理，史实的组织和再现，都可以在这里见个高低。刘知幾所谓才、学、识，章学诚所谓史德，都可以在这里有所体现。"①这段话很好地说明历史编纂绝不是"剪刀加浆糊"的简单技术层面工作，而是史家学、识、才、德的重要载体，以此视角开展史学史的研究，将展现出更开阔的学术视域。步入20世纪以后，诸多史学名家如梁启超、章太炎、夏曾佑、张荫麟、罗尔纲以及白寿彝等都曾对历史编纂进行了探索并作出创造性贡献，白寿彝主编的大型《中国通史》更是在总结和发扬历史编纂学遗产的基础上，创造了立体式撰史的新综合体，被学术界誉为"20世纪中国史学的压轴之作"。然而，在20世纪历史编纂的探索过程中，有一位史学名家亦曾作出独特贡献而未得到学界应有重视，他就是吕思勉先生。

吕思勉（1884—1957），字诚之，江苏常州人。出生于书香门第，其曾自言"家世读书仕宦，至予已数百年矣"②。六岁起跟随私塾先生读书，三年以后因家道中落改由父母指导，系统阅读了经、史、子、集等古代文史典籍。他自23岁起，专意治史，无意仕途，全心从事文史教育和研究工作。③1905至1914年，先后在苏州东吴大学、常州府中学堂、南通国文专修科、上海私立甲种商业学校等任教；1914至1919年，先后任上海中华书局和商务印书馆编辑；1920至1926年，陆续在沈阳高等师范学校、苏州省立第一师范学校、上海沪江大学任教；1926年以后一直在上海光华大学任教并担任历史系主任。1951年光华大学并入华东师范大学，他遂入华师历史系，并被评为历史学一级教授。他一生著述宏富，在中国通史、断代史、社会史、文化史、民族史、政治制度史、思想史、学术史、文字学等方面都写下了大量的论著，总量超过一千万字。严耕望曾推其为现代史学四大家之首："论方面广阔，述作宏富，且能深入为文者，我常推吕思勉诚之先生、陈垣援庵先生、陈寅恪先生与钱穆宾四先生为前辈史学四大家，风格各异，而造诣均深。"④其诸多著作中，以两部通史（《白话本国史》、《吕著中国通史》）和四部断代史（《先秦史》、《秦汉

---

① 白寿彝：《中国史学史》第一卷，上海人民出版社2006年版，第17页。
② 吕思勉：《自述》，《吕思勉遗文集》上，华东师范大学出版社1997年版，第434页。
③ 他曾自言："予论政治利弊，好从发展上推求其所以然，亦且性好考证；故遂逐渐走入史学一路。自二十三岁以后，即专意治史矣。"（见吕思勉：《自述》，《吕思勉遗文集》上，第435—436页。）
④ 严耕望：《钱穆宾四先生与我》，《治史三书》，辽宁教育出版社1998年版，第219页。

史》、《两晋南北朝史》、《隋唐五代史》)最有影响,以独创性的体裁体例和令人耳目一新的内容推动了20世纪中国历史编纂学的发展。尤为可贵的是,通史编纂因其时间跨度大,资料浩如烟海,有待考证的问题多如牛毛,而被当时学人视为最艰难的事业,他却以一人之力独立撰成两部成功的中国通史,不愧为一代史学大师。对其在历史编纂上的探索和贡献,我们不能仅仅停留在技术层面上,而应结合其治史旨趣、学术思想和方法的不断进步加以深入剖析,方能给予更全面、准确的评价。

第一节 《白话本国史》：开创中国通史编纂的新纪元

《白话本国史》是吕思勉的第一部中国通史著作,于1920年拟定写作序例,1922年成书,1923年由上海商务印书馆发行,出版后即风行全国,一版再版,长期被用作大学教本,并且是广大青年用以自修的读物,从而成为20世纪二三十年代最有影响的通史之一。此书产生于"五四"新文化运动时期,带有鲜明的时代特色,是承继新史学统绪、熟练运用进化史观撰写中国通史的代表性著作。在其之前,尝试运用进化史观撰写通史较著名的是夏曾佑的《最新中国历史教科书》和刘师培的《中国历史教科书》,这两部教科书式著作都具有开创性,但同时亦存在理论运用机械化问题,而且严格说并非真正意义上的通史,夏书写到隋朝,刘书更是只写到西周末年。随着新文化运动的不断深入,社会呼唤一部全新通史的出现,因而吕氏这部从方法到内容都焕然一新且一直写到民国的新式通史一出版即大受欢迎。顾颉刚评价说:"编著中国通史的,最易犯的毛病,是条列史实,缺乏见解,其书无异为变相的《纲鉴辑览》或《纲鉴易知录》之类,极为枯燥。及吕思勉先生出,有鉴于此,乃以丰富的史识与流畅的笔调来写通史,方为通史写作开了一个新的纪元。"[①]这部书在历史编纂上的特点和成就最突出的主要有以下几点:

(一) 以进化论为指导,揭示历史发展大势,反映社会生活全貌并注重探究因果的编纂主旨。

这部书采用白话文撰写的方式,以与新文化运动相呼应,在体裁上则选用由西方传入而广为学人所采用的章节体,同时,设置序例、绪论以阐明本书特点及著述宗旨等。他在序例中首先标明其书不同之处在于:"颇有用新方法整理旧国故的精神。……现在读史,自然和从前眼光不同;总得在社会进化方面着想。"[②]而在绪论中则这样为"历史"下定义:"历史者,研究人类社会之沿革,而认识其变迁进化之因果关系者也。"[③]同时又指出治史最要紧的是"把所存的材料,用种种科学的眼光去研究他,以便说明社会进化的现象"[④]。他鲜明地标示其编纂主旨在于以进化论为指导,以科学的眼光和方法重新审视和整理旧有材

[①] 顾颉刚:《当代中国史学》,辽宁教育出版社1998年版,第77页。
[②] 吕思勉:《白话本国史·序例》,上海古籍出版社2005年版。
[③] 吕思勉:《白话本国史·绪论》。
[④] 吕思勉:《白话本国史·绪论》。

料，揭示历史发展大势，探究人类社会整体演进历程并分析原因、总结规律。

首先，他将中国历史分为上古史（秦以前）、中古史（秦汉至唐朝全盛）、近古史（唐朝安史之乱至南宋）、近世史（元朝至清朝中期）、最近世史（西力东渐至清朝灭亡）和现代史（辛亥革命以后）六个时期加以论述。历史分期是通史撰述的关键，反映了史家对中国历史演进大势和阶段性特点的把握。他的这一分期未必恰当，但却是其进化史观最直接的表现，说明他突破旧史以朝代兴替为划分标准，而代以社会变迁为依据，且其依据颇有见识高明之处。比如，他认为春秋战国时期社会的大变迁表现在井田制的崩坏以及"（一）贵贱的阶级破，贫富的阶级起。（二）共有财产的组织破坏，自由竞争的风气大开"①，因而是三代以前和秦汉以后社会的一个大界限。而且，他指出，"从秦汉统一以后，直到前清海禁大开以前，二千多年，中国社会的经济组织没有什么根本上的变更"②，其根本原因在于以农业为主的生产方式和生产的社会组织始终没有根本变化。这种创新见解对史学界有着深远的影响，而所以能有如此见识，不仅因为其对整个中国历史发展大势有宏观的把握，亦在于他已经将社会经济作为观察和分析历史问题的重要因素之一。同时，他还将这种以划分阶段来揭示历史进程的方法熟练应用到各种具体问题的论述和分析中。比如，他将中国学术分为先秦、两汉、魏晋、南北朝隋唐、宋元明及晚明有清六大时期，且指出清代汉学的实事求是精神是"经过汉学时代之后，中国人易于迎接西洋人科学思想的原理"③；指出康有为创造孔子托古改制之说，主张社会进化，"实在对于几千年来迷信古人的思想，而起一大革命"，并认为清代学术"如剥茧抽丝，逐层进步；至于此，则已图穷而匕首现了。而西洋的思想，适于此时输入。两种潮流，奔腾澎湃，互相接触，就显出一种'江汉朝宗'、'万流齐汇'的奇观"④。真可谓见识高远而又切中肯綮。当然，其注重对历史大势的把握还有诸多表现。比如，在评价历史人物功过时将其置于历史发展时势中；敏锐地观察到三国时代是中国经济文化重心南移的孕育时期；准确地指出乾隆盛世是清朝由盛而衰的关键时期；每个时代时都附有世系图表等等。

其次，他在论述历史进程时增添了许多社会组织、人民生活和思想文化的内容，以求反映社会整体情状，使读者得窥中国社会发展的全貌。这较旧史或偏重人物传记、或侧重治乱兴衰、或专记典章经制而言有根本性进步，他所追求的是在进化史观统摄下，尽可能完备地记载能够反映社会方方面面的史实，并努力探求其演变轨迹。他希望通过对史料的爬梳和融会贯通，向世人展示一幅中国社会整体演进的动态画卷，而不是呆记史事或偏重某一方面的记载。因此，他在每一篇中都设置专门章节来论述当时的社会经济、政治和思想文化。比如，他在上古史中设置"古代社会的政治组织"、"古代社会的经济组织"和"古代的宗教和文化"；在中古史中设置"秦汉时代的政治和文化"和"从魏晋到唐的政治制度和社会情形"；在近古史中设置"宋辽金元四朝的政治和社会"等等。从具体内

---

① 吕思勉:《白话本国史》，第143页。
② 吕思勉:《白话本国史》，第328页。
③ 吕思勉:《白话本国史》，第658页。
④ 吕思勉:《白话本国史》，第660页。

容来讲，他对每个时期的官制、教育和选举、兵制、刑制、赋税、货币、学术等都进行了最简明扼要的论述，而能抓住它们在不同时期的特点和内在的演进逻辑。比如，他在论述秦汉官制时指出其特色有三点：1.宰相权力仅次于天子，九卿亦各有独立职权。2.外官阶级少而威权重。3.地方自治的思想尚有存留。①在论述魏晋隋唐时期官制时指出，宰相渐渐失其权，九卿渐渐失其职，外官权力则有日趋于重之势。②而在论述宋代官制时又指出，"从秦汉的官制，变成隋唐的官制，是六部专权，九卿失职。从唐朝的官制，变迁成宋朝的官制，则是发生了许多临时特设的机关，而六部亦失其职"③，外官则取中央集权主义。因此，如果将其关于每个时期某一制度的论述合到一起，就是这一制度的变迁史，由此亦可见其通达的史识。而且，他十分重视赋税制度的记述，因为他认为"中国史家记载平民的生活状况，是很少的。却是当时的田赋制度，便是当时'农民生活状况的反映'"④，其力求反映普通民众社会生活的愿望可见一斑。

最后，他不仅重视探求历史发展大势，揭示社会生活整体情状，而且注重挖掘历史演进和社会演变背后的深层次原因。其曾言："凡论史事，最宜注意于因果关系。"⑤比如，他在论述春秋战国时期游士风气兴起的原因时，认为这与当时的社会情势密切关联，指出东周以后，"贵族政体渐次崩坏；做专官有学识的人，渐变而为平民；向来所谓某官之守，一变而为某家之学；民间才有'聚徒讲学'之事……民间有智识的人，一天天增多；贵族里头，可用的人，一天天减少"，因而不得不进用游士，而当时讲求学问的人，则渐渐以利禄为动机，"可见得社会的文化，和物质方面大有关系"。⑥再如，他认为政治变动的原因要从社会组织的变迁上去探求。他总结豪杰亡秦时，认为这是"中国平民革命第一次成功。以前汤放桀，武王伐纣，秦灭周，都是以诸侯革天子的命"。随后其引《史记·高祖本纪》所载刘邦的无赖行径，并指出辅佐他的人亦大多非世家子弟，而其竟然成功了，其原因"实在就是社会组织的变迁"。⑦他注重从阶级关系和社会组织的变迁分析历史问题，因而能得出不同于常人的新鲜见解。

以上所论编纂主旨，与梁启超所开创新史学的理论方法正相发明，吕思勉实为新史学旨趣的继承者和实践者。他说："予年十三，始读梁（启超）先生所编《时务报》。嗣后除《清议报》以当时禁递甚严未得全读外，梁先生之著述无不寓目者。粗知问学，实由梁先生牖之，虽亲炙之师友不逮也。"⑧又说："他（梁启超）那种大刀阔斧，替史学界开辟新路径的精神，总是不容抹杀的。现在行辈较前的史学家，在其入手之初，大多数是受他的影响的。尤其是他对于政治制度，社会情形，知道的很多；他每提出一问题，总能注意其

---

① 吕思勉：《白话本国史》，第220页。
② 吕思勉：《白话本国史》，第318—320页。
③ 吕思勉：《白话本国史》，第460页。
④ 吕思勉：《白话本国史》，第328—329页。
⑤ 吕思勉：《史籍与史学》，《吕著史学与史籍》，华东师范大学出版社2002年版，第64页。
⑥ 吕思勉：《白话本国史》，第114—115页。
⑦ 吕思勉：《白话本国史》，第176—177页。
⑧ 李永圻：《吕思勉先生编年事辑》，载俞振基：《蒿庐问学记》，生活·读书·新知三联书店1996年版，第352页。

前因后果，及其和环境的关系，和专考据一件事情，而不知其在历史中的地位的，大不相同。"①两相比较，其治学旨趣正与梁氏一脉相承。此外，由其开始注意从社会经济和阶级关系等视角观察历史问题来看，此时他对马克思主义唯物史观虽尚未深究，但显然已受到影响。

（二）继承而又突破传统历史考证方法以再现历史真实的实事求是精神。

史家编撰史书的一个重要任务是真实、深刻地再现历史真实，而要做到这一点，殊非易事，不仅需要实事求是的态度，亦须具备严密的考证方法。对此，吕思勉有清楚的认识："研究历史，最紧要的就是'正确的事实'。事实不正确，根据于此事实而下的断案，自然是不正确的了。然而历史上一大部分的事实，非加一番考据，断不能算做精密正确的。所以……要懂得汉学家的考据方法。"②他九岁就已读过《日知录》、《廿二史札记》，对考证学家广参互证、追根求源、无征不信、实事求是的考证方法甚为信服，上文曾提及他"性喜考证"，才渐入史学一途。他认为"要明白一种现象的因果关系，先要晓得他的'事实'。考究人类社会已往的事实的东西很多……然而最完全最正确的，究竟要推书籍。所以研究历史，仍得以'史籍'为中心"③，因此，其考证多于古代典籍中钩稽爬梳，而以二十四史为主。他六岁起开始读经史古籍，且每读一书均认真写作札记，68年风雨不辍，积箧累筐。④其读二十四史尤为用功，据黄永年记述至少四遍以上⑤，这种硬功夫，不仅今日大部分学者难以望其项背，即较乾嘉考据学者亦有过之而无不及。正是其精勤和数年的积累使他对古代典籍烂熟于心而融会贯通，从而能对古代政治事件、疆域、民族、官制、刑制、兵制等诸多历史问题加以严密考证，纠正了前人的许多看法而提出诸多独创见解。比如，他指出"后人……都以为刑是衰世之物，到了衰世才有的，这种观念，于法律的起源，实在大相违背"。他通过广泛考证《礼记》、《周礼》、《尚书》、《左传》、《公羊传》、《白虎通》、《管子》、《韩非子》等诸多典籍所记载相关内容后，认为上古时期礼就是法，"因为违犯了，就要有制裁的"，而当时法律是掌握在乡官手里，与后世地方行政官监管司法正是一样，至于所用的刑罚，最早的是"五刑"。⑥再如，他考证秦以前的兵制，认为后人所持"兵农合一"、"全国皆兵"的观念是一种误解。其通过比对大量典籍的记载，指出"兵农合一，不但春秋以后不然；就西周以前，也并没这一回事"⑦，考证颇为详尽。其他如考证政治事件、教育和选举等都在参考大量典籍的基础上，广参互证，追根求源，常能发前人所未发。而且，对于其所景仰的梁启超的观点，他亦不盲从，而是以追求历史真相的

---

① 吕思勉：《史学上的两条大路》，《吕思勉遗文集》（上），第469页。
② 吕思勉：《白话本国史》，第9页。
③ 吕思勉：《白话本国史》，第6页。
④ 钱穆曾回忆说："诚之师案上空无一物，四壁亦不见书本，书本尽藏于其室内上层四周所架之长板上，因室小无可容也。及师偶翻书桌之抽屉，乃知一书桌两边八个抽屉尽藏卡片。遇师动笔，其材料皆取之于卡片，其精勤如此。"（见李永圻：《吕思勉先生编年事辑》，上海书店1992年版，第292页）
⑤ 参见黄永年：《回忆我的老师吕诚之先生》，载俞振基：《蒿庐问学记》，第144—145页。
⑥ 吕思勉：《白话本国史》，第122—124页。
⑦ 吕思勉：《白话本国史》，第120页。

态度勇敢与其辩论。1923年梁启超在《东方杂志》上发表《阴阳五行说之来历》一文,认为阴阳五行说起于战国时代燕齐方士,由邹衍首先传播。吕思勉认为此篇颇伤武断,因而第一个撰文反驳,写成《辨梁任公阴阳五行说之来历》,发表于《东方杂志》第二十卷二十号,读者可比较观之。此外,他还是《古史辨》第七册的领衔主编。童书业在该书序言中说:"这册《古史辨》在上海出版,也得到许多意外的助力,如史学家前辈吕诚之(思勉)帮助我们的地方实在不少,使我们的工作大为增光。……他的讨论古史方面的著作虽然不多,却篇篇沉着深锐,超出并时人研究之上。"①而顾颉刚对这册的评价是:"这一册的文章讨论得最细,内容也最充实,是十余年来对古史传说批判的一个大结集。"②

其全书考证内容甚多,且方法精良、论证严密,又主编《古史辨》第七册,无怪乎有学者将其划归为古史辨派③。然而,此一定位实未能抓住吕思勉的学术思想主旨。吕氏虽然精于考证,但考证实非其目的,而只是探究历史进化和社会情状的必要手段。他认为:"历史的可贵,并不在于其记得许多事实,而在其能据此事实,以说明社会进化的真相。"④又说:"今日史家,异于往昔者,有一语焉。曰:求情状,非求事实。"⑤而且,其考证既不像乾嘉考据学家那样有疑则考而流于烦琐,又不同于古史辨派由疑古而考信的治学路数,因为其最终目的是要探究历史演进大势、分析因果、反映社会情状,因而其所考证的问题都是其认为关乎历史前进的关键性问题,从不纠缠无关大局的琐碎史实。比如,在考证禹都问题时,牵涉到阳城是在今河南登封还是禹县时,他认为"古代的事情,都不过传得一个大略;都邑之类亦然,不过大略知道他在什么地方;区区计较于数十百里之间,实在是白费心血的,所以阳城到底是登封,还在禹县,这个问题,暂可不必较量"⑥。在他的著作中,虽然有大量的考证性内容,但却统摄于新史学的治学旨趣,考证是为了在最大程度上保证史事的真实,从而为探究历史进程奠定坚实基础,故实非其主旨所在。

(三)对中国历史的宏观把握和详人所略、略人所详的高超史料剪裁本领。

中国历史上下几千年,时间和空间跨度巨大,史料汗牛充栋,问题多如牛毛,如何对浩如烟海的史料进行恰当剪裁,如何抓住主要问题进行论述,就成为通史编纂能否成功的关键之一,这要求史家具备渊博的知识、高明的史识、宏观的把握能力和高超的史料剪裁本领。对此,吕思勉不仅有清醒的认识,而且出色地完成了这一任务。他说:"全书区区三十余万言,于历史上的重要事实,自然不能完具。但其详略之间,颇有斟酌。大抵众所共知之事从略,不甚经见之事较详,有关特别考证之处最详。"⑦史料的剪裁和史实的拣择是由其编纂主旨统领,他在进行史料爬梳和问题提炼时立足于反映中国历史演进大势和社会整体情状,拣出每个历史时期最重要的史事和最能反映社会情形的问题加以论述,而

---

① 童书业:《古史辨》第七册序,载吕思勉、童书业编著:《古史辨》第七册,海南出版社2005年版。
② 顾颉刚编著:《古史辨》第一册自序。
③ 参见侯云灏:《20世纪前期中国史学流派略论》,《史学理论研究》1999年第2期。
④ 吕思勉:《从我学习历史的经过说到现在的学习方法》,《吕思勉遗文集》上,第412页。
⑤ 吕思勉:《史籍与史学》,《吕著史学与史籍》,第54页。
⑥ 吕思勉:《白话本国史》,第42页。
⑦ 吕思勉:《白话本国史·序例》。

且做到详略有度。因而，他能挖掘出被别人忽视的问题而加以详细地考证论述，比如他揭示出外戚势力是汉朝灭亡的重要原因之一；以门阀势力的兴废作为南北朝到唐朝之间重要变迁之一等等。他时刻注意编纂通史与专门史的区别，只做大略概述，而不做详尽分析，比如，他在记述战国以前学术变迁时明确指出："以上所论，战国以前学术界的大略情形，可以窥见了。至于详论他的分歧变迁、是非得失，这是专门研究学术史的事，不是普通历史里讲得尽的，所以只好略而不具。"①

此外，他亦特别重视对民族、疆域和中外关系的记载和论述。比如，他强调中国是个多民族的国家，故而不仅考究汉族的由来，而且对上古时期的獯粥、东胡、貊、氐羌、粤、濮等族都进行了描述，对于每个时期与当时王朝发生关联的少数民族如匈奴、鲜卑、藏族等都予以记载。同时，对于少数民族建立的王朝，也同样称"朝"，设置独立的章节叙述辽、金等的兴亡，而且论述这一时期的典章制度和社会情形时命名为"宋辽金元四朝的政治和社会"，将少数民族政权放到与汉族政权同等的地位加以论述，不仅是一种体例的创新，更是其深邃眼光和高明见识的反映。同时，他也相当重视对古代疆域和中外关系的探讨，如设置"古代的疆域"、"唐朝和朝鲜日本的关系"、"从魏晋到唐中国和南洋的关系"等诸多章节，不再一一繁举。这不仅是其编纂主旨和治学旨趣的体现，而且与其学术经历亦颇有关联。其曾回忆说："当中日战时，我已读过徐继畬的《瀛环志略》，并翻阅过魏默深的《海国图志》……是年，始得邹沅帆的《五洲列国图》，读日本冈本监辅的《万国史记》，蔡尔康所译《泰西新史揽要》，及王韬的《普法战纪》；黄公度的《日本国志》则读而未完，是为我略知世界史之始。"②"年二十一岁，同邑屠敬山（寄）先生在读书阅报社讲元史，我亦曾往听，先生为元史专家，考据极精细，我后来好谈民族问题，导源于此。"③这正是其具备世界眼光和重视民族、疆域问题的学术思想源头。

第二节 《吕著中国通史》：通史编纂的全新尝试

《吕著中国通史》是吕思勉继《白话本国史》之后又一部通史著作，成书于1939年，分上下两册，由上海开明书店分别于1940年、1944年出版，其间由于战争原因间隔了4年。这部书是他在抗战期间，上海成为"孤岛"时，为大学编写的教本。通史的编纂是非常不容易的，吕思勉却以一人之力完成两部中国通史，第二部更是在抗战期间条件极其艰苦的情况下完成，其用力之勤由此可见一斑。顾颉刚亦给予高度评价："吕先生近著尚有《中国通史》二册，其体裁很是别致，上册分类专述文化现象，下册则按时代略述政治大事，叙述中兼有议论，纯从社会科学的立场上，批评中国的文化和制度，极多石破天惊之新理

---
① 吕思勉：《白话本国史》，第162页。
② 吕思勉：《从我学习历史的经过说到现在的学习方法》，《吕思勉遗文集》上，第407—408页。
③ 吕思勉：《从我学习历史的经过说到现在的学习方法》，《吕思勉遗文集》上，第410页。

论。"① 这部通史相较前部从体裁体例到内容都取得不小的突破，是对通史编纂的一次全新尝试，其特点和成就最显著者有三：

（一）汲取传统历史编纂营养，极富创造性地进行史书体裁的革新。

中国传统史学孕育创造了纪传、编年、纪事本末、典志体等丰富多样的体裁，为史书的编纂留下了丰富的遗产。步入20世纪以后，由西方传入的章节体以其贯通性、结构灵活性和叙事完整性逐渐成为最普遍、最流行的体裁。吕思勉的《白话本国史》亦是采用这一体裁，以时代为序，以事件设章立节，先叙历史大事，次及典章制度、宗教文化等，是当时最有代表性的通史之一。当大多数史家无一例外地采用章节体编纂史书时，吕思勉却又在汲取前人编纂营养的基础上，大胆地进行了史书体裁的革新和尝试。《吕著中国通史》以上下两册的形式将中国历史分成两大板块，上册以专题形式分述社会制度、社会生活和学术宗教等文化现象，下册则按时代略述政治大事，上册18章，下册36章，章下不设节。这一体裁的创新之处在于他吸收纪事本末体和典志体的优点而成功糅合于一体，以贯彻和体现著者力求反映历史的通贯性和社会的整体性的编纂思想，使读者既能对婚姻、族制、官制、兵制、学术等社会文化现象有一个全面而又贯通的了解，从而对中国社会形成整体认识，又能通过中国历史上的重大事件而把握历史发展的大势。

他之所以创造这种新式体裁，有其特定的时代背景。1938年，教育部颁行大学课程，最初以中国文化史为必修科目，后改为通史，而注明须注重于文化。吕思勉认为当时流行的通史著作，虽然在叙述治乱兴亡的过程中，夹叙一些典章制度，但往往缺乏条理系统，上下不够连贯，使初学者摸不清头绪，不能构成系统的历史知识。作为一个具有高度历史责任感而又长期从事历史教育和研究的学者，他敏锐地指出当时"从中学到大学，永远是以时为经，以事为纬地，将各时代的事情，复述一遍，虽然详略不同，而看法失之单纯，亦难于引起兴趣"，所以他"变换一个方法，上册先依文化的项目，把历代的情形，加以叙述"，下册则"依据时代，略述历代的盛衰"，如此，读者在读下册时，"对于历代的社会状况，先已略有所知，则涉及时措辞可以从略，不至有头绪纷繁之苦；而于历代盛衰的原因，亦更易于明了了"。②事实上，他将中国历史分为两大板块的创造灵感，在一定程度上是受到马端临的启发。《文献通考·序》把历史上的事实，分为治乱兴亡和典章经制两大类，吕氏认为，前者可称为动的史实，后者可称为静的史实，只是他又指出："史实确乎不外这两大类，但限其范围于政治以内，则未免太狭了。须知文化的范围，广大无边。"③因此，其通史著作从内容上讲已经远远超出马氏所论范围，但两大板块的灵感确导源于此。而且，早在编写《白话本国史》时他就指出，纪传体中的纪、传是记载前一类事实，志是记载后一类事实；而"编年体最便于'通览一时代的大势'；纪事本末体，最便于'钩稽一事的始末'；典章制度一类的事实，尤贵乎'观其会通'"④。所以，他的独创体

---

① 顾颉刚：《当代中国史学》，第77页。
② 吕思勉：《吕著中国通史》，上海古籍出版社2009年版，第299页。
③ 吕思勉：《吕著中国通史·绪论》。
④ 吕思勉：《白话本国史·绪论》。

裁是在充分吸收传统体裁优点,以其编纂主旨加以糅合创造而成。其目的是要反映历史演进大势和社会情状,因而他没有采取纪传的形式,而是将关键历史人物的事迹融合于历史大势的叙述中,而继承发挥纪事本末体的优势;同时,他又注意吸收编年体的通贯优点以克服纪事之间互不统属的弊端;再继承并发展典志体的特点以记载叙述各种文化现象的变迁。①因此,他的这一体裁既有极强的通贯性,又有包举社会文化诸端的广阔性。

此外,他采取这种体裁编纂中国通史,实有其现实寄托。他说:"我这一部书,取材颇经拣择,说明亦力求显豁。颇希望读了的人,对于中国历史上重要的文化现象,略有所知;因而略知现状的所以然;对于前途,可以预加推测;因而对于我们的行为,可以有所启示。"②其在全书最后更是鼓舞国人应有一百二十分的自信心,并引梁启超所译拜伦的诗作为结尾:"马拉顿前啊! 山容缥缈。马拉顿后啊! 海门环绕。如此好河山,也应有自由回照。我向那波斯军墓门凭眺。难道我为奴为隶,今生便了? 不信我为奴为隶,今生便了。"③一个史家的强烈民族情感和爱国情怀跃然纸上!

(二)秉承新史学旨趣的同时逐渐服膺马克思主义唯物史观并加以熟练运用。

吕思勉是新史学的承继者和实践者,以进化论为指导,探讨历史演进大势和反映社会情状的编纂主旨也贯穿于其一生的史书编撰中,这部著作所采用的新式体裁实际上更鲜明地体现出这一主旨。而且,其在上册所开列的文化诸专题,实为继承梁启超的通史编纂构想,此将梁氏所拟定通史目录与吕氏目录相比对,自然可明,只是吕氏目录为切合大学通史教材的实用性而更为简练。④同时,在社会生活内容上,较《白话本国史》而言,他增添了衣食、住行两章,以更好地达到新史学反映人类社会生活的要求。比如,他通过考证《诗经》、《礼记》、《孟子》等古代典籍的记载后,认为"古人主要的食料有三种:(一)在较寒冷或多山林的地方,从事于猎,食鸟兽之肉,饮其血,茹其毛,衣其羽皮。(二)在气候炎热、植物茂盛的地方,则食草木之实。……(三)在河湖的近旁则食鱼"。又指出,"烹调方法的进步,也是食物进化中一种重要的现象。其根本,由于发明用火"。⑤其重在记述古代社会衣食住行的变迁并注意分析其原因,从而使读者可对古代人民的生活状况演进有一基本的了解。

此外,他在秉承新史学旨趣的同时,其学术思想也随着时代发展而不断前进,其表现则是对马克思主义唯物史观的逐渐服膺。前文曾提及他很早就曾对马克思主义予以关注并已受到其影响,而其在编著《吕著中国通史》时已经对此学说深为服膺,并熟练运用到观察和分析历史问题中。他曾回忆说:"马列主义初入中国,予即略有接触,但未深究。年四十七,偶与在苏州之旧同学马精武君会晤,马君劝予读马列主义之书,尔乃读之稍多。

---

① 其中,关于典志体对他史学的影响,他曾回忆说:"把《通典》和《通考》对读,并读过《通志》的二十略。此于我的史学,亦极有关系。人家都说我治史喜欢讲考据,其实我是喜欢讲政治和社会各问题的。"(见吕思勉:《从我学习历史的经过说到现在的学习方法》,《吕思勉遗文集》上,第409—410页)
② 吕思勉:《吕著中国通史·绪论》。
③ 吕思勉:《吕著中国通史》,第466页。
④ 目录对比可参见王家范:《吕思勉与"新史学"》,《史林》2008年第1期。
⑤ 吕思勉:《吕著中国通史》,第202—204页。

于此主义,深为服膺。"①后来,他还曾在《再示荣女》一诗中有这样的诗句:"圣哉马克思,观变识终始。"②当然,其所谓服膺是有所偏重的,最主要表现在探讨历史因果时注重经济基础并视其为社会变迁的根本因素。他曾说:"讲学问固不宜预设成见,然亦有种重要的观念,在治此学以前,不可不先知道的,否则就茫无把握了……其中第一紧要的,是要知道史事是进化的……第二,马克思以经济为社会的基础之说,不可以不知道。……如此,则以物质为基础,以经济现象为社会最重要的条件,而把他种现象,看作依附于其上的上层建筑,对于史事的了解,实在是有很大的帮助的。"③因此,在其著作中讲述经济发展的内容占有不少的篇幅,同时,他又将其视为社会制度变迁的根本因素。比如,他在考究中国古代族制变迁时,指出由于生产的转变,财产和权力都转入男子手中,于是社会组织由母系氏族进入父系氏族时代。而氏族的崩溃也同样是由于经济的变迁,他指出"社会组织的变化,经济实为其中最重要的原因",随着社会分工的日益精密,人们之间的交流越来越密切,私有财产也渐次而兴,"于是氏族崩溃,家庭代之而兴",而且"数千年以来,社会的生活情形,未曾大变,所以此种组织,迄亦未曾改变"。所以,他得出结论是"族制的变迁,实以生活为其背景;而生活的变迁,则以经济为其最重要的原因。因为经济是最广泛,和社会上各个人都有关系,而且其关系,是永远持续,无时间断的"。④此外,他还注意运用辩证法以分析中国学术的演变,此读者参阅"唐宋时代中国文化的转变"一章即可自明,限于篇幅,不再赘述。

(三)以敏锐的时代洞察力和独到的学术眼光在史书编撰中广泛鉴纳多学科知识。

梁启超在《新史学》中提出史学应广泛吸取社会学、地质学、地理学、人类学、心理学、语言学、伦理学、逻辑学、天文学等学科的成就与方法,对历史进行专题研究,以全面揭示历史发展的根本大势。⑤作为新史学的承继者,吕思勉亦非常重视吸收鉴纳多学科知识以服务于史书的编撰。他说:"现在要想研究历史,其第一个条件,就是对于各种科学,先得要有一个常识。治史学的人,往往以为社会科学是紧要的,自然科学则不甚重要,实亦不然。有许多道理,社会科学和自然科学是相通的。如演变的观念,若不知道生物学,就不能知道得真确。又如治历史,要追溯到先史时代,则史家对于地质学,岂能茫无所知?……所以治史学的人,对于现代的科学,都不能不略知大概。"⑥而且,他认为史家最应该注意的是社会学、考古学、地理学和文学,其中尤以社会学为最要。他指出:"史学是说明社会之所以然的,即说明现在的社会,为什么成为这个样子。……社会的方面很多,从事于观察的,便是各种社会科学。前人的记载,只是一大堆史料。我们必先知观察之法,然后对于其事,乃觉有意义,所以各种社会科学,实在是史学的根基,尤其是

---

① 吕思勉:《自述》,《吕思勉遗文集》上,第440页。
② 吕思勉:《诚之诗稿》,转引自张耕华:《吕思勉:史学大师》,上海教育出版社2000年版,第83页。
③ 吕思勉:《中国历史研究法》,《吕著史学与史籍》,华东师范大学出版社2002年版,第31—32页。
④ 吕思勉:《吕著中国通史》,第28—31页。
⑤ 梁启超:《新史学》,载刘梦溪编:《中国现代学术经典·梁启超卷》,河北教育出版社2002年版,第550页。
⑥ 吕思勉:《历史研究法》,《吕著史学与史籍》,第29页。

社会学。"①他这部书即是借鉴了各种学科知识而以社会学为主,主要反映在其对社会文化现象的论述中,而尤以婚姻、族制、政体、阶级、财产、实业、货币、衣食住行等章为明显。而且,与当时很多人不同,他不是生搬硬套,而是细心领会其观察视角和思想方法的优点,再通过爬梳古代典籍而返观中国事实,运用存乎一心,了无痕迹,因而往往能够得出带有真理性的认识。比如,他指出,"两个社会相遇,武力或以进化较浅的社会为优强,组织必以进化较深的社会为坚凝。所以在军事上,或者进化较深的社会,反为进化较浅的社会所征服,在文化上,则总是进化较浅的社会,为进化较深的社会所同化的"②,因而中国古代文化落后的部族往往被文化先进的中原所同化,而后者的社会组织和制度得以保存和延续。像这样的精彩议论和分析,几乎贯穿于全书中,而且皆能以流畅简练的文字表达出来,毫无机械之感,亦可见其社会学功力的深厚,无怪乎有学者称其为"开拓中国社会史方向的先驱者"③。

第三节　通史编纂经验在断代史中的成功运用

除以上两部中国通史外,吕思勉还编撰了《先秦史》(1941年)、《秦汉史》(1947年)、《两晋南北朝史》(1948年)和《隋唐五代史》(1959年)四部断代史,而且计划中的《宋辽金元史》和《明清史》已经做了史料的摘录,可惜未能完稿,实为史学界一大遗憾。其断代史编纂是充分吸收通史编纂中积累的丰富经验而加以成功运用,而且在编纂之初就有宏伟的规划,即以断代史的形式来完成一部大通史,因而造端宏大,成就斐然。以编纂特点而言,几部断代史颇为相似,兹以《先秦史》和《秦汉史》为主加以分析。

首先,吸收通史编纂经验以构建周严完备的断代史编纂体例。

其断代史体裁体例实际上是糅合两部通史的优点而成,即在继承两大板块特点的基础上采用章节体以使体例更加完备。他在编纂断代史时依然分为上下两编,上编以纪事形式叙述政治兴衰,下编则分述经济生活、政治制度和学术文化等,只是相较《吕著中国通史》以事和专题立章而章下无节的简略而言,断代史又重新采用了结构灵活而又容量丰富的章节体,因而不仅体例完备,而且内容翔实,从而成为编纂断代史较为完备的体裁体例。同时,他在每部断代史中都设置总论一章,以为全书统领。比如,其《先秦史》总论首言"史也者,所以求明乎社会之所以然"的宗旨,继而指出史家多以划分历史时段来阐明史事,虽各有划分之法而皆以周以前为一期,是因为"封建易为郡县,实为史事一大界"④;而且总论之下又设三章言古史材料、民族原始和古史年代,皆有总论性质。《秦汉史》总论言分期问题而《隋唐史》总论则比较隋唐与汉晋之不同。同时,在其文中常见诸

---

① 吕思勉:《从我学习历史的经过说到现在的学习方法》,《吕思勉遗文集》上,第412页。
② 吕思勉:《吕著中国通史》,第76页。
③ 参见王家范:《吕思勉与"新史学"》,《史林》2008年第1期。
④ 吕思勉:《先秦史》,上海古籍出版社1982年版,第1页。

如"古代士大夫,亲族之聚居者较多,农民则五口八口之家而已,已见《先秦史》第十一章第二节"等此类指示性方法,由此亦可见其实以通史眼光编纂断代史。这种编纂体例看似简单,实则非常不易,因为断代史和通史的编纂要求不同,它对内容的详尽有更高的要求。以政治发展而言,因可供参考的史料丰富尚可较易成功;但经济生活、社会组织、政治制度和学术文化等方面的编撰则实非易事,因传统史书多偏重政治制度的记载,而于经济状况、社会组织、人民生活等则多无所凭借,无所因袭,需要从细琐繁复、浩瀚无边的古代典籍中钩稽爬梳,梳理其沿革的脉络线索,而从其所列章节条目和论述内容来看,虽尚不无漏略,但大体已周匝赅备。其以一人之力,能如此面面俱到,且征引繁富,扎实不拘,章节编排,合理有度,无任性繁简和虚浮矜夸之病,足以显现出其学识的渊博、史识的通达和高超的分析综合、比较鉴别本领。

其次,以丰富翔实的史料和开阔的学术视野描绘断代时期的社会全貌。

通史撰写和断代史撰写有不同的编纂要求,虽然二者都要求"通贯"和"详尽",但显然断代史对"详尽"的要求更高,因而不仅章节设置细密,而且征引广泛,内容充实,考核精详,篇幅繁多,与两部通史的简略迥然而异。比如,他在《秦汉史》中论述秦汉时期政治发展大势时分为"秦代事迹"、"秦汉兴亡"、"汉初事迹"、"汉中叶事迹"、"汉末事迹"、"新室始末"、"后汉之兴"、"后汉盛世"、"后汉衰乱"、"后汉衰亡"、"三国始末"等11章详加论述,且章下所设节最多者达16节,此详略之异仅观目录即判然可明。在反映秦汉社会情状时,不仅设置了"秦汉时社会组织"、"秦汉时社会等级"、"秦汉时人民生计情形"、"秦汉时实业"、"秦汉时人民生活"、"秦汉政治制度"、"秦汉学术"、"秦汉宗教"等八章加以论述,而且根据当时社会特点对豪强、奴客门生部曲、游侠、秦汉时君臣之义和士大夫风气变迁等加以重点论述,而在秦汉人民生活一章则增添了如宫室、葬埋、交通等内容。其所记载论述的内容,已基本可以比较全面地反映秦汉时期社会的全貌,而且,值得注意的是,他在设置章节时已经十分清晰地分为社会经济、政治制度和思想文化三个层次,此是其接受并熟练运用马克思主义唯物史观的最直观表现。此外,关于有学者指出其《先秦史》未充分应用当时学界的考古成绩问题①,这确是其编纂史书中运用史料所存在的问题,而且是其一贯做法,即以二十四史为主的古代典籍为主要史料来源。之所以如此,与其史料观有密切关系,他在《先秦史》第二章"古史材料"中明确指出,"据实物为史料,今人必谓其较书籍为可信。其实亦不尽然……今之所谓古物,伪者恐亦不啻居半也。即如殷墟甲骨,出土不过数十年,然其真伪已屡腾人口……古物真伪,若能据科学辨析,自最可信。然其事殊不易……惟有取其发现流传,确有可据者……今世所谓发掘,自无作伪之弊,然其事甫在萌芽,所获太少。……藉资参证则可,奉为定论,则见弹而求鸮炙,见卵而求时夜矣"②。此可明其为何不广泛采用考古成果。然而,这不能说明他对当时考古的成果不关注,此观"民族原始"和"古史年代"两章所征引书目可明,不再赘述。

---

① 杨宽:《吕思勉先生的史学研究》,载俞振基:《蒿庐问学记》,第21页。
② 吕思勉:《先秦史》,第21页。

最后，以通达的史识、深刻的分析和创新的见解赋予历史记载以巨大的震撼力。

史家若仅仅记载、描述一代史实，实未能完成历史编纂的任务，一部编纂成功的史书，应能通过分析和议论赋予历史记载以震撼力。吕思勉正是如此，喜作分析和善发议论是其史书编纂的一大特色，此由前文关于两部通史的叙述即可明白，而随着时代的前进和学术的进步，其历史见解也在不断提高。比如，他对历史分期的命名上就有不同于已往的见解，认为"今之治国史者，其分期多用上古、中古、近世、现代等名目，私心颇不谓然。以凡诸称名，意义均贵确实，而此等名目，则其义殊为混淆也……然其分期，当自审史事而为之，并当自立名目，不必强效他人，则审矣"①，因而将断代史分别命名为先秦史、秦汉史、两晋南北朝史、隋唐五代史、宋辽金元史和明清史，较之以前脉络更为清晰、特点更为鲜明，可谓慧眼独具而成一家之言。再如，他指出中国儒术盛行自汉武帝开始，此人人皆能言之，但武帝非真知儒术之人，其"侈宫室，乐巡游，事四夷，无一不与儒家之道相背。其封禅及起明堂，则惑于神仙家言耳，非行儒家之学也"，"然儒术卒以武帝之提倡而盛行，何哉？则所谓风气既成，受其鼓动而不自知也"②。以学术发展大势和时代风气评论武帝对于儒学盛行的功劳，堪称别具一格。此外，颇为值得注意的是，其在编纂断代史时经学观念已经逐渐摆脱今文倾向而贯通今古，达到科学的境界。吕思勉成长于今文经学学派文渊之乡常州，又受康梁影响，因而他虽然是新时期接受了科学观念和方法的新史学家，但早期经学观念带有较明显的今文倾向，这是学术转型的时代特点在其身上的反映。他是成长于五四时期的新式学者，受时代精神的洗礼，认为经学必将衰落，但同时认为具有高度的史料价值，而且指出以各学科方法分治经学将是学术大势所趋，所论甚为精彩：

> 窃谓以经学为一种学问，自此以后，必当就衰，且或并此学之名目，而亦可不立，然经为最古之书，求学问至材料于书籍上，其书自仍不能废，则治经一事，仍为今后学者所不能免，特其治之之目的，与前人不同耳。清儒治经之方法，较诸古人，既最精密；则今后之治经，亦仍不能无取于是，特当更益之以今日之科学方法耳。夫以经学为一种学科而治之，在今日诚为无谓，若如朱君之说，捐除经学之名，就各项学术分治，则此中正饶有开拓之地也。③

他指出经书不能废的原因在于"材料之存焉，仍以此为大宗，仍不可不细读"④，又说"经学专行二千余年，又自有其条理。治史与治经异业，然不通经学之条理者，亦必不能取材于经"⑤，都是强调经典的史料价值。但同时，其今文倾向又是比较明显的。比如，他

---

① 吕思勉:《先秦史》，第3页。
② 吕思勉:《秦汉史》，第88页。
③ 吕思勉:《答程鹭于书》，《吕思勉遗文集》（上），第243页。
④ 吕思勉:《整理旧籍之方法》，《吕思勉论学丛稿》，上海古籍出版社2006年版，第487页。
⑤ 吕思勉:《经子解题》，华东师范大学出版社1995年版，第6页。

认为古文经为刘歆伪造,并从社会变革角度分析其所以伪造的历史和社会原因。①又说:"自武进庄氏、刘氏,以至最近南海康氏、井研廖氏,则破坏莽、歆所造之古文经,以复孔子学说之旧也。今后学者之任务,则在就今文家言,判决其孰为古代之真事实,孰为孔子之所托,如此,则孔子之学说与古代之事实,皆可焕然大明,此则今之学者之任务也。"②另,1929年,钱穆(吕思勉早年学生)作成《刘向歆父子年谱》,以无可辩驳的事实证明了刘歆造伪的虚妄性。据钱氏回忆,在作此文之前,曾与吕思勉就经今古文问题通信十余次,"各累数万字,惜未留底,今亦不记其所言之详。惟忆诚之师谨守其乡前辈常州学派今文家之绪论,而余则多方加以质疑问难"③。甚至在《古史辨》第七册序中童书业依然称其为"今文学的大师"。当1933年其出版《先秦学术概论》时这种倾向已开始发生转变。比如,相较以前笃信《新学伪经考》而言,此时对康有为所论刘歆造伪及改定六经次序问题认为"殊近深文"、"亦无明据"。④到1941年《先秦史》已开始不谈刘歆造伪,而说:"今古文之经,本无甚异同,而说则互异。"⑤至20世纪40年代中后期谈到刘歆造伪时,更是断言"根本无此事实",对于《新学伪经考》则直言"站在经学的立场上说,则其书实在是无足取的"。⑥此外,关于其经学观念转变,钱钟汉的回忆也是很好的例证⑦,限于篇幅,不再繁列。

余论:简单的比较

吕思勉自专意治史以来,以一己之力,数十年如一日撰写史书,一生都在不断进行历史编纂的探索,在通史和断代史领域都取得骄人的成绩,于20世纪中国历史编纂的发展贡献巨大,亦为后人提供了借鉴。尤其是其通史的编纂,具有鲜明的开创性,而且他在20世纪50年代曾计划再编写一部中国通史,只是未能如愿⑧。顾颉刚曾言:"中国通史的写作……较近理想的,有吕思勉《白话本国史》,《吕著中国通史》,邓之诚《中华二千年史》,陈恭禄《中国史》,缪凤林《中国通史纲要》,张荫麟《中国史纲》,钱穆《国史大纲》等。"⑨钱穆是吕思勉学生,而《吕著中国通史》和《国史大纲》完成时期较为接近,亦均为通史编纂中最具代表性而产生广泛影响的论著,兹将二者同异之大要略述于下。⑩

---

① 吕思勉:《答程鹭于书》,《吕思勉遗文集》(上),第230—233页。
② 吕思勉:《答程鹭于书》,《吕思勉遗文集》(上),第235页。
③ 钱穆:《回忆吕诚之老师》,《蒿庐问学记》,第136页。
④ 吕思勉:《先秦学术概论》,中国大百科全书出版社1985年版,第67页。
⑤ 吕思勉:《先秦史》,第7页。
⑥ 吕思勉:《从章太炎说到康长素梁任公》,《吕思勉遗文集》(上),第394—395页。
⑦ 钱钟汉:《吕诚之先生的为人和治学》,《蒿庐问学记》,第186页。
⑧ 他曾联系华东人民出版社(上海人民出版社前身)出版中国通史,且已按照出版社要求编写了《拟编中国通史说略》(收录于《吕思勉遗文集》上),惜因范文澜《中国通史简编》修订本由人民出版社出版在先而未能如愿。(参见张耕华:《吕思勉:史学大师》,第200—201页)
⑨ 顾颉刚:《当代中国史学》,第77页。
⑩ 钱穆曾将《国史大纲》面呈吕思勉请其作最后一校,而吕氏曾盛赞其论南北经济一节。(参见钱穆:《回忆吕诚之老师》,《蒿庐问学记》,第136页)

首先，两书均为大学教材，因而在规模和行文上都力求简练顺畅，但在体裁体例上却大不相同。吕书采用独创的两大板块结合的体裁，其下则以专题和大事形式论述中国政治和社会各方面；钱书则采用编年体的特殊形式——纲目体，以简练的文字把一些事实概括起来，放在史书突出的地方，称为"纲"，"纲"下则是比较详细的记载和论述，称为"目"。

其次，在编纂内容上亦有所不同。吕书以单独成册的形式对社会经济状况、政治制度和思想文化进行系统梳理和探讨，因而使得这方面内容突出而又具有整体性；钱书则是以时间为序，将中国历史分为"上古三代之部"、"春秋战国之部"、"秦汉之部"、"魏晋南北朝之部"、"隋唐五代之部"、"两宋之部"、"元明之部"和"清代之部"八个时期，在叙述政治大势中夹叙社会经济和思想文化，但又根据各个时代的不同特点设置纲目，力求"于客观中求实证，通览全史而觅取其动态。若某一时代之变动在'学术思想'（例如战国先秦），我即着眼于当时之学术思想而看其如何为变。若某一时代之变动在'政治制度'（例如秦汉），我即着眼于当时之政治制度而看其如何为变。若某一时代之变动在'社会经济'（例如三国魏晋），我即着眼于当时之社会经济而看其如何为变"①，因而显得较为灵活，但相较起来，钱书究竟偏于政治多些。正如吕氏后来所评价说"现在的学者中，我觉得钱宾四先生气象颇有可观；唯觉他太重视了政治方面，而于社会畸轻，规模微嫌狭隘而已"②。

最后，两书均产生于抗战时期，因而在著述宗旨上都带有民族感情寄托。吕书旨在让国人略知历史上重要文化现象，明了现状之所以然而能为前途之预测并指示前进的路径；钱氏则在其引论中明言其书旨在"发挥中国民族文化已往之真面目与真精神，阐明其文化经历之真过程，以期解释现在，指示将来"③，可谓异曲同工。故而，两书都具有强烈的贯通意识和系统条理的结构，又都基于再现历史真实的史家责任而均注重史实的考证。

---

① 钱穆:《国史大纲·引论》。
② 吕思勉:《从章太炎说到康长素梁任公》，《吕思勉遗文集》（上），第401页。
③ 钱穆:《国史大纲·引论》，北京商务印书馆1996年版。

中 篇

"新史学"的演进

第一章 重写20世纪史学史的思考：
以"新史学"的传承和发展为例

历史具有一去不返的特质，后人在研究过去时，只能通过文献和实物史料进行重构，尽管其目的均在于"重现"客观历史，但往往由于时代的变迁、史料的多寡以及研究者的知识结构和主观立场等的不同而呈现多角度、多样化的历史叙事和意义解读。因此，从某种意义上说，历史无时无刻不在被重写，学术史也是如此。就史学史学科而言，在对突破以史家、史著为中心的研究思路的普遍认同和不断努力下，如何建构带有范式意义的新体系即重写史学史，已经引起学者关注。当然，这是一项极其复杂的系统工程，涵盖理论、方法、思路及体裁等诸多层面，而在前人基础上对原有问题展开新的探讨，亦属题中之义。笔者尝试通过考察"新史学"在"五四"以后从思潮向流派的转型，说明这一时期史学演进的基本格局，进而为重写20世纪史学史提供一点参考。

第一节 对梁启超史学前后期关系的重新界定

20世纪初，随着中国社会结构的转型，民族危机的日益加深和西学传播的不断扩大，史学经历了长达六十年的自我调适后，在今文经学的助力下，终于迎来一次总爆发，其标志即为《新史学》的发表。这是20世纪初年中国文化学术界的第一声春雷，也吹响了有识之士在经历器物、制度阶段后转向文化救国的号角。此文以鲜明的立场对两千年旧史展开激烈批判，以明确论点提出新史学的理论主张。从此，新史学磅礴于神州大地，演为波澜壮阔的时代思潮。尤其是，其间实已孕育着新史学流派的雏形。因为新史学不仅具备了基本理论框架，而且产生了足以影响中国史学和学术发展方向的具体实践成果，即梁启超纵贯研究两千年学术史的长篇论文《论中国学术思想变迁之大势》和夏曾佑的新型通史《中国古代史》。这也是近代史学正式产生的标志。

大约在1917年前后，新历史考证学开始兴起。有学者认为，新史学被新汉学所"腰斩"，"'其兴也勃，其亡也忽'是对'新史学'命运的最恰切的描述"。提出此观点的学者所持之主要论据，是他们认为：梁启超在"五四"以后"被胡适所俘虏"，史学思想发生根本转向，史学主导地位被取代。这种归结为"转变"和"起伏"的解读模式，看似于混乱中理清了线索，但究竟在多大程度上具有合理性，则尚须加以认真考察。

梁氏晚年确曾从事部分考据性工作，对新历史考证学的兴起也颇有影响。①这大概有两方面原因，一者在于他欲与新考证家一较短长。周善培曾说："胡适之流偶然有一篇研究一种极无价值的东西的文章，任公也要把这种不值研究的东西研究一番，有时还发表一篇文章来竞赛一下。"②萧一山说"他受了'新汉学'派的歧视，颇欲争一日之长"③，而张荫麟也谓其"晚事考据者，徇风气之累也"④。一者则在于其退出政坛后进行自我学术反省。他早期虽接受格林威尔"Paint me as I am（画我须像我）"的理念，并赞扬清儒"以实事求是为学鹄，颇饶有科学的精神"⑤，但强调致用多于求真、史学带有突出政治色彩也是不争的事实。他晚年淡出政治，在科学观念如日中天的情势下，开始反思早期"强学以就术"带来的不良影响，认为"一切所谓'新学家'者，其所以失败，更有一总根源，曰：不以学问为目的而以为手段"⑥，进而指出"吾侪今日所渴求者，在得一近于客观性质的历史"⑦。

从这一层面讲，新历史考证学的兴起确可看做对新史学的反动。但若就此认定梁氏史学发生根本转向并得出新史学迅速消亡的结论，则未免过于武断。实则，从《中国史叙论》、《新史学》到《中国历史研究法》及《补编》，乃是梁氏新史学理论体系从初步构建到完善的过程，二者是"深化发展"而非"根本转向"的关系。

梁氏在《中国历史研究法·自序》中称："启超不自揆，蓄志此业，逾二十年，所积丛残之稿，亦既盈尺，顾不敢自信，迁延不以问诸世。客岁在天津南开大学任课外讲演，乃衷理旧业，益以新知……得《中国历史研究法》一卷……吾治史所持之器，大略在是。"此书成于1922年，而"蓄志此业，逾二十年"，正接续《新史学》，又"所积丛残之稿，亦既盈尺"、"衷理旧业，益以新知"，不仅可以解释其何以在退出政坛后迅速进入史学高产期，而且可见在其自我体认中，二者并无截然鸿沟，而是一脉相承。他是近代旗帜鲜明地倡导中西文化平等结合的第一人，也力倡"随破坏随建设"的理念，但限于特殊的时代环境，其早期史学的重心在"破"，"立"的方面虽提出基本理论主张，却仍显单薄，晚年则全心投入学术研究，在原有基础上加以修正和完善，以专著形式真正建立起完整的史学体系。限于篇幅，这里无法展开详细的比对和论证，仅就其主旨略作说明。

梁氏早年即在肯定清儒考据方法饶有科学精神的同时，严斥其"支离破碎，汨殁性灵"⑧，晚年虽欲弥补早期对史学客观化的忽略而详论史料的分类、收集、鉴别和整理等，

---

① 陈其泰在《20世纪中国历史考证学研究》（北京师范大学出版社2005年版）第一章第三节中对梁启超与新历史考证学兴起之间的关系讲得很透彻，读者可参见。这里可补充一则史料。张荫麟在《近代中国学术史上之梁任公先生》一文中称："胡适自言其立志治中国思想史，实受先生此文（指《论中国学术思想变迁之大势》）之影响。则民国六七年后'新汉学'之兴起，先生盖导其源矣。"（见张云台编：《张荫麟文集》，教育科学出版社1993年版，第193页）
② 周善培：《谈梁任公》，载夏晓虹编：《追忆梁启超》，中国广播电视出版社1997年版，第162页。
③ 萧一山：《非宇馆文存》卷十，载沈云龙主编：《近代中国史料丛刊》第88辑，文海出版社1973年版，第60页。
④ 张荫麟：《跋〈梁任公别录〉》，《素痴集》，百花文艺出版社2005年版，第194页。
⑤ 梁启超：《论中国学术思想变迁之大势》，《饮冰室合集》文集之七，中华书局1989年版，第87页。
⑥ 梁启超：《清代学术概论》，《饮冰室合集》专集之三十四，第72页。
⑦ 梁启超：《中国历史研究法》，《饮冰室合集》专集之七十三，第31页。
⑧ 梁启超：《论中国学术思想变迁之大势》，《饮冰室合集》文集之七，第87页。

但并未陷入考据的窠臼,而是多次强调考证仅为史学的基础工作,绝非终极目的。其言堪称精到:

> 人类活动状态,其性质为整个的,为成套的,为有生命的,为有机能的,为有方向的,故事实之叙录与考证,不过以树史之躯干,而非能尽史之神理。善为史者之驭事实也,横的方面最注意其背景与其交光,然后甲事实与乙事实之关系明,而整个的不至变为碎件,纵的方面最注意其来因与其去果,然后前事实与后事实之关系明,而成套的不致变为断幅。是故不能仅以叙述毕乃事,必也有说明焉,有推论焉,所叙事项虽千差万别,而各有其凑笱之处,书虽累百万言,而筋摇脉注,如一结构精悍之短札也。夫如是庶可以语于今日之史矣。①

显然,在他看来,以考证为手段和基础,在史观统摄下寻求历史演进的因果法则,亦即合理地解释历史方才称得上史学的完成。他晚年固然在《研究文化史的几个重要问题》一文中对进化论和因果关系加以修正,但主要目的在于强调历史学与自然科学之区别,并明确指出"不曾肯抛弃这种主张",认为"历史进化说也尽够成立"。②而且,他在具体的史学实践中则毫无疑问始终秉承着这两大理念。正如周予同所评价的那样:"他的全部史观建筑在进化论之上,而且不仅以叙述历史的演进现象为满足,并进而探求历史演进的基因,浸浸乎和最近的释古派的理论相近!""梁启超的学问趣味虽屡变,史学的著作虽很繁多,但进化论的思想始终或多或少地支配着他的史观。"③

此外,梁氏在《清代学术概论》中所提"为学问而学问",若还原到具体语境中,则是针对清儒实事求是的治学精神而言,也是对早期新史学浓厚政治色彩的反思,但绝不代表他放弃了致用观念。其在《中国历史研究法》及《补编》中曾多次论述史学在教育国民、关切现实以及推测未来等方面的功用,并谓"良史固所以促国民之自觉,然真自觉者决不自欺"④,显然是在努力寻求致用与求真的统一。故而,他依然主张进行宏通性的"著史",而非窄而深的"考史"。他对当时学人沉迷于整理史料和烦琐考据的风气严词批判,直斥为"病的形态",认为"真想治中国史,应该大刀阔斧,跟着从前大史家的作法,用心做出大部的整个的历史来,才可使中国史学有光明、发展的希望"。⑤这从其对各种专史作法的总结和撰著中国通史、中国文化史和中国学术史等实践皆可明白看出。至于其在史学视野和范围上主张突破政治史的范畴以反映人类社会生活全貌,在史学方法上主张跨学科治史等方面,亦未有根本性转变。要之,梁氏后期史学是对前期的改进和完善。我们切

---

① 梁启超:《中国历史研究法》,《饮冰室合集》专集之七十三,第34—35页。
② 梁启超:《研究文化史的几个重要问题》,《饮冰室合集》文集之四十,第5、7页。
③ 周予同:《五十年来中国之新史学》,载朱维铮编:《周予同经学史论著选集》(增订本),上海人民出版社1996年版,第539、540页。
④ 梁启超:《中国历史研究法》,《饮冰室合集》专集之七十三,第32页。
⑤ 梁启超:《中国历史研究法补编》,《饮冰室合集》专集之九十九,第168页。

不可揪住只言片语不放,而忽视其整体上的递进关系。

周传儒在《史学大师梁启超与王国维》一文中说:"梁师侧重经世致用一面,王师侧重训诂考据一面。梁善综合,好作系统研究,所有著作,多洋洋洒洒,远瞩高瞻,不论总论分论,自成系统,自成一家之言。王师则点点滴滴,好为分析比较,作专篇,不著书,据材料之言,说明一事一物即是,不旁搜远绍,不求系统,不求完整,不为著作添枝叶。梁师贵通,王师贵专,梁师求渊博,王师求深入。一综合,一分析;一求系统完整,一求片言定案。"此不啻在某种程度上点明了两大流派的学术分野。又谓:"一般均认太炎为南方学术界的泰山,任公为北方学术界的北斗。"①联系梁氏在清华国学研究院五大导师中最受推崇,可知其犹如巨大的"学术磁场"吸引着无数青年学子。金毓黻即曾称:"祖述其说者大有人在。"②故而,所谓"被胡适俘虏"之说显不能成立。尤为值得注意的是,梁氏在研究院所开课程和所指导专业为史学研究法、中国史、中国文学史、中国哲学史、宋元明学术史、清代学术史、东西交通史等③,显然已按照新史学理论和方法尤其是各种专史的框架传授其学,为奠定现代历史学的学科体系作出重要贡献。

综上,梁氏史学在"五四"以后并未发生"根本转向",且依然扮演着引领学术风气的关键角色,丝毫不逊于日渐兴起的新历史考证学派。以往学界对新历史考证学过分强调,以致造成在唯物史观派壮大之前舍考证派则无其他的学术假象。实则,民国史学流派纷呈,除新史学从思潮转为流派之外(见下文),亦产生各种史理论,如何炳松的新史学、朱谦之的生机史观以及常乃德的生物史观等就很有代表性,只是从整体上看,这些小学派都未成大气候,存在时间短,产生影响小,故而不能进入主流视野,也就很难与新史学、新历史考证学和马克思主义史学相为抗衡。事实上,直到1928年金毓黻还在日记中写道:"国人厌为恆钉之学,好为瀚大无边之哲学史、法律史、学术史以自号一家言。"④这既能说明在当时反对烦琐考据者不乏其人,也从一个侧面证明梁氏所倡专史作法产生了巨大的时代影响。

第二节 新史学从思潮向流派的转型

"五四"以后,不仅梁启超本人完成史学体系的构建,而且还有一大批学者以新史学为旗帜,在理论建设和具体研究两个方向同时展开,取得巨大成绩,标志着新史学从早期的思潮和学派雏形正式演变为与新历史考证学和马克思主义史学并行发展、分庭抗礼的三大史学流派之一。这一时期,构成新史学流派的史学家大致可分两类,一类与梁启超存在直接的师承关系,如萧一山、张荫麟、杨鸿烈、姚名达、卫聚贤等大致可归为此类;一类

---

① 周传儒:《史学大师梁启超与王国维》,载夏晓虹编:《追忆梁启超》,第383—385页。
② 金毓黻:《静晤室日记》"1938年7月3日",辽沈书社1993年版,第4182页。
③ 参见孙敦恒编著:《清华国学研究院史话》,清华大学出版社2002年版,第65—66页。
④ 金毓黻:《静晤室日记》"1928年7月2日",第2128页。

虽与梁氏无密切交往或直接师承，但学术宗旨或倾向十分相近，彼此呼应，我们也应视之为一个学派，如吕思勉、周予同、陆懋德、金毓黻、王桐龄等大致可归为此类。对此逐一加以梳理、论证，显非本文所能容纳，故仅以萧一山和张荫麟为例略作说明。

在梁氏学生辈中，萧、张二人无疑是最能承继和实践新史学旨趣者。萧氏自言："余一生所钦佩者二人：一、孙中山先生，二、蔡孑民先生……除此则感恩知遇者，梁任公先生一人而已。梁先生之精神伟大，非一般人所能喻，余面承教诲，身体力行，一生行事，绝不敢违背孙、蔡、梁三公之精神，此余敢以自誓者。"①又回忆作《清代通史》时的情形曰："年十九，由晋转学北雍，得阅京师藏书，于清史尤致力，成书约五十余万言。受知于新会梁先生，介而教授清华，与共朝夕，始窥学术樊篱，续成清史乾嘉道三朝事，约六十万言。"②上中卷写成后，梁启超亲为之序，谓："萧子之于史，非直识力精越，乃其技术，亦罕见也"，"渔仲、实斋所怀抱而未就之通史，吾将于萧子焉有望也！"③在梁氏的直接影响和鼓励下，萧氏穷一生之力，践行新史学信条，最终完成"不愧梁任公先生之期许"的410余万字的传世之作，在近代史学史上留下一段佳话！

张荫麟和梁启超之间的学术传承关系，历来为研究者所认同并津津乐道。王焕镳说："始，君受学任公，相尚以才识，故不以捃扯琐屑为问学之要。"④马紫梅则认为："张荫麟……是一位理论家，阐明20年代末至30年代期间中国新史学的思想。他继承梁启超关注新史学的志趣，详尽阐发这种撰写史书的新风格，并赋予它原则和澄清梁启超未能澄清的问题。"⑤张荫麟慧眼独具地揭示出"任公所贡献于史者，全不在考据"，认为"考据史学也，非史学之难，而史才实难。任公在'新汉学'兴起以前所撰记事之巨篇，若《春秋战国载记》，若《欧洲战役史论》，元气磅礴，锐思驰骤，奔砖走石，飞眉舞色，使人一展卷而不复能自休者，置之世界史著作之林，以质而不以量言，若吉朋、麦可来、格林、威尔斯辈，皆瞠乎后矣"，⑥对梁氏高出于考据之上的史才无比钦佩，并以此为目标，撰成了开创中国通史编纂新范式的《中国史纲》，被称为"梁氏学术志业之传人"（贺麟语）。

此外，萧一山撰有《悼张荫麟君》。此文一直以来未被学界所关注，但却有极为重要的史料价值，其中谓：

> 荫麟兄就是预备部（指清华留美预备部）一年级的学生。在开始研究的一周内，我发现荫麟兄的国学造诣……简直非老师宿儒所及。因和任公先生谈及，任公先生说："张君之才，殆由天授，吾辈当善加辅导，俾成史学界之瑰宝。独惜体质太弱，恐不克享天年耳。"……荫麟兄随我上课的时间，大约也不过半年。在此半年中，我

---

① 萧一山文集编辑委员会编：《萧一山先生文集》，经世书社1979年版，第586页。
② 萧一山：《非宇馆文存·自序》，载沈云龙主编：《近代中国史料丛刊》第88辑。
③ 萧一山：《清代通史》"梁启超序"，华东师范大学出版社2006年版。
④ 王焕镳：《张君荫麟传》，《思想与时代》1943年第18期。
⑤ [美]马紫梅撰，曾越麟等译校：《张荫麟与吴晗》，载[美]陈润成、李欣荣编：《天才的史学家：追忆张荫麟》，清华大学出版社2009年版，第114、119页。
⑥ 张荫麟：《跋〈梁任公别录〉》，《思想与时代》1941年第4期。

们时常接触,教学相长,稍为投契。我不敢说对他有何影响,但当时我自己有一套理论,就是极力提倡通史通儒通才,援引顾亭林章实斋之说,反对当时饾饤琐碎风靡一世的考据派史学……任公先生说我有胆量有见识,但他不愿公开提倡,因为他受了"新汉学"派的歧视,颇欲争一日之长,实则他老先生的成就,已远绍亭林,近逼实斋,绝非"新汉学"家所比拟,而荫麟兄今日对于学术界最大之贡献,亦即在此。可以说是任公先生的薪传,荫麟兄实为接承之第一人,使二人地下有知,必当含笑谓余知言也……荫麟兄所谓任公先生之贡献于史学全不在考据,而在史才,其识见固已超越恒流。①

这段文字不仅证明梁氏虽因与新考证派一较高低而从事部分考据,但重解释、尚通贯的治史旨趣始终未变,而且说明在萧氏看来,他与张荫麟均是此一学统的接续人,这无疑为新史学并未消亡而是转为流派提供了最有力的证据。

我们从同时代学人对他们的评论中也可窥得端倪。贺昌群在《哀张荫麟先生》中说:"今日中国的历史学是一个论文写作或专题研究的时代……究非历史学的最后目的,且其弊容易流于支离破碎。历史学的最后目的,还是在通史,——无论断代的或贯通古今的,通史的最大功用,要在能与整个民族的心灵发生关系。"②谢幼伟则称:"写通史是需要思想,需要很高的识解的……一位良好的历史学者不能光是一位考据家。不管他的考据工作做得怎样好。然这只是史料的提供,并不是史学的完成。"③张其昀在评价《清代通史》时谓:"秫黍可以为酒,而秫黍非酒。考证为史学必经之历程,但非即史学之目的。整辑排比,谓之史纂;参互搜讨,谓之史考,皆不得谓之史著。考证之弊,在于片断琐碎,致为人所厌窥……史学贵于博而知要,约而能精,由分析而致综合,由征实而致发挥,由功力而通义例,萧氏宏著之可贵,正在于此。"④胡秋原也曾回忆说:"民国十一二年之际,是中国史学一大危机时期。这时有两种流行的史学思想。一是西化派误解科学方法,且以为疑古就是考证方法,因此就有钱玄同、顾颉刚的古史辨。与此并行的,就是认为史学就是史料学……二是此时马克思的唯物史观已为中国学界所知……此外……梁启超先生……力言研究历史要研究历史的因果关系,可说极为正确……萧一山先生以一位二十二岁得青年肯定史学要研究历史的因果关系,说唯物史观值得注意,但是,历史必须是文化、政治、经济的历史,必须注意三者及三者之关系。这在当时,真是难能可贵的。"⑤他们的认可说明当时反对沉迷于烦琐考据和止步于史料整理者大有人在,而且也再次证明,在新历史考证学派和唯物史观派之外,确然存在着有别于两派而承继新史学者。这一派具有特色鲜明的理论主张,史学体系亦较为严整。

---

① 萧一山:《非宇馆文存》卷十,载沈云龙主编:《近代中国史料丛刊》第88辑,第59—61页。
② 贺昌群:《哀张荫麟先生》,《理想与文化》1942年第2期。
③ 谢幼伟:《张荫麟先生言行录》,载[美]陈润成、李欣荣编:《天才的史学家:追忆张荫麟》,第75页。
④ 萧一山文集编辑委员会编:《萧一山先生文集》,第675页。
⑤ 萧一山文集编辑委员会编:《萧一山先生文集》,第765—766页。

第三节　新史学流派的学术主旨

一个学派能够成立的根本理由，即在于具有有别于他派的共同学术主旨或相近理论主张。新史学派的旗帜确实是由梁启超树立于20世纪初年，而其继起者则跟随时代的变动不断向前推进。他们中有的善于进行理论思考和创新，有的则更侧重于著述实践，因此虽具有共同的理论宗旨，但在贡献上则各不相同。经过综合考察，这一学派的基本特征和时代风格可以提炼为五点：

一、力矫烦琐考据和整理史料的学风，主张在史观统摄下对全部历史加以解释，努力探寻人类社会演进的基本法则，故而强调对历史背景和因果关系的考察，并坚信历史学是一门科学。二、坚持史学的致用观和目的论，主张发挥史学的教育国民、关切现实以及推测未来等功能，但同时强调必须以真实、客观为前提。三、崇尚宏通性、整体性和系统性的大规模"著史"，而非带有整理性质的窄而深的"考史"，讲求史书表现形式的多样化。四、强调历史是"整个的"，主张突破政治史范畴，描绘人类社会生活全貌，并以动的"情状"代替静的"事实"，因此反对以帝王将相为中心，倡导以"民史"取代"君史"，重视叙述普通大众的生活状况。五、重视考察史学与其他学科的关系，倡导跨学科的治史方法。

以上五大主张并非孤立存在，而是彼此互相联系，构成一个较为严整的史学理论体系。概括来说，新史学派之治史鹄的在于寻求人类历史演进的基本法则，进而发挥史学教育国民、关切现实以及推测未来的功能，这要求对长时段历史具有高度的宏观掌控力，必须借助大规模的"著史"来实现，而在史学视野和范围上也就必然突破政治史范畴而描述社会整体情状，由此借助多学科的方法也就顺理成章。这里无法将每一主张都展开论述，故仅择其理论核心亦即区别于其他学派的最主要特征略作阐明。

面对当时新历史考证学派所造成的烦琐考据和止步于整理史料的学术风气，新史学派针锋相对，大声疾呼考据学并非史学，史学应具有更高的层次和追求。比如，萧一山指出："海通以还，吾国史学，不能与时俱进，又为浅闻浮慕之士所曲解误引，走入支离破碎剿说缀辑之途，以致史学人才不能负荷时代所赋予之使命，此深可痛惜者已。"[①]他批评胡适"偏以'家世汉学'走入支离破碎之途……仅是些抱残守缺的考据事业"[②]，又明确反对傅斯年提出的"史学即是史料学"，指出："余固虔祝学人能用史料以治史学，万勿以史料为即史学也。"[③]在他看来，"历史既包罗万象，如何能贯串得法，措置合宜，始综合文化政治经济三方面的事态，可得历久长新颠扑不破之理则呢？这才是史家所蕲求的……研究历史的人，必先懂得史律史法，不可以小学的专家自限"[④]，故认为考证派"只可以说是考

---

① 萧一山：《非宇馆文存》卷四，载沈云龙主编：《近代中国史料丛刊》第88辑，第134页。
② 萧一山文集编辑委员会编：《萧一山先生文集》，第499页。
③ 萧一山：《非宇馆文存》卷五，载沈云龙主编：《近代中国史料丛刊》第88辑，第17页。
④ 萧一山文集编辑委员会编：《萧一山先生文集》，第432—433页。

据家,如果也称他们是历史学家,那就不对了"①。杨鸿烈亦认为:"若单只有'考据'成为'历史研究法'的核心,像那样的枯燥乏味……'科学的历史研究法'的内容,著者敢负责任保证说:'绝不如此'。"他批评胡适所谓科学方法的"成就也还止于材料的考证和说明……只看到一批硬生生的材料的堆积。藏在材料里本质的真实的东西,始终不能发现出来"②,批评傅斯年的史料观点走向了极端,并力倡历史科学之外尚有历史哲学的存在。③陆懋德则在《史学方法大纲》中专设《论解释》一章,认为"求实尚非史学之最终目的……而只是第一步工作。于此又需要第二步工作,即解释史事之原因、变化与结果,及其已过、现在、与未来之关系,是也。且死的史料,必经过如此的解释,而后于现时人有用,于现时人有关,而后能变为活的历史"。④

显然,新史学派不仅追求历史的真相,而且将人类历史视为一个连续变动的过程,并试图寻找可以合理解释这一过程的规律或法则。这一主张对于推进中国现代史学发展无疑具有至关重要的作用,因为任何一种学术或一门学科,假如缺乏一定的指导思想作为理论基础,或者不能根据时代的变迁而进行理论创新,必然导致陈陈相因,而如一潭死水般毫无生气。20世纪初,梁启超旗帜鲜明地提出以进化论为理论指导,探究历史演进的因果关系,彻底颠覆了传统史学中退化和循环等陈腐观念,为中国史学打了新局面,开启了史学近代化的历程,不仅是中国现代史学上一个大的跃进,而且用事实证明,只有历史观的进步才能推动中国史学的根本进步。此后,新史学派在历史解释上始终秉承着这一学术特色,对此大力倡导并贯彻于具体的著述实践,而进化史观和因果关系说也成为这一学派最根本的共同点。比如,萧一山明言:"社会是进化的,历史是积累的,文化、社会、政治、经济各方面的发展,都有必然的内在的密切关联的,必顺其自然的发展,而后能形成一种自然的进化史律。"⑤杨鸿烈指出:"我们新史学……要发扬光大……最真确有价值的世事进化论的思想,从新去做出一部合乎社会进化的普遍法则,有因果之迹可循,又能真实表出中华民族过去活动的情形的历史,那就是我们中国新历史家今日的莫大任务了。"⑥吕思勉则谓:"史学者,合众事而观其会通,以得社会进化之公例者也","欲明进化之定则,必知事物之因果。"⑦等等不一而足。

"五四"时期被学者称为继春秋战国之后的又一次百家争鸣,各种西方新学理不断传入,史学也随之迎来最多元化的时期,而唯物史观的传入无疑推动中国现代史学产生了第二次大的跃进。作为同是标榜历史解释的学派,新史学派学者受到唯物史观不同程度的影响⑧,但由于多种因素的限制,其理解不可能做到全面、深刻,而往往流于机械和狭隘,主

---

① 萧一山:《非宇馆文存》卷二,载沈云龙主编:《近代中国史料丛刊》第88辑,第131页。
② 杨鸿烈:《历史研究法》,商务印书馆1939年版,第16、460页。
③ 杨鸿烈:《史学通论》,载民国丛书编辑委员会:《民国丛书》第二编,上海书店1990年版,第317页。
④ 陆懋德:《史学方法大纲》,北京师范大学研究所资料室1980年版,第68—69页。
⑤ 萧一山文集编辑委员会编:《萧一山先生文集》,第48页。
⑥ 杨鸿烈:《中国的世事进化论与退化论在历史上的影响》,载《史地新论》"附杂论",晨报社出版部1924年版。
⑦ 吕思勉:《史籍与史学》,载《史学与史籍七种》,上海古籍出版社2009年版,第50、47页。
⑧ 参见拙文《"新史学"流派与唯物史观》,《淮阴师范学院学报》2012年第1期待刊。

要表现在将唯物史观简单地定性为经济史观。比如,杨鸿烈直言:"比较起来还是称马克思的学说为'经济史观'较能'名副其实'。"①萧一山指出:"此说为历史之经济的解释……故比较言之以'经济的历史观'一辞为妥。"②吕思勉则谓:"把社会上的形形色色,一切都归到经济上的一个原因,马克思的唯物史观,也不过如此。"③与此同时,随着时代的前进,新史学派越来越感觉到,历史进程极为错综复杂,很难用一个定理作根本的解释,因此主张综合多种史观或科学定理,于是就有"综合史观"的提出。相应地,在历史本体论上他们大多持心物二元论和折中论,主张兼顾心、物两大范畴。对此,杨鸿烈、萧一山、张荫麟和陆懋德等均有较为明确的论述。限于篇幅,不再展开。

相较早期而言,新史学派的理论水平确实有所深化和提高。这既是时代的要求,也是其自身理论发展的必然。相对简单的螺旋式进化论和因果关系说,显然很难满足他们解释整个人类历史进程的学术诉求,因此他们试图糅合各家说法,从而建构一种完满的历史观,可惜终究未能突破唯心的樊篱。其史学理论体系虽尚难与唯物史观相媲美,但就其自身发展而言,已经达到所能达到的最高水平,所提出的诸多主张也具有相当的前瞻性和重要的学术价值,因此毫无疑问是中国近现代史学理论发展史上的重要一环,理应获得相应的历史地位,而不该被轻视或遗忘。

总之,新史学派与新历史考证学和马克思主义史学派存在着明显的区别,是自成体系而独立于两派之外、是20世纪中国最早出现并产生巨大影响的重要史学流派。概括来说,20世纪初是新史学思潮涌起并初步呈现学派特征的时期,理论上以梁启超《中国史叙论》和《新史学》为代表,实践上则以其著名长文《论中国学术思想变迁之大势》和夏曾佑《中国古代史》为代表;"五四"前后至20世纪20年代末,是新史学形成流派并日渐成熟时期,梁启超的《中国历史研究法》及《补编》以著作形式真正建立起新史学理论体系,而杨鸿烈的《史地新论》也从旁起到辅助作用,在史学实践上则产生了王桐龄的《中国史》、吕思勉的《白话本国史》以及萧一山的《清代通史》等代表性成果及其他史学作品;20世纪三四十年代,是新史学深入发展并达到顶峰的时期,陆懋德的《史学方法大纲》、卫聚贤的《历史统计学》、杨鸿烈的《史学通论》和《历史研究法》、张荫麟的《中国史纲·自序》以及吕思勉的《历史研究法》等共同将新史学的理论体系进一步完善和深化,在史学实践上则产生了张荫麟的《中国史纲》、吕思勉的《吕著中国通史》和《先秦史》等四部断代史、金毓黻的《宋辽金史》、陆懋德的《中国史学史》以及杨鸿烈的《中国法律思想史》等代表性成果及其他史学作品;新中国成立以后,是新史学流派蜕变和分化时期,这时许多学者已经去世,健在者除萧一山赴台继续宣扬其史观并最终完成四百万字的《清代通史》以外,其余学者大多逐渐转向了唯物史观,其中又分为两种情况,一种是在原有唯物史观倾向的基础上完成转向,如吕思勉、周予同等;一种是在新中国成立后

---

① 杨鸿烈:《史学通论》,第274页。
② 萧一山:《史学之研究》。此文现藏于国家图书馆普通古籍阅览室,出处不详,文末标注写作日期为1922年1月10日。
③ 吕思勉:《白话本国史》,上海古籍出版社2005年版,第143页。

方才开始学习唯物史观，以金毓黻为典型。显然，三大史学流派在时间上互有交叉，在治学上互有影响，一同构成20世纪前半期中国史学的基本格局并共同推动其向前发展。①

余 论

就重写20世纪史学史的具体内容而言，除上文所述之外，三大史学流派的关系及定位、20世纪史学的演进路径、历史编纂学的发展趋势、史学的学科化和职业化、跨学科治史方法的形成和发展、史学与政治的关系、史家的公共交往、民族主义与历史书写、史学的社会传播及公共史学、历史叙事的转型等，都是亟待加强的薄弱环节。这些问题的解决，将大大扩充这一时期史学史的书写范围，也有利于突破以史家、史著为叙述中心的写作范式。

---

① 有学者认为，"新史学"被"新汉学"所腰斩，而马克思主义史学则是"新史学"的"再生"，因此将20世纪前半期中国史学的基本格局归结为两种形态的起伏，这显然有失偏颇和武断。笔者在《"新史学"流派与唯物史观》（《淮阴师范学院学报》2012年第1期待刊）一文中有专门论述，读者可参阅。

第二章 20世纪"新史学"流派对史书体裁的综合创造

"新史学"派史家以上述五大主张为理论指导,在中西文化激烈碰撞的时代背景下,创作出一系列影响深远的优秀史著,为中国历史编纂学的发展做出重要贡献。尤其是,他们继承、发扬中国传统史学勇于进行体裁创新的优良传统,在新的时代条件下,充分吸收中西各种体裁之长,不仅提出许多卓有见识的编纂主张,而且进行大胆的史学实践,创造出诸多令人耳目一新的综合体裁,在中国史书体裁发展史上占有重要一席。

第一节 "仍纪传之体而参本末之法"

历史编纂不是简单的技术问题,而是史家学、识、才、德的重要载体。任何史学著述都离不开一定的体裁形式,其运用得当与否,直接影响到史书内容的深度和广度。中国史学历来有重视体裁的优良传统,并随着时代的发展不断创造出新的编纂形式,先后产生了编年、纪传、典志和纪事本末等几种主要体裁。"中国史学发展到17世纪以后,在历史编纂上出现了一种探索新综合体的趋势。先有清初马骕撰《绎史》,创造了融合众体的综合体制。至乾嘉时期,著名的史学评论家章学诚深入地'辨析体例',提出了'仍纪传之体而参本末之法'的主张,并在修撰方志上作出尝试。20世纪初,具有近代色彩的史学家章太炎、梁启超又为编纂《中国通史》设想了新的体裁。"①他们的共同特点,在于突破单一体裁的限制,糅合几大体裁主要是纪传体和纪事本末体之长,从而创造出既能反映历史演进大势,又能涵括社会丰富内容的新综合体。新史学派的创始人梁启超正是步入20世纪以后进行这种尝试的重要代表人物之一。

梁氏史学所涉范围极为广阔,而编纂一部新式《中国通史》在其学术生命里始终占有无可替代的地位。他在《三十自述》中曾说:"一年以来,颇竭绵薄,欲草一《中国通史》以助爱国思想之发达,然荏苒日月,至今犹未能成十之二。"②此一宏愿因其卷入政治旋涡而被搁置多年,直至1918年,方才"屏弃百事,专致力于通史之作"。不久,又因患病和欧游停下。从其已撰成的作品和致陈叔通的信中所言来看,他所拟定的通史体裁,以"载

---

① 陈其泰:《历史编纂与民族精神》,国家图书馆出版社2011年版,第104页。
② 梁启超:《三十自述》,《饮冰室合集》文集之十一,中华书局1989年版,第19页。

记"、"年表"、"志略"、"列传"四体互相配合,并言"自信前无古人耳"[①]。很显然,他是用纪事本末体对纪传体加以改造,而这是建立在准确把握两大体裁优劣的基础之上的。他认为,"纪传体之长处,在内容繁富,社会各部分情状,皆可以纳入,其短处在事迹分隶凌乱,其年代又重复,势不可避";而"欲求史迹之原因结果以为鉴往知来之用,非以事为主不可。故纪事本末体,于吾侪之理想的新史最为相近,抑亦旧史界进化之极轨也"[②],"纪事本末体是历史的正宗方法……过去的纪事本末体,其共同的毛病,就是范围太窄。我们所要的纪事本末体,要重新把每朝种种事实作为集团,搜集资料,研究清楚"[③]。故而,他结合纪事本末体大势清晰和纪传体包罗万象的优点,创造出新颖的编纂形式。从学术来源上讲,梁氏的这一理念近承魏源而远绍章学诚。他曾在评价魏源《元史新编》的合传作法时指出:"其组织之独具别裁。章实斋所谓'传事与传人相兼',司马迁以后未或行之也,故吾谓魏著无论内容缺漏多至何等,然固属史家创作,在斯界永留不朽的价值矣。"[④]又谓:"全书列传不过二三十篇,皆以事得性质归类,每篇之首,都有总序……这种作法,虽是纪传体的编制,却兼有纪事本末体的精神。"[⑤]梁氏不仅是进入20世纪以后较早对新综合体加以探讨者,而且以新史学的眼光对旧有体裁的优劣逐一展开评判,这些都启发后来的学者尤其是重视"著史"的新史学派在史书体裁上不断进行新的尝试和改造。从这一点上说,梁氏在中国史书体裁发展史上无疑处在了承上启下的关键位置。

新史学派中,沿着"仍纪传之体而参本末之法"这一思路对史书体裁继续展开探讨的,还有金毓黻。金氏治学"始于理学,继以文学,又继以小学,又继以史学",大约在20世纪20年代将治学重心转向史学,并开始逐渐由旧学向新史学转变。因此,其史学最初带有较为浓厚的传统意味。反映到史书体裁上,则是以纪传体为正宗。直至1931年,他在评价民国纂修清史仍沿用纪传体时认为:"自西学输入中土,另创新史体裁,作史成法不无摇动,此则因时而异者也。余谓作史之法,以本纪为纲,以传志为目,别以表辅之,此成法之无可议者也。"随着史学观念的转变,他对史书体裁的认识也开始走入综合一途。他本着深厚的爱国情怀和强烈的史学致用思想,在抗战爆发以后,大声呼吁编纂战史,而在体裁上则主张糅合纪传和纪事本末二体。当时,黎泽济在《编纂战史之管窥》一文中即力主此法。金氏看到后,极力表示赞同,认为黎氏"所论史体宜折中于纪传与纪事本末最为精湛。国有大事,当以纪事本末体纪之,庶可灼见。本末纪事所不能尽者,则别为大事纪,以明经纬。为传以传其人,为表以举其细,为图象以佐表之不逮,别为文征,以存一时之文献。用此法以修史,则为良史"。后来,当他转向民国史的编纂时,亦本此旨。其言曰:"余向主民国新史宜立纪、表、志、传、录五体;录者,纪事本末之异名也。"又谓:

---

① 丁文江、赵丰田编:《梁任公先生年谱长编(初稿)》"1918年",中华书局2010年版,第446、448页。
② 梁启超:《中国历史研究法》,《饮冰室合集》专集之七十三,第19、20页。
③ 梁启超:《中国历史研究法补编》,《饮冰室合集》专集之九十九,第31页。
④ 梁启超:《中国近三百年学术史》,《饮冰室合集》专集之七十五,第283页。
⑤ 梁启超:《中国历史研究法补编》,《饮冰室合集》专集之九十九,第26页。

余……拟撰一稿，题曰《中华民国史稿》，或称《史纲》……纯用纪事本末体，以一事为一题，参用新法，后附以表、传两传（此处疑有误）。如正史之本纪即改为大事表，列于卷首；又典章制度亦以表明之，如地理、官制、艺文三志皆可改表，而以表后叙其源流分合及因革损益；又如外交、经济、学术、文化则各立专章，依纪事本末体记之；至于政治、军事之大者应立专章纪载，乃本书之骨干也。若本书所不能具载，而其人可传者，则别为传，但以力避与正文重复为主，且立传不必过多。如此撰述，则民国史可望详略得中而便于省览矣。①

由上可见，他的主旨依然是糅合纪传体和纪事本末体，但前期以纪传体为主，后期则转向以纪事本末体为主。尤其是，将外交、经济、学术、文化等亦按纪事本末体加以记载，显然是扩大了纪事本末体的范围。从其日记来看，他曾按照这种设想编纂民国史，但由于这一领域究非其所擅长，最终未能成功，更多的是进行资料的整理和汇编工作。不过，他在史书体裁创新方面所作出的努力是应该被肯定的。

第二节　寓传统体裁的精华于近代章节体之中

清末民初，为了满足教育改革的需求，一批借鉴西方章节体编纂形式的新式历史教科书应运而生。此后，章节体迅速风靡全国，成为最流行的史书编纂形式。新史学派所编纂的通史和断代史也大都采用了分章节的形式，因此学者往往将其简单地定义为章节体，而不加深究，以致忽视了其内在所蕴含的民族特色和风格。事实上，新史学派在对所撰史书体裁的自我体认上，往往不称章节体，反而更多地强调对传统体裁的继承和发展。故此，对其本质特点恰当地归纳应该是：寓传统史书体裁的精华于近代章节体之中，尤以纪事本末体为突出。夏曾佑、吕思勉、王桐龄、萧一山、张荫麟等史家的努力即共同体现了这一方向，而各人作出的建树又各具特色。

夏曾佑的《中国古代史》，历来被称作是最早成功运用进化史观和章节体的著作，但就其所设标目和叙事方式而言，纪事本末体的特点极为明显。全书按照时代先后将中国历史划分为几个阶段，而于时代之下基本遵循纪事本末体的叙事模式。夏氏在书中自言："五胡之事，至为复杂，故纪述最难。分国而言，则彼此不贯；编年为纪，则凌杂无绪，皆不适于讲堂之用。今略用纪事本末之例，而加以综核。"②当时商务印书馆介绍夏书的广告中也称"其体裁则兼用编年纪事两体"③。此外，书中涉猎了有关学术、宗教、风俗等典志体

---

① 金毓黻：《静晤室日记》"1931年10月30日"、"1939年5月15日"、"1948年2月1日"、"1948年9月4日"，第2699、4317、6535、6670—6671页。
② 夏曾佑：《中国古代史》，河北教育出版社2000年版，第443页。
③ 《东方杂志》1905年7月第3卷第7期。在夏氏之前的新式历史教科书，虽然采用了章节的形式，但也大都自认或被指为纪事本末体（参见张越：《近代新式中国史撰述的开端——论清末中国历史教科书的形式与特点》，《南开学报》哲学社会科学版2008年第4期）。

的内容，而以章节的形式嵌入，与纪事并列。"五四"以后，吕思勉撰成《白话本国史》，被称作"为通史写作开了一个新的纪元"①。全书先列"序例"和"绪论"，正文则分为上古史、中古史、近古史、近世史和现代史五篇，篇下分章节，而在各章节的设置上也充分体现了纪事本末体的特点。比如，他在第二篇"中古史（中）"的第二章"两晋和五胡"下设十节，分别为："晋初异族的形势"、"八王之乱"、"西晋的灭亡"、"胡羯的兴亡"、"鲜卑的侵入"、"东晋内外的相持"、"苻秦的强盛"、"淝水之战和北方分裂"、"拓跋氏的兴起"、"宋篡东晋和魏并西方"。此外，在每一篇中设置专章论述经济组织、政治制度、学术文化以及社会生活情形等。王桐龄的《中国史》也大致采取这种编纂模式。其在《凡例》中亦不称章节体，而谓："中国旧史书分纪传体、编年体、纪事本末体、书志体。本编用纪事本末体，而去其琐碎事迹。""每一时代之终，必详载其时代之制度、学术、宗教、风俗、实业，以观其社会文化之隆替。"②此书的另一大突出特色是在全文中设置了大量的表，据粗略统计，四编合计共附表约362通，而在内容上则包括世系表、职官表、疆域表、刑法表、兵制表、田制表、人物表等，几乎涵盖了通史的方方面面。

夏书初创，较为简略，且仅写到隋朝；吕书写到民国，在编纂方法上更为熟练和严密，在内容上仍以简练为主；王书则写到清朝中期，而规模庞大，体系周严。三书在体裁上的共同特点是，都将中国历史按时代进行阶段性划分，而立为篇或编，以下则采用章节的形式，而在标目设置和叙事方式上则充分吸收纪事本末体因事命篇、起讫自如的优点，同时将社会文化等典志体的内容合理安插其中，故而克服了旧体纪事本末互不统属又记载范围狭窄的弊病。

在新史学派中，最能将传统体裁精华融于章节体之中而取得巨大成功的，当为萧一山。他凭一己之力、耗时40余年完成中国第一部体系完整、规模宏大的"新式"清史，总计410余万字，而上、中两卷完成时萧氏仅20多岁，并获梁启超、李大钊等八大史学名家为之作序，以私家著史而声名远隆于官修《清史稿》，堪称近代史学史、学术史上的一大奇闻。就体裁而言，萧氏对旧史体裁的优劣了然于胸："纪传之属，详于状个人，而疏于谈群治；编年之作，便于检日月，而难于寻终始。其间虽纪事本末一体，略有合于新史学之义，然其体创始于袁枢，特为便读《通鉴》者之寻览。即后之继此而作者，亦不能有深识别裁，以斟酌乎其中。故皆史实散漫，略无系统，可以为史料，不足以为史学。"③高悬深识别裁和系统性的目标而在体裁上下尽功夫，一言以蔽之，即在改造"有合于新史学之义"的纪事本末体基础上，充分借鉴、糅合章节体的长处，而又于部分篇章兼收纪传体和典志体的优点。全书三卷大致按清初、康雍、乾嘉、晚清的时间顺序，选取17大专题，因"事"命篇，同时突破旧体纪事本末记载范围狭窄的局限，吸收章节体照顾全面、容量宏富、逻辑严密、层次清晰的优势，于篇下设章、节、目，并且连续编号以突出历史的

---

① 顾颉刚：《当代中国史学》，辽宁教育出版社1998年版，第77页。
② 王桐龄：《中国史·凡例》，北平文化学社1926年版。
③ 萧一山：《清代通史·导言》，华东师范大学出版社2006年版，第1—2页。

连续性,层层统摄,前后连贯,浑然一体,而每层均详述始末原委,深入分析。同时,在有关社会、经济、生活等的章节借鉴典志体的长处,而于清代学术大致采取以人为纲的方式,以及史表的设置则又是吸纳纪传体的优点。从整体上看,从篇到目的标题设置无疑是以"事"为中心,而有关经济、生活和学术等部分则合理安插其中。萧氏明确反对将"文明史附丽于每期之后"的做法,认为那样无法做到"融会贯通",而"拟力矫此弊,统摄诸种现象于小时期中而并述之,以政治为纲领。盖政治为国家活动之表现,为文明之一大枢纽也"。[1]

《清代通史》相较前面三书而言,综合体的特点更为突出,但究其核心,仍然旨在打通、糅合纪事本末体与章节体。学者对此多有精彩评论,比如杨家骆指出:"袁书(指《通鉴纪事本末》)……虽有循览之便,而于史实之因果仍不能有所发明,清末泰西史籍与社会科学渐次输入,夏曾佑先生首著《中国古代史》,于是史籍之面目一变,然文既简略,事皆习见,且为供应教材而设,犹未足以言史学。至民国十二年萧一山《清代通史》上卷书成,始能称为新史体输入后之一大创作,凡梁帝郑樵欲变而不得其道,章学诚识其意而不能得其体者,一举而解决之。"包遵彭谓:"普通史是一种综合的组织,近于吾国之纪事本末体,尤与东西洋近代史学之分篇章节者相同。然本末一分,西史二三分之体裁,均未免简略,此书分卷篇章节目,系统尤为详密。"王家俭则称:"清末民初时期,因受西方史学的影响,而有新纪事本末体的出现。择定专题,搜集史料,穷其究诘,探其演变,颇能予人以耳目一新之感。萧先生在他的《清代通史》里,便大胆地采用了这种所谓新纪事本末体,作一新的尝试。此一尝试颇得史学前辈梁任公先生之赞赏,在其《清代通史》序中,所谓'萧子之于史,非直识力精越,乃其技术亦罕见也。'便大体是指此而言。"[2]都无一例外地指出萧书成功的关键在于借西方章节体改造旧有的纪事本末体。

这里需要特别指明的是,新史学派所运用的纪事本末体已经逐渐突破了"事"的限制,而发展为"专题",因此原先典志体的内容(近代多称文化史)就以"专题"的形式很自然地被吸纳其中。上文曾提到的梁启超所谓"把每朝种种事实作为集团"和金毓黻所谓"将外交、经济、学术、文化等亦按纪事本末体加以记载"也都很好地证明了这一点。此外,杨鸿烈也曾指出:"就所研究的'题目'的性质'以一事为一篇,每事各详起讫'的'纪事本末'的方法,如所谓社会史、文化史、政治史、经济史、法制史、艺术史、宗教史等即是应用这种方法整理而成的史籍。"[3]

新史学派所编纂的通史中还有一绝佳之作,即"史学天才"张荫麟所著的《中国史纲》。他以超乎常人的创造精神苦心经营,在体裁形式上,亦是糅合纪事本末体和章节体两大体裁,同时又在必要时吸收典志体和传记体的优点,充分做到主线明晰、重点突出而又兼顾其他。其自陈编纂特点为:"选择少数的节目为主题,给每一所选的节目以相当透

---

[1] 萧一山:《清代通史·叙例》。
[2] 萧一山文集编辑委员会编:《萧一山先生文集》,台北:经世书社1979年版,第679、681、737页。
[3] 杨鸿烈:《历史研究法》,商务印书馆1939年版,第461页。

彻的叙述";"社会的变迁,思想的贡献和若干重大人物的性格,兼顾并详"。^①他将历史事件、人物和社会文化的内容提炼为11大专题,同时又以章节的形式将其联为整体,与上论诸书在体裁上具有相同的特点。但是,此书又有极为特出者,即在于对史学"美"的追求。相较他书偏于详细考证或史料宏富而言,张氏独树一帜,不作考证过程的展示,而在消化史料和借鉴前人成果的基础上,以博深的史学、高明的史识和卓越的史才用"说故事的方式"将几千年中国历史娓娓道来,不仅篇章安排合理,而且文字粹美、富有感情,近乎完美地描绘出一幅栩栩如生的历史画卷,一扫以往史书之刻板、艰深和枯燥,使人开卷不能止,一气读完而意犹未尽、发人深思,既践行了其"史学是艺术"的宣言,也让章学诚所谓"圆而神"、梁启超所想望"活的历史"成为现实。为了做到这一点,他不仅在文字上"潜心涵泳几经锤炼"[②],而且在每章的节与节之间以及前章的最后一节和下章的第一节之间,几乎均以简短而恰切的语句加以衔接,从而使整部著作浑然一体,毫无断裂之感,堪称针织细密、严丝合缝。比如他在第五章末节结尾言:"因此秦人统一的大业被耽搁了二十多年,我们正好借这空闲,从喋血的战场转到历史中比较平静的一角"[③],以此引出下章"战国时代的思潮"。以中国历史的时空跨度和内容的浩繁而言,做到这种程度是极不容易的。此外,他特别重视"合传"的运用,充分发挥这一体例的优势,既突出群体特点,又便于比较异同,而且节省篇幅。像这样的细节以往不太被学界所注意,但从历史编纂学视角考察,则种种精心设计最能反映出著者在篇章命名、结构和安排上费尽心思,在在昭示着其匠心独运。

综上,对于新史学派所编纂的诸种通史和断代史,显然不能以简单的章节体加以定位,而应深入挖掘其内在所蕴含的传统史书体裁的精华。整体而言,新史学派对传统体裁的优劣都有极为清醒的认识,而尤将纪事本末体视为最符合新史学之义者,但也看到其存在的事与事互不统属、缺乏联系、范围狭窄等弊病,故而将典志体和人物传记的内容以"专题"形式纳入其中,而又充分融合于以照顾全面、容量宏富、逻辑严密、层次清晰见长的章节体之中。这是新史学派在历史编纂过程中运用最广泛的体裁形式,取得了巨大成功。

---

① 张荫麟:《中国史纲·自序》,中华书局2009年版。王省吾曾回忆说:"他因身体不好,不能上课,今年的'魏晋南北朝史',他指定参考书,由同学自行阅读,但须缴阅笔记。他指定的书,有《通鉴纪事本末》、《晋书》、《魏书》、《南北史》、《周书》、《北齐书》、《宋书》、《齐书》、《梁书》、《陈书》。这一张书单可以吓死人,一年时间如何读得完。他又说《通鉴纪事本末》须熟读,要做笔记,其他如来不及,参阅一下也可以。"(王省吾:《忆张荫麟师》,载[美]陈润成、李欣荣编:《天才的史学家:追忆张荫麟》,清华大学出版社2009年版,第81页)由此可推见其以专题方式编纂中国通史这一理念的源头。
② 张其昀:《敬悼张荫麟先生》,载[美]陈润成、李欣荣编:《天才的史学家:追忆张荫麟》,第10页。
③ 张荫麟:《中国史纲》,中华书局2009年版,第117页。

第三节 纪事本末体与典志体的大胆糅合

新史学将历史视为一个整体,既主张纵向的贯通,以梳理历史演进大势,又强调横向的铺陈,以描绘社会生活情形,以此作为新史学的两大要旨。反映到史书体裁上,即表现为对纪事本末体和典志体的重视。梁启超即在称赞纪事本末体"于吾侪之理想的新史最为相近"之外,又谓:"纪传体中有书志一门,盖导源于《尚书》,而旨趣在专纪文物制度,此又与吾侪所要求之新史较为接近者也。"①实际上,从上面两节的论述我们已经能够看出新史学派对这两大体裁的重视和运用。有的史家就大胆地尝试将这两大体裁加以糅合,从而又创造出一种新颖的编纂形式。

最先将这两大体裁糅合一处而编纂中国通史的是卫聚贤。他是清华国学研究院的第二届学生,治学深受梁启超影响。在几大史书体裁中,卫氏尤为重视纪事本末体和典志体。他认为:"史为断代,在原编者限于其材料,若通观古今,则非通史不可。""通史虽可通观古今,但事类繁多,非分类叙述,不便观览,故宋袁枢创纪事本末一体。"又说:"纪事本末犹现在的分类史,如政治史、法律史、学术史、史学史等。而与纪事本末类似的,有'三通'、'九通'。……清光绪时锦藻作《清续文献通考》……连前九通,共为十通。""纪事本末与十通,均系分类编纂的体,合之成一部全史,分之则成若干部分类史,而与现在所谓政治史、文学史、哲学史等同。"②他曾担任过历史教科书的审查,对通行的编法都不满意,认为"除上古将神话作为正史及仍以帝王的观点叙述外,其编的方法,为断代的分类综合的通史",不能给人以条理的印象,又指出:"中国旧日的史书如二十四史等,多是注重在帝王行动方面,而且记载的少有系统;现在要根据这杂乱的二十四史等,编为有系统的分类史,很少有人作这种工作。"③因此,他创造性地糅合纪事本末体和典志体,充分借鉴两大体裁的贯通和分类优点,编成一部《新中国史》,其目录为:历史的概念、社会演变的阶段、生活演变的阶段、工具演变的阶段、中国的民族、人类的意识。他指出:"分类叙述,又患其彼此分离,不能发生相互的关系,故于《新中国史》首列一表,并有一类历史的概念以为贯串。"④由此,他既从纵向上对中国历史的演进大势作整体的梳理,又以分类的观念对中国的社会、生活、工具、民族、意识等作贯通的叙述。

无论从框架还是规模上看,卫氏之作都显得极为简略。时隔近十年后,吕思勉以基本相同的编纂理念完成了影响巨大的《吕著中国通史》。此书以上下两册的形式将中国历

---

① 梁启超:《中国历史研究法》,《饮冰室合集》专集之七十三,第20、21页。
② 卫聚贤:《中国史学史讲义》,持志学院1932年内部刻本,第21—22页。此又为近代纪事本末体由"事"演变为分类"专题"添一例证。
③ 卫聚贤:《中国史讲义·导言》,暨南大学1932年内部刊行本。
④ 卫聚贤:《中国史学史讲义》,第24页。他在暨南大学讲授的《中国史讲义》,即在《新中国史》的基础上编写的,从目录上看,未有大的改动,可惜今天所能看到的仅有"历史的概念"这一章的很小一部分,至于其所言的"表"以及其余的部分均毁于战火。

史分成两大板块，上册以专题形式分述社会制度、社会生活和学术宗教等文化现象，下册则按时代略述政治大事，上册18章，下册36章，章下不设节。这一体裁的创新之处在于他吸收纪事本末体和典志体的优点而成功糅合于一体，以贯彻和体现著者力求反映历史通贯性和社会整体性的编纂思想，使读者既能对婚姻、族制、官制、兵制、学术等社会文化现象有一个全面的了解，从而对中国社会形成整体认识，具有包举社会文化诸端的广阔性，又能通过中国历史上的重大事件而把握历史发展的大势，具有极强的通贯性。他之所以创造这种新式体裁，有其特定的时代背景。1938年，教育部颁行大学课程，最初以中国文化史为必修科目，后改为通史，而注明须注重于文化。吕氏认为当时流行的通史著作，虽然在叙述治乱兴亡的过程中，夹叙一些典章制度，但往往缺乏条理系统，上下不够连贯，使初学者摸不清头绪，不能构成系统的历史知识。作为一个具有高度历史责任感而又长期从事历史教育和研究的学者，他敏锐地指出当时"从中学到大学，永远是以时为经，以事为纬地，将各时代的事情，复述一遍，虽然详略不同，而看法失之单纯，亦难于引起兴趣"，所以他"变换一个方法，上册先依文化的项目，把历代的情形，加以叙述"，下册则"依据时代，略述历代的盛衰"，如此，读者在读下册时，"对于历代的社会状况，先已略有所知，则涉及时措辞可以从略，不至有头绪纷繁之苦；而于历代盛衰的原因，亦更易于明了了"。①事实上，他将中国历史分为两大板块的创造灵感，在一定程度上是受到马端临的启发。《文献通考·序》把历史上的事实，分为治乱兴亡和典章经制两大类，吕氏认为，前者可称为动的史实，后者可称为静的史实，只是他又指出："史实确乎不外这两大类，但限其范围于政治以内，则未免太狭了。须知文化的范围，广大无边。"②因此，其通史著作从内容上讲已经远远超出马氏所论范围，但两大板块的灵感确导源于此。

除中国通史外，吕氏还编撰了《先秦史》、《秦汉史》、《两晋南北朝史》和《隋唐五代史》四部断代史，而且计划中的《宋辽金元史》和《明清史》已经做了史料的摘录，可惜未能完稿。其断代史是充分吸收通史编纂中积累的丰富经验而加以成功运用，依然分为上下两编，上编以纪事形式叙述政治兴衰，下编则分述经济生活、政治制度和学术文化等，只是在章下又增设了节，因此体例更加完备，内容更为翔实。

余 论

由上面的论述可以看出，新史学派继承传统史学"著史"和重视史书体裁的优良传统，在借鉴西方章节体优点的同时，也将传统体裁的精华予以继承和发扬，从而创造出形式多样并具有鲜明民族风格的新式体裁，充分彰显出中国作风和中国气派。他们处在中国历史编纂学发展的重要转折关头，以雄伟的气魄进行各种大胆的尝试，展示了中国史家所

---

① 吕思勉：《吕著中国通史》，上海古籍出版社2009年版，第299页。
② 吕思勉：《吕著中国通史·绪论》。

具有的非凡想象力和创新精神。这不仅说明近代以来史书体裁的发展趋向多元和综合,并且也证明了中国传统史书体裁与近代西方传入的新史体之间存在共通性,其精华符合近代史学的要求。仅此一项,就完全可以澄清那种认为新史学"基本上与中国传统学术、特别是传统史学无缘,它的出现只能意味着中国史学传统的中断"的偏颇论点,也提醒人们千万不能把"传统史学"与"近代史学"完全对立起来,而必须清醒地看到二者之间的传承与发展关系。

第三章 唯物史观与"新史学"学者治史的新境界

由梁启超首倡的"新史学",以鲜明的立场对两千年旧史展开激烈批判,以明确的论点提出了新史学的理论主张。此后,如何建构新的史学话语体系,如何推进史学的科学化,就成为中国史家的共有目标和学术自觉,主要存在三大路径:一是,沿着新史学所开创的史学范式继续拓展、深化;二是,本着为学问而学问的精神致力于考证历史真相;三是,作为新民主主义革命组成部分的马克思主义史学的兴起。新史学在民国时期的演进,首先表现在梁启超对原有史学体系的完善和深化,如对史料搜集、鉴别、考证的详细阐述,对进化史观和因果关系的修正,对史学功能的重新认识等。其次,大批学者沿着这一路径,在理论建设和具体研究两个方向同时展开,取得卓著成绩,如萧一山、张荫麟、吕思勉、杨鸿烈、周予同、周谷城、陆懋德、卫聚贤等。他们在思想渊源和研究领域方面颇为多元,但在史学宗旨上极为相近,均属新史学一脉,而大都受到梁启超的学术影响。

就学术发展的内在理路而言,新史学无疑为新历史考证学和马克思主义史学的产生奠定了基础,不仅大致扫清了可能来自传统史学的障碍,而且成为新历史考证学之所以"新"的重要条件,同时又为马克思主义史学的兴起培育了适宜的学术思想土壤。新史学与新历史考证学的区别较为明显,而与马克思主义史学在大的学术取向上保持一致,都以历史解释、史学致用、社会视野、科际整合以及历史编纂为主要元素,但二者之间又存在根本性差异,尤其在史观方面,前者始终未能跳出唯心的窠臼,逐渐走向相对主义,况且后者除在科学性上整整高出一个层次外,还具有极其鲜明的革命性。故而,以三大干流来概括民国时期史学的基本格局应更为妥当。当然,三者并非截然分途,而是紧密交织,共同推动中国史学的发展。基于上述认识,笔者就唯物史观对新史学的广泛影响展开初步探讨,进一步说明马克思主义史学的发展、壮大乃是源自理论体系的先进以及研究成绩的突出,是学术发展的逻辑结果,而非政治的产物。

第一节 "新史学"学者对唯物史观的接受与批评

"五四"前后,马克思主义开始迅速传播,以唯物史观为指导的马克思主义史学也随之形成、壮大,尤其是经过社会史论战洗礼后影响更甚,渐有风靡之势。时人曾谓:"马克思主义在一般被压迫的群众中已是一种最有权威的学说……一些知识分子也为它所吸引,全部的或局部的接受其方法与结论。"[①]"辩证唯物论……近年来已成为中国思想界一个

---

① 余沈:《经验主义的、观念主义的和马克思主义的中国经济论》,《读书杂志》1933年第3卷第3、4期合刊。

最流行的时髦名词了。"①与此同时，新史学也在继续发展，并形成广泛摄取中外思想资源为我所用的学术特色。唯物史观甫一兴起，新史学学者就给予关注，并受到不同程度的影响。比如，吕思勉在"马列主义初入中国"时即"略有接触，但未深究"，后在马君武影响下对"马列主义之书……乃读之稍多"，明确表示"于此主义，深为服膺"。②周谷城在"五四"时期就开始阅读马列著作，并称："读任何其他哲学社会科学著作，总有不能完全接受之处。唯有读马列著作，则很少提出异议。"③这在当时知识界尤其在高校学生群体中较为普遍，"五四"新文化运动所形成的开放学风使他们有机会接触到各种思想学说，而经过对比后，他们大都初步意识到马克思主义的学术价值和社会意义。

近代以来，中国屡受欺凌，有识之士无不奋起寻找救国之路，新史学的产生即为民族主义的产物，并以史学激励爱国心。民国成立后，随着现代学术体制的逐步确立，继起的新史学学者大都不再像梁启超等人那样兼有政治家或社会活动家的身份，对史学功能的认识也更具学术理性，但仍有强烈的经世情怀，试图通过总结历史规律来说明现状并指明未来应走之路，从而推动社会进步，实现民族复兴。这是他们认同马克思主义的思想基础。周谷城、周予同都是"五四"运动的参与者，周谷城后来在毛泽东影响下参加了国民大革命，失败后"运用革命理论为指导，分析中国历史"④；周予同很早"就已结识毛泽东同志，听过李大钊同志的演说，也访问过鲁迅先生"，并谓："他们努力把马克思主义的普遍真理同中国革命的具体实践相结合，实事求是地解决中国面临的各种问题，使我十分钦仰。我觉得我们研究学问，也应该走他们开辟的道路。"⑤萧一山也在这一时期受到李大钊影响，强调唯物史观对人生的指导意义，认为其"于人类本身之性质内，求达到较善之社会情况之推进力与指导力……给人以奋发有为的人生观"，并明言"我辈不可不明其真义，藉得一新人生之了解"。⑥与不问世事、埋首考证者所关注的问题显然存在很大不同，充分反映出两种学术之间的共通性。

随着中西文化交流的不断加深，传入中国的西学知识种类繁多，马克思主义能够在"五四"前后就被广为关注，尤其获得青年学子的青睐，不仅在于它指出了一条民族复兴的光明大道，提供给人们新的世界观和人生观，而且因为它在历史解释方面旗帜鲜明地提出了新的观点，即揭示出经济条件在社会发展中所起的决定性作用，开辟了历史唯物主义的道路。萧一山就评价说："近世以来，社会主义勃兴于欧陆，马克思在其《共产党宣言》中，发表'唯物史观'之原理……即社会上一切事物，皆以经济为其基础，故凡思想文化、宗教、道德、教育、政治、法律等罔不受其支配。自是以后，言史者虽不尽同情于

---

① 吴西岑：《机械的唯物论与布哈林》，《动力》1930年第1卷第1期。
② 吕思勉：《自述》；《吕思勉遗文集》上，华东师范大学出版社1997年版，第440页。
③ 周谷城：《我是怎样研究起史学来的》，《文史知识》1983年第10期。
④ 周谷城：《我是怎样研究起史学来的》，《文史知识》1983年第10期。
⑤ 周予同：《周予同自传》，《晋阳学刊》1981年第1期。
⑥ 萧一山：《史学之研究》。此文现藏于国家图书馆普通古籍阅览室，出处不详，文末标注写作日期为1922年1月10日。

其主张，而向为人所不注意之经济问题，则已占据历史中重要之位置矣。"①但是，唯物史观是西方社会环境和文化传统的产物，当它向异域传播，进入不同的情境时，必然要经历一个融合的过程。当时的中国，尚未能给学者提供必要的经济学、社会学和历史学等学科基础，因此对唯物史观的服膺与准确理解之间尚存在距离。很重要的一点就是，早期共产主义者往往将唯物史观界定为"经济史观"，以比较简单的经济分析方法来解释中国历史、文化和社会等。比如，李大钊认为："还是称马克思说为'经济的历史观'妥当些。"②这是当时知识界的普遍认识。唯物史观在中国化过程中表现出的简单化和机械化特点，遭到以综合为学术取向的新史学学者的广泛批评，尽管他们已开始尝试将相关论点有选择性地融入到史学理论建设和具体历史研究中，而他们批评的前提正是将唯物史观等同于经济史观。

吕思勉早年认为："把社会上的形形色色，一切都归到经济上的一个原因，马克思的唯物史观，也不过如此。"③他承认拿中国史事印证唯物史观，"可见其说之确者甚多"，但同时指出这一史观"抹杀别种原因，则非是"④，明言经济分析法不能完全解释复杂的历史现象和进程，并谓："今之过信唯物史观者，则颇有此弊，史事因果至为复杂，诚有如释家所谓帝纲重重者，偏举一端，纵极重要，必非真相……以社会之事，经纬万端，故非偏举一端，所可概也。"⑤以佛学原理解释史学，颇受梁启超的影响。

萧一山认为，"近世唯物史观之学说兴起，谓……历史之因革，尤以经济为转枢……吾人既不能不认生计为历史上最重要之问题，亦不能认文化政治纯受经济之支配"⑥，"故比较言之以'经济的历史观'一辞为妥"⑦。

张荫麟早年曾对各种史观进行总结式批评，以期综合各家求得完满的历史观，而在谈到唯物史观时称："其以生产工具为文化之决定因素者可称为狭义的唯物史观，其以经济制度……为文化之决定因素者可称为广义的唯物史观。然二者皆难成立。"他既"不否认生产工具或经济制度上之变迁，对于其他方面恒发生重大之影响"，又强调"许多文化上的重大变迁，并无生产工具上之新发明，或经济制度上之改革为其先导"。⑧

杨鸿烈早年对唯物史观持较为激烈的批评态度，指出："马克思更以为一切经济的成因可以决定人类生存所有的成因……其实马克思自己就没有把他当做一个科学上的问题，不过藉此宣传他的社会主义罢了。"⑨后来，他在认识上虽发生较大转变，但直至20世纪30

---

① 萧一山：《清代通史》（二），华东师范大学出版社2006年版，第387—388页。
② 李大钊：《唯物史观在现代史学上的价值》，《新青年》1920年第8卷第4号。
③ 吕思勉：《白话本国史》，上海古籍出版社2005年版，第143页。
④ 李永圻：《吕思勉先生编年事辑》，载俞振基：《蒿庐问学记》，生活·读书·新知三联书店1996年版，第406页。
⑤ 吕思勉：《史籍与史学》，《吕著史学与史籍》，华东师范大学出版社2002年版，第63页。
⑥ 萧一山：《清代通史·叙例》。
⑦ 萧一山：《史学之研究》。
⑧ 张荫麟：《传统历史哲学之总结算》，《国风》1922年第2卷第1号。
⑨ 杨鸿烈：《史地新论》，晨报社出版部1924年版，第62页。

年代末仍旧认为:"比较起来还是称马克思的学说为'经济史观'较能'名副其实'。"①

由此可知,新史学学者在"五四"时期对唯物史观大致采取既接受又批评的态度,虽存在理解上的偏差,却是时代环境使然,以历史主义眼光来看,所论尚能切中肯綮。此后,随着唯物史观中国化的逐步深入、完善以及以此为指导的历史著作相继问世,新史学学者对它的认识也不断提高,并在更大范围上予以借鉴。②

第二节 唯物史观与"新史学"理论的深化

新史学早期重心在"破",即以强烈的批判精神打破皇朝模式下的传统史学格局,而"立"的方面虽提出诸多史学主张,基本奠定了新的史学框架,但在论述广度和深度上无疑具有粗浅的特点。民国成立初年,尊孔读经的逆流一度延缓了中国史学的现代化进程,但这种沉寂局面很快就被"五四"新文化运动打破,此后各种西方社会科学被引入中国并对史学发生影响,一时间学派林立、新旧杂陈,大有"百家争鸣"之势。其间,新史学学者既广泛吸收西方史学思想,也更加理性地对待传统史学,试图在融合中西的基础上完善和深化原有体系,以跟上学术发展和社会转型的步伐。在这一过程中,唯物史观扮演了十分重要的角色,尤其在历史解释方面对新史学的理论建构产生很大影响。

新史学在最初十年里形成波澜壮阔的时代思潮,涤荡陈腐的循环、复古等旧史观,使进化史观占据主导地位,成为一般人认识历史的基本观念,更内化为史家的学术自觉。但是,这一时期所信奉的主要是单线进化论和因果关系说,无论在内涵还是运用上,都显露出简单化和机械化的弊端,越来越无法满足解释纷纭复杂的社会历史现象和进程的需求。因此,继起的新史学学者在历史哲学方面展开新的探索,并将其视为历史学不可或缺的内容,反对将史学限定在考证层面。杨鸿烈就指出:

> 我们以为历史本所以记载人类过去的事实,既有了历史的科学,自用不着"历史哲学",但历史现象还是如黑格尔所说由精神主动呢?或如马克思所说由物质条件来支配呢?乃至人类全部的历史到底是治乱循环的呢?还是循序进化的呢?假如是进化的话,那么,是直线的呢?还是螺旋式的呢?这一类的问题,都是"历史哲学"的问题,而不是"历史科学"的问题,所以结果还是赞成"历史哲学"可以成立的一派得到最后的胜利。③

---

① 杨鸿烈:《史学通论》,载民国丛书编辑委员会:《民国丛书》第二编,上海书店1990年版,第274页。
② 比如,郭沫若的《中国古代社会研究》出版后,张荫麟曾评价其"例示研究古史的一条大道"(《评郭沫若〈中国古代社会研究〉》,《大公报·文学副刊》1932年1月4日第208期),卫聚贤也称他"能根据卜辞金文的材料,而采用唯物史观的理论叙述古史,为前者所无"(卫聚贤:《中国史学史讲义》,持志学院刻本1932年版,第27页)。
③ 杨鸿烈:《史学通论》,载民国丛书编辑委员会:《民国丛书》第二编,第317页。

这里所谓科学与哲学的区分并不恰当，却也反映出当时历史考证与解释之间的巨大张力。事实上，新史学和马克思主义史都对烦琐考证和整理史料的学风给予了严词批评，而致力于总结历史发展规律。新史学的学术取向，一言以蔽之，则为"综合史观"。有关历史形成与发展动力的诸多解释，可以从本体论上划分为唯心与唯物两种路径。新史学学者试图兼收二者之长，创造一种完满的历史观。关于这一命题，实际上从前文论述中已可略窥端倪，这里再列举梁启超、杨鸿烈、张荫麟、陆懋德等人的主张以为例证。

梁启超虽一度主张"历史是人类自由意志的创造品"④，但也逐渐意识到物质条件的制约作用，并最终提出："历史所以演成，有二种不同的解释，一种是人物由环境产生，一种是人类的自由意志创造环境。前人总是说历史是伟大人物造成，近人总是说伟大人物是环境的胎儿。两说都有充分的理由而不能完全解释历史的成因。我们主张折中两说……所以我们作史，对于伟大人物的自由意志和当时此地的环境都不可忽视或偏重偏轻。"⑤

杨鸿烈认为，已有史观"总是想用一个'一以贯之'的根本原理把荒渺的复杂的全部历史都说明出来"，而"历史发展的状态，复杂无常，实在是受多方面的影响，断不是一个单纯的原因所能解决得了的……我们要是综合诸派的意见来解释，那就可无大过的了"。⑥

张荫麟试图"举过去主要之'历史哲学'系统而一一考验之，抉其所'见'，而祛其所'蔽'，于是构成一比较完满之历史观"⑦，后提出"统贯'动的历史的繁杂'"的四大"范畴"，即：因果的范畴和发展的范畴（包括定向的发展、演化的发展和矛盾的发展），并认为："这四个范畴各有适用的范围，是应当兼用无遗的……不独任何一个或两三个范畴不能统贯全部重要的史实；便四范畴兼用，也不能统贯全部重要的史实，更不用说全部的史实，即使仅就一个特定的历史范围而论。"⑧

陆懋德亦明确指出："唯心派谓意识能限定历史的变化，而唯物派谓经济能限定历史的变化……余以为二者能相互限定，例如经济状况能改变人的意识，而人的意识亦能改变经济状况……历史变化，须从物质及心理二方面解释之。余亦谓二者当参用而不可偏用……心理与物质有相互的影响，而不可偏于一端。此言颇为一般唯物派的历史家所忽视。"⑨

在社会学的影响下，新史学学者看待历史进程时，不再归结为简单的王朝兴替，而代之以社会的阶段性演进。他们认为，社会是由政治、经济、文化等组成的有机整体，其变化不取决于任何一方面，而是综合作用的结果。因此，任何单一史观都无法解释复杂的社会发展，必须面面俱到，方能得出正确的结论。很显然，他们在对唯物史观缺乏深入理

---

④ 梁启超：《研究文化史的几个重要问题》，《饮冰室合集》文集之四十，中华书局1989年版，第3页。
⑤ 梁启超：《中国历史研究法补编》，《饮冰室合集》专集之九十九，第89页。
⑥ 杨鸿烈：《史地新论》，第55、64页。
⑦ 张荫麟：《传统历史哲学之总结算》，《国风》1922年第2卷第1号。
⑧ 张荫麟：《中国史纲·自序》，中华书局2009年版。
⑨ 陆懋德：《史学方法大纲》，北京师范大学研究所资料室1980年版，第84—85页。

解、将其视为经济史观的前提下,试图糅合包括唯物史观在内的诸家学说,创造出一种更高层次的历史解释范畴,颇有抗衡的意味。以往学界对此没有给予足够重视,事实上,在唯物史观中国化尚未达到相应高度之前,综合史观是不可或缺的中间环节,更是史学发展的必然逻辑结果。当然,从性质上讲,它不承认决定性元素的存在,实际上走入了相对主义,仍然属于唯心史观。萧一山的观点就很典型:"盖普通史之内容的评价,为文化、政治、生计三者:文化在社会上占最高地位,故能指导一切;政治握社会上最大权力,故能支配一切;而个人之生存,社会之维持,又端赖生计,其感受性最敏速最普遍者也。"①

而且,这一综合取向也表现在他们对辩证法的认识上。当时,唯心辩证法和唯物辩证法都已在中国传播,新史学学者以敏锐的学术眼光将其基本原理纳入自身历史哲学的建构中,以克服单线进化论的弊端。陆懋德就指出:"此三定律(指对立之融合、量质之变化、否定之否定)……实揭出天地间之奥秘","盖自有此方法,而后能取人类历史之演变,纳入一定的过程之中,及一定的原则之下,此实为前代哲人渴求而未得之成绩"。然而,他们又往往对于两种辩证法在本体论上的根本差异不加措意。如陆懋德认为:"此方法,在唯心唯物二派的历史解释上,并无歧异。"②张荫麟也持类似观点,认为辩证法中的否定之否定"乃黑格尔与马克思之所同主,马克思自乘为传自黑格尔之衣钵者即此(现时流行之所谓'辩证法的唯物史观'即指此种)"③。萧一山则本着民族文化复兴的精神,将传统的中庸之道等同于辩证法,并称其"以精神与物质并重,实在比他们(指黑格尔和马克思)更进一步"④。

随着马克思主义史家的理论认识和实际运用逐渐臻于成熟,尤其是社会史论战以后,唯物史观对中国历史的解释效力越来越得到认可,新史学学者的观点也开始发生转变,逐渐接受了经济基础决定上层建筑的原理。比如,杨鸿烈一改早期的激烈批评态度,指出,"人类的生产工具一有变化,一切政治制度和思想系统也就随之而起变化","懂得这个道理,才能明了历史的真正原动力之所在",⑤甚至认为,"一般所谓'唯物辩证法'的史学家欲以'唯物辩证法'代替'历史研究法'的全部,著者认为在今日还是'时机犹未成熟',须待此后长时期的努力方能有成功的希望"⑥,实已道出了唯物史观将占据主导地位的史学演进趋势。周予同曾谓:"学术思想只是社会文化的一部分;社会文化又随着整个的底层的经济机构而演变。"⑦周谷城亦认同"下层基础与上层结构"这一"马克思氏与恩格斯氏

---

① 萧一山:《清代通史·叙例》。
② 陆懋德:《史学方法大纲》,第92、93—94、86页。
③ 张荫麟:《传统历史哲学之总结算》,《国风》1922年第2卷第1号。
④ 萧一山:《非宇馆文存》卷一,载沈云龙主编:《近代中国史料丛刊》第88辑,台湾文海出版社1973年版,第8页。
⑤ 杨鸿烈:《史学通论》,载民国丛书编辑委员会:《民国丛书》第二编,第83、128页。
⑥ 杨鸿烈:《历史研究法》,商务印书馆1939年版,第468页。
⑦ 周予同:《汉学与宋学》,载朱维铮编:《周予同经学史论著选集》(增订本),上海人民出版社1996年版,第322页。

的固有分法"的合理性和进步性,[①]而吕思勉所论最具典型意义,他说:

> 讲学问固不宜预设成见,然亦有种重要的观念,在治此学以前,不可不先知道的,否则就茫无把握了……其中第一紧要的,是要知道史事是进化的,打破昔人循环之见……第二,马克思以经济为社会的基础之说,不可以不知道。社会是整个的,任何现象,必与其余一切现象都有关系……然关系必有亲疏,影响亦分大小……把一切有关系的事,都看得其关系相等,就茫然无所了解,等于不知事物相互的关系了。如此,则以物质为基础,以经济现象为社会最重要的条件,而把他种现象,看作依附于其上的上层建筑,对于史事的了解,实在是有很大的帮助的。但能平心观察,其理自明。[②]

这段话与之前他关于"过信唯物史观者"的批评形成鲜明对比,不啻在某种程度上点明了新史学与唯物史观的学术分野。

综上,新史学学者在历史本体论方面所受唯物史观的影响是显而易见的,并且这种接受是自觉的,虽然他们的认识水平尚有欠缺,态度转变也各有不同,但毫无疑问都以此为助力将史学理论推进到一个新的层次。

第三节 诸多领域的启发性运用

新史学的治史鹄的,在于寻求历史演进的基本法则,进而发挥史学的社会功能,反映到具体的史学实践中,即为宏观的历史解释和深入的因果辨析,正如吕思勉在评价梁启超的治史特点时所言:"他每提出一问题,总能注意其前因后果,及其和环境的关系,和专考据一件事情,而不知其在历史中的地位的,大不相同。"[③]与此相适应,他们在史学表现形式上往往倾向于系统性的"著史",并凭借理论创新完成了对传统历史编纂学的接续与超越。在这一过程中,他们也依照各自的理解将唯物史观熔铸于史书编纂及对历史现象、历史事件、历史人物的分析和评价中。

唯物史观是总结了欧洲近代哲学、经济学、社会主义学说和历史学最高成果的科学思想体系,而初入中国史学领域时虽有被简单化和符号化为经济决定论的倾向,但无疑为史家提供了一套全新的方法论,即从经济视角展开对历史的解释。新史学学者对唯物史观的运用,就主要体现在这一点上。他们不仅在编纂史书时大大增加了经济的比重,而且尝试运用经济基础决定上层建筑的原理。比如,吕思勉曾在总结中国古代族制演变规律时明确指出:"族制的变迁,实以生活为其背景;而生活的变迁,则以经济为其最重要的原

---

① 周谷城:《世界通史》,河北教育出版社2000年版,第35—36页。
② 吕思勉:《历史研究法》,《史学与史籍七种》,上海古籍出版社2009年版,第37—38页。
③ 吕思勉:《史学上的两条大路》,《吕思勉遗文集》(上),第469页。

因。因为经济是最广泛，和社会上各个人都有关系，而且其关系，是永远持续，无时间断的。"① 旭君亦评价说："吕思勉先生中年以后接受了历史唯物主义的观点，按照马克思'以经济为社会的基础'的观点来研究社会历史的发展，因此《秦汉史》议论精深透辟，颇多创见。"② 周谷城的《中国通史》极为注重对经济状况的论述，而且将其视为社会组织变化的根本原因。很典型的例子，是他对秦汉时期法治取代礼治的阐释：

> 法治的要求，首先由于经济的发展。因社会一般的经济发展了，社会关系随着复杂起来。社会关系复杂了，次序的维持，便没有往日那么容易，往日的"德"与"礼"等等渐渐失去作用，而发生"法"的要求，这是一事。其次由于社会关系的变动。在一般的经济发展过程之中，贵族被奢淫生活所侵蚀，而逐渐腐化，逐渐没落，工商地主等阶级便随着各自的业务之兴起而兴起了。社会关系既然这样变了，则旧有的维持社会次序的方法，自不得不变。旧阶级所用之方法，自不能合新阶级之用。这是又一事。③

克服传统史学偏重政治的弊端，努力描绘社会全貌，是新史学的基本特征之一，也在某种程度上开了社会史研究的先河。但是，早期新史学主导下的国史重写，在社会经济以及人民生活等方面显然还十分欠缺。"五四"以后，新史学学者对唯物史观的接受和应用，无疑有力推动了历史叙述的广度与深度。他们所编纂的通史，虽仍以政治演进为主线，但大都呈现政治、经济、制度、文化等并存的格局，并且层次清晰，明显受到唯物史观有关社会结构理论的熏染。比如，张荫麟在铺陈商代历史时指出，"上面讲的是商人的'物质文明'。其次要讲他们的社会组织"，"关于商人的社会状况，我们所知仅此。其次要估量他们表现于生产方法以外的智力"。④ 唯物史观对新史学学者历史叙事模式的影响，由此可见一斑。而且，基于生产方式变迁的五种社会形态说也得到一些学者的认可。比如，周予同曾以此为理论依据对康有为的《礼运注》展开批驳，指出：

> 康有为最大的错误，是误认原始社会（即前阶级社会）的状态为社会发展最高段的未来的社会主义的社会……不仅歪曲了《礼运》的正确的历史观，而且违背了社会进化的原则。试问从奴隶社会、封建社会的小康世，不经过资本主义社会，用什么方法超渡到社会主义社会的大同世。如果从封建社会的小康世回退到前阶级的原始社会，那只是社会的萎缩，而不是社会的演进，而且为史实所必无。如果从封建社会的小康世突变为未来的社会主义社会的大同世，那又陷于空想的社会主义论，

---

① 吕思勉：《吕著中国通史》，上海古籍出版社2009年版，第31页。
② 李永圻：《吕思勉先生编年事辑》，载俞振基：《蒿庐问学记》，第488页。
③ 周谷城：《中国通史》，开明书店1939年版，第254页。
④ 张荫麟：《中国史纲》，第6、8页。

而不是科学的社会主义论。①

周谷城《中国通史》对历史演进的阶段性划分，也已经大略呈现出这一特点，只是尚不承认奴隶社会的存在，认为"希腊之奴隶社会，或出于天然的特别原因，中国历史，不能完全与他一致"②。而编纂《世界通史》时，其思想发生了变化，认为：

> 进化阶段，不能因难明而予以否认。世界各地历史的演进，无不有阶段可寻。典型的阶段为由氏族社会时代到奴隶经济时代，再到封建时代，再到前资本主义及资本主义时代，然后到社会主义时代。例如本书第一篇第三、第四两章所述六个古文化区，都有城市工商，都有阶级对立，都有奴隶劳动，都有城市国家，都有金属器物，都有文字记录；就这种种看，都与奴隶经济阶段相当。③

六个古文化区就包括中国，显然他在比较不同国家、地区的历史变迁道路后，愈加认识到社会形态理论的世界性和准确性。值得一提的是，他对阶级分析法的运用也颇为广泛。《中国通史》论述了不同时期的阶级构成和兴衰，考察其在历史演进中的作用，尤为注重阶级对立和斗争。比如，他阐述地主取代贵族掌握社会支配地位的过程，认为王莽改革后，随着"社会关系的剧变告终，贵族与农奴对立之局完全为地主与农民对立之局所代替"，而封建时期在整体上又分为剥削与被剥削两大营垒："一方面为官僚，为地主，为富商大贾等……压迫他人而剥削他人的……另一方面为农民，为手艺工人，为小商人等……被人压迫被人剥削的分子。"近代以来，随着经济的变化，这种关系又"转变为资本家与产业工人的对立关系"。④类似论述在新史学学者的论著中极为少见，应该说，周谷城所受唯物史观影响最深，无怪乎曾自言："几十年来，幸未发生过较大的与马克思列宁主义、毛泽东思想相违背的错误。"⑤

除已经去世和赴台者之外，新史学学者大都开始重新学习唯物史观，从而使学术研究提升到一个更高的境界。

结　语

新史学思潮为唯物史观的传入扫清了道路、培育了土壤，而唯物史观的广泛传播又反过来深刻影响了新史学的理论建设和具体研究，这一现象既反映出两者之间的共通性，又印证了唯物史观的科学性和先进性。"五四"以后，新史学学者对唯物史观给予普遍关注

---

① 朱维铮编：《周予同经学史论著选集》（增订本），第418—419页。
② 周谷城：《中国通史》，第113页。
③ 周谷城：《世界通史·弁言》，河北教育出版社2000年版。
④ 周谷城：《中国通史》，第290、1083、1084页。
⑤ 周谷城：《我是怎样研究起史学来的》，《文史知识》1983年第10期。

并加以选择性吸收、运用,虽与共产党领导下新民主主义革命的社会效应不无关系,但主要在于唯物史观为中国历史提供了崭新、合理的解释维度,并于诸多领域内取得卓著成绩,因为当时显然并未形成可以强迫人们信奉唯物史观的政治外力,而正是得益于唯物史观的助推,新史学学者才能在探求历史演进本质性和规律性认识的道路上走得更远,这也从侧面进一步折射出唯物史观影响之广泛。

第四章 "五四"以后"新史学"的延续：
萧一山的史学思想及清史编纂新论

萧一山（1902—1978），原名桂森，号非宇，江苏铜山人。幼年即随父在私塾中读书，入中学以前"已遍读四书五经及若干古典文学、史学名著"[①]。1918年，考入山西大学预科，自此专意治史，两年后考入北京大学。1924年，毕业后留校任助教。次年，入清华大学任教，主讲政治史并担任留美预备部研究指导。1927年，重回北大任教。1929年，创办文史政治学院，旋因经费不足停办。1931年，入南京中央大学任清史教授。次年，赴欧美考察，着意搜集天地会及太平天国史料。1934年回国，并将相关史料整理出版。1935年，任河南大学文学院院长、教授，并于1937年创办《经世半月刊》，力倡经世之学。1938年，任东北大学文学院院长、教授。1941年，与陈寅恪一起被南京政府评为第一批"部聘教授"（历史学）。1944年，任西北大学文学院院长、教授。抗战胜利后，他出任北平行辕秘书长，并在北大授课。1948年赴台，先后担任台湾近代史研究所专任研究员、台湾中央研究院院士等职，并与张其昀等共同主持台湾"清史编纂委员会"。他一生著述宏富，治学领域宽广，尤以清史研究造端宏大、成就卓著，也为中国史学的现代转型作出重要贡献。近年来，学界对其史学成就颇为关注，发表有不少相关论著。已有成果尽管不乏创新之见，但似乎未能真正把握其史学主旨，对其代表作《清代通史》的编纂特色也未能给予透彻分析。实质上，萧一山是梁启超"新史学"的承继者和开拓者，不仅在理论上展开进一步探索，而且将其运用到清史编纂的实践中，取得巨大成功。

第一节　深厚的师生情谊与博通的治史风格

从某种意义上说，近代史学是对乾嘉考史的反动，尤其是梁启超所倡导的新史学，借助西方新学理，以突出的忧患意识、深刻的批判精神和浓厚的爱国情怀，对传统史学展开全面检讨，并在吸收精华的基础上建构了新的史学理论体系，主张从宏观上对历史加以解释。"五四"前后，在新文化运动、新史料的发现和西方史学理论的广泛传播等因素影响下，接续而高于传统考据学的新历史考证学逐渐兴盛，为中国史学开辟了新的局面。以往认为，新历史考证学的兴起使得新史学迅速走向消亡，实则不然。这一时期，不仅梁启超

[①] 萧立岩：《萧一山传略》，载晋阳学刊编辑部编：《中国现代社会科学家传略》第10辑，山西人民出版社1987年版。

本人对原有体系加以深化、完善，而且还有一大批学者沿着这一路径，在理论建设和具体研究两个方向同时展开，为避免中国史学彻底陷入烦琐考据和整理史料的局面做出不菲贡献。萧一山正是新史学的重要承继者和开拓者，与梁启超结下了深厚的师生情谊，在学术上深受其影响，形成了博通的治史风格。他曾明言：

> 余一生所钦佩者二人：一、孙中山先生，二、蔡孑民先生……除此则感恩知遇者，梁任公先生一人而已。梁先生之精神伟大，非一般人所能喻，余面承教诲，身体力行，一生行事，绝不敢违背孙、蔡、梁三公之精神，此余敢以自誓者。①

萧一山自幼酷爱史学，对《史记》、《史通》、《通志》、《资治通鉴》、《日知录》、《文史通义》等均"用过功夫"②，并在父亲影响下熟知公羊学要义。上述知识积累潜移默化地塑造了其学术品性，后来他"极力提倡通史通儒通才"③与中国史学讲求通识、致用的优良传统不无关系，故而，当他接触到以进化史观、爱国主义改造这一传统的新史学时，就迅速引起思想上的共鸣，将其作为清史编纂的理论指导，同时又继承章学诚、梁启超等在史书体裁上的综合创新意识，把新式章节体与传统体裁熔于一炉，撰成了中国第一部体系完整、规模宏大的"新式"清史④。就此，我们不难理解为何当蒋百里把《清代通史》上卷书稿拿给梁启超时会得到梁的激赏，并亲为之序，称："萧子之于史，非直识力精越，乃其技术，亦罕见也……遵斯志也，岂惟《清史》？渔仲、实斋所怀抱而未就之通史，吾将于萧子焉有望也！"⑤编纂符合新史学宗旨的中国通史，是梁启超始终未能完成的宏愿，而萧一山的勇于实践显然让他倍感欣慰，遂推荐萧氏到清华任教。

作为初出茅庐的青年学子，能得到当时史学泰斗如此高的评价，萧一山所受鼓舞可想而知。他窥得学术门径，并渐次登堂入室，显然都与梁启超的指导和提携密不可分。他曾回忆说："年十九，由晋转学北雍，得阅京师藏书，于清史尤致力，成书约五十余万言。受知于新会梁先生，介而教授清华，与共朝夕，始窥学术樊篱，续成清史乾嘉道三朝事，约六十万言。"⑥而晚年对清史编纂进行自我评价时又谓："《清代通史》系余一生事业之总结……顷四十余年之心力，写四百一十万言之通史，仿浃漈实斋之义例，贯中外史学之通则，自信尚能'通古今之变，成一家之言'，不愧梁任公先生之期许也。"⑦凭一己之力，耗时40年，践行恩师的史学主张，成就修史大业，堪称学术界的一段佳话。

---

① 萧一山文集编辑委员会编：《萧一山先生文集》，台北经世书社1979年版，第586页。
② 江地：《萧一山传略》，《社会科学战线》1987年第2期。
③ 萧一山：《非宇馆文存》卷十，载沈云龙主编：《近代中国史料丛刊》第88辑，台北文海出版社1973年版，第59—61页。
④ 王家俭称："论及萧先生的史学，首先当知他是开清史研究之先河的人物。"又谓："《清代通史》即为民初以来清史中体系最为完整的第一部著述，故谓其开风气之先实不为过。"（《萧一山先生文集》，第735、736页）
⑤ 萧一山：《清代通史》"梁启超序"，华东师范大学出版社2006年版。
⑥ 萧一山：《非宇馆文存·自序》，载沈云龙主编：《近代中国史料丛刊》第88辑。
⑦ 萧一山文集编辑委员会编：《萧一山先生文集》，第583、586页。

新历史考证学与新史学的核心差异,就在于前者本着为学问而学问的精神致力于考证历史真相,而后者则出于强烈的现实关怀致力于解释历史进程,颇近似于古代史学的"专"与"通"、"求真"与"致用"。当时,鉴于"破"的目的已经达到,新史学的首倡者梁启超遂将重心转移到史学理论体系的进一步完善上,表现之一就是,在坚持以历史解释为史学终极目标的基础上,强调史料的搜集和鉴别,从事部分考据工作,这在一定程度上对"考史"风气的弥漫起到推波助澜的作用。不过,梁的考据却被时人批评为"非稗贩东人,则错误纷出,几于无一篇无可议者"①,并就此贬低其史学贡献。对此,萧一山给予严词批评,尽力维护梁启超的学术地位,明确揭示出其史学主旨所在,并大力倡导广博、通贯的史学方法论,"以破支离分裂之考征,辟饾饤补苴之功力为事",认为历史研究可以划分为"考据与史学"两个不同层次,直斥"今之人受所谓整理国故者之影响,以考订破碎为学,而讥博约者为粗疏,此梁任公先生之所以见轻于人,而弟之所为深痛者也",又谓"汉学足以亡清,国故亦足以亡中国"。②这从他所撰《悼张荫麟君》中的一段话可以看得更清楚:

> 我自己有一套理论,就是极力提倡通史通儒通才……反对当时饾饤琐碎风靡一世的考据派史学……任公先生说我有胆量有见识,但他不愿公开提倡,因为他受了"新汉学"派的歧视,颇欲争一日之长,实则他老先生的成就,已远绍亭林,近逼实斋,绝非"新汉学"家所比拟,而荫麟兄今日对于学术界最大之贡献,亦即在此。可以说是任公先生的薪传,荫麟兄实为接承之第一人,使二人地下有知,必当含笑谓余知言也……须知宏博不难,而坚实为难,宏博而不坚实,则有疏浅之弊,"新汉学"家之攻击通儒通才,常以此为口实。任公先生之见訾于人,即由此故,实则任公先生能谓之疏浅乎? 乃别派不明学术之源流,有意有此谬说,荫麟兄所谓任公先生之贡献于史学全不在考据,而在史才,其识见固已超越恒流。③

从研究范式和学术风气上讲,梁启超和胡适分别开辟了以历史解释和历史考证为中心的史学科学化道路。很显然,在萧一山的学术体认中,他和张荫麟同属梁启超新史学一脉,以疏通为史学旨归,极力反对史学走入史料整理一途。在他看来,"史学本为一综合科学,必广览洽闻,得博约之旨,而后始能无偏执固陋之弊,是史学又以贯通为务,殊非仄深之士所能喻也"④,因此批评胡适"以'家世汉学'走入支离破碎之途,号曰以科学方法整理国故,其实他所用的'大胆假设,小心求证'的方法,是一种演绎法,清代的汉学家,已有此弊。又不能真正抉发'国故'的精华,仅是些抱残守缺的考据事业,所以

---

① 张荫麟:《跋〈梁任公别录〉》,载李红岩编:《素痴集》,百花文艺出版社2005年版,第194—195页。
② 萧一山:《非宇馆文存》卷九,载沈云龙主编:《近代中国史料丛刊》第88辑,第33页。
③ 萧一山:《非宇馆文存》卷十,载沈云龙主编:《近代中国史料丛刊》第88辑,第59—61页。
④ 萧一山:《非宇馆文存》卷四,载沈云龙主编:《近代中国史料丛刊》第88辑,第134页。

与科学的距离,一天一天的远了"①,认为这一派"只可以说是考据家,如果也称他们是历史学家,那就不对了"②。上述批评虽言辞犀利,一针见血地点出了烦琐考据的危害,但也因心存门户之见而未免抹杀太甚,未能理性看待新、旧历史考证学之间的本质区别③,不过却也充分折射出他在梁、胡之争中的鲜明立场,而两种学风之间的巨大张力,更由此可见一斑。

第二节 中西交融下史学理论的新探索

20世纪初,梁启超首倡新史学,以鲜明的立场对两千年旧史展开激烈批判,并围绕什么是史学提出了一系列观点,即:主张在史观统摄下对历史加以解释,探索人类社会的发展规律;坚持"求真"前提下的史学致用观,主张发挥史学的社会功能;崇尚系统性的大规模"著史",并讲求史书表现形式的多样化;主张突破政治史范畴,描绘人类社会生活全貌;重视史学与其他学科的关系,倡导跨学科的治史方法等,初步建构起与中国传统史学相区别,与西方现代史学相接轨的理论范式,吹响了中国史学转型的号角,并引起人们历史观念和史学观念的深刻变革。"五四"以后,除了新历史考证学和马克思主义史学开始崛起外,新史学也在新的时代条件下继续发展,逐渐由思潮转为流派。有的学者将理论付诸实践,编纂出许多有影响的新式史书;有的学者充分把握西方史学大量涌入的契机,积极进行理论的二次提升;有的学者则于上述两方面同时用力。萧一山属于第三类。

事实上,新史学这一概念在民国学术界的使用存在明显的泛化趋势,几乎所有史家都以此看待自己所从事的事业,所怀有的目标也并无二致,即:融合中西以成新的史学话语体系,只是在实现途径上却往往大异其趣。与新考证派不同,萧一山认为,一个合格的史学家,绝不应止步于事实真相,必须考察史实之间的因果关系,进而从整体上解释人类历史进程,并总结出带有永恒性和普遍性的发展规律,这才是史学的根本任务和终极目标。他明确指出:

> 历史既包罗万象,如何能贯串得法,措置合宜,始综合文化政治经济三方面的事态,可得历久长新颠扑不破之理则呢?这才是史家所蕲求的……研究历史的人,必先懂得史律史法,不可以小学的专家自限。④
>
> 史学者,钩稽史实之真相,为有统系有组织之研究,以阐明其事变演进之迹,并推求其因果相互之关系者也。⑤

---

① 萧一山文集编辑委员会编:《萧一山先生文集》,第499页。
② 萧一山:《非宇馆文存》卷二,载沈云龙主编:《近代中国史料丛刊》第88辑,第131页。
③ 参见陈其泰:《新历史考证学与史观指导》,《中国史研究》2012年第2期。
④ 萧一山文集编辑委员会编:《萧一山先生文集》,第432—433页。
⑤ 萧一山:《清代通史·导言》。

至于他所运用的解释工具，则是进化论。经过新史学思潮的涤荡，进化史观逐渐取代传统社会中占据主导地位的循环史观、倒退史观等，成为一般人认识历史的基本观念，更内化为史家的学术自觉。萧一山就认为："社会是进化的，历史是积累的，文化、社会、政治、经济各方面的发展，都有必然的内在的密切关联的，必顺其自然的发展，而后能形成一种自然的进化史律"，"世界进化为人类颠扑不破的真理"。[①]不过，20世纪初期的线性进化论虽然在唯物史观兴盛以前一直主导着史学界，但于内涵和运用上都表现出简单化和机械化的弊端，已经无法满足解释人类社会复杂进程的需要，引来不少学人的批评或重新思考。比如，章太炎就曾撰写《俱分进化论》加以驳斥[②]；梁启超本人也曾予以部分修正[③]。而萧一山在综合中西史学、文化的基础上，勇于独立思考，并大胆提出新的见解。他曾设想说："世界上所谓进化论者，也不是说一往直前，有进无退的。有人以为进化如波涛起伏，有人以为进化如螺旋上升。我的想象是大小循环，双重进化，如地球之自转与公转然。"[④]试图将传统史学常用的盛衰循环观纳入进化论范畴，以解释变幻莫测的历史现象。

同时，他又紧跟时代步伐，用辩证法的三大定律丰富其历史哲学。只是，他在本体论上持折中态度，进而认为历史解释上的唯心和唯物倾向"皆不免各有所偏颇，唯用'社会的方法'以研究之，则无是弊。即愚所谓普通史之社会一般现象也。盖用此法，则两观并用，心物兼摄，而以时间空间为枢纽，无挂一漏万之弊"[⑤]。再者，受民族主义思想影响，他将辩证法视为中国文化所固有，认为"我国在二千年以前即已发明，且为中国文化之精华"，即孔子的中庸之道，而且认为它"以精神与物质并重，实在比他们（指黑格尔和马克思）更进一步"[⑥]，并将其称为"不变之通则"，"用在历史方面，叫做'历史定律'，用在社会方面，叫做'进化法则'，用在科学方面，叫做'宇宙真理'，用在哲理方面，也可称'辩证逻辑'"[⑦]。赋予传统概念以近代内涵，表面看来抹杀了两者间的根本区别，实则折射出的是他急切的民族文化复兴心理，而在历史解释上持兼顾心、物的"综合史观"，相较单线进化论而言，无疑是很大的进步，并且这一学术取向不单单表现在他一人身上，张荫麟、杨鸿烈、陆懋德等都有类似主张[⑧]，反映了新史学派在史观领域所达到的理论高度，而

---

① 萧一山文集编辑委员会编：《萧一山先生文集》，第48、211页。
② 章太炎：《章太炎全集》（四），上海人民出版社1985年版。
③ 梁启超：《研究文化史的几个重要问题》，《饮冰室合集》文集之四十，中华书局1989年版。
④ 萧一山文集编辑委员会编：《萧一山先生文集》，第267页。
⑤ 萧一山：《史学之研究》。此文现藏于国家图书馆普通古籍阅览室，出处不详，文末标注写作日期为1922年1月10日。
⑥ 萧一山：《非宇馆文存》卷一，载沈云龙主编：《近代中国史料丛刊》第88辑，第8页。
⑦ 萧一山文集编辑委员会编：《萧一山先生文集》，第528、218—219页。
⑧ 比如，张荫麟意欲"举过去主要之'历史哲学'系统而一一考验之，抉其所'见'，而祛其所'蔽'，于是构成一比较完满之历史观"（《传统历史哲学之总结算》，《国风》1922年第2卷第1号）；杨鸿烈认为"诸种不同的解释，在某种限度内可以靠得住，要是过了某限度，那就要错误了……最稳健地说来，历史发展的状态，复杂无常，实在是受多方面的影响，断不是一个单纯的原因所能解决得了的……我们要是综合诸派的意见来解释，那就可无大过的了"（《史地新论》，晨报社出版部1924年版，第64—65页）；陆懋德则指出："历史变化，须从物质及心理二方面解释之。余亦谓二者当参用而不可偏用。如偏于心理，则流于虚玄论之病。如偏于物质，则流于机械论之病"（《史学方法大纲》，北京师范大学研究所资料室1980年版，第84页）。

这与唯物史观的日渐兴盛不无关系。当时，他们一般将唯物史观界定为"经济史观"，萧一山就称"此说为历史之经济的解释……故比较言之以'经济的历史观'一辞为妥"①，故而在肯定其合理性的同时，指出它与其他史观一样失之偏颇，无法完全解释复杂的人类历史进程，遂力倡综合考察政治、经济、文化之间的关系以得出完整的认识。对此，胡秋原曾给予充分肯定，认为萧一山在当时学界以史料为史学的风气下，"肯定史学要研究历史的因果关系，说唯物史观值得注意，但是，历史必须是文化、政治、经济的历史，必须注意三者及三者之关系……真是难能可贵的"。②

除进化史观外，萧一山还在继承经世传统的基础上，将新史学有关史学功能的理论推进到新的层面。他认为，中国学术的本源，"只是'经世'两个字，引而申之，可谓'经世致用'之学"，但汉学"驱使一般聪明才智之士，竭其毕生精力，往'故纸堆里'钻"，宋学则"让一般聪明才智之士，竭其毕生精力，往'鬼狐禅'路上走"，③均失其精义，民国以来，"有些人埋首研究，'为学问而治学问'，成绩亦颇斐然，但褊鄙自是，忽视一切，不知指导社会，照顾人生，和现实联为一气，仍受经学家擘绩补苴之遗毒"④，而这种学风"致使史学人才不能负荷时代所赋予之使命"⑤。因此，他大力倡导经世之学，并将史学置于所有学科之首，明确指出："而今文化革新，国运衰替，士子多瞩目瘁心于事变之哲理，与夫实用之科学；于史学之綮要，乃鲜有注意及之者。不知增进文明，浚疏人智，史学之在今日，较他学科为尤要焉。"⑥在他看来，"史学为基本学科，人之求学，为扩充经验增智识也，史学即经验之宝库，智识之锁錀也，不有史学常识，而大言精诣于某学科，是犹矗立之柱而无础也，植愈高则危险愈甚"⑦，继而指出："人类为什么需要历史？就是因为人类需要将过去所发生的现象，以及现在所演成的局势得到一个综合的认识，而人类可以利用这宝贵的经验，来促成社会的进步！支配社会，创造社会，才能使社会调和而不至冲突倒演。"⑧与早期新史学从政治视角出发将史学视为爱国心之源泉不同，萧一山乃从知识、经验的角度立论，并将过去、现在、将来视为不可分割的整体，因而史学就成为关乎整个人类社会走向的学问，显然更为理性、丰富、深刻。

值得一提的是，史学与文学的最大区别，就在于前者不能脱离史实向壁虚造，因此史料的搜集、鉴别实为治史的基本手段。早期新史学在理论体系的建构上对此确实有所忽略，"五四"以后则着意弥补，梁启超《中国历史研究法》中的相关阐述甚至对新历史考证学的兴盛起到助推作用。萧一山也明确指出文、史学科的性质差异，认为"历史虽不能全真，也要近真，才有价值。否则，'满纸荒唐言'，那不成为小说了么"，并强调说："考

---

① 萧一山：《史学之研究》，出处不详，1922年1月10日。
② 萧一山文集编辑委员会编：《萧一山先生文集》，第765—766页。
③ 萧一山：《非宇馆文存》卷三，载沈云龙主编：《近代中国史料丛刊》第88辑，第7、17页。
④ 萧一山：《非宇馆文存》卷二，载沈云龙主编：《近代中国史料丛刊》第88辑，第97、94页。
⑤ 萧一山：《非宇馆文存》卷四，载沈云龙主编：《近代中国史料丛刊》第88辑，第134页。
⑥ 萧一山：《清代通史·导言》。
⑦ 萧一山：《非宇馆文存》卷五，载沈云龙主编：《近代中国史料丛刊》第88辑，第10页。
⑧ 萧一山：《非宇馆文存》卷二，载沈云龙主编：《近代中国史料丛刊》第88辑，第130页。

信的功夫，是治史者应有的精神……最好是'小心求证'，不要'大胆假设'。"①因此，他"并不反对合乎'经世'之旨的义理考据与词章……却反对静坐空谈的义理，饾饤琐碎的考据和吟风弄月的词章……提倡合乎'经世'之旨的自然科学与社会科学……却不提倡以读书空谈写作为能事而实际受了汉宋学遗毒的目前国人之所谓科学"②。

新史学之治史鹄的在于寻求人类历史演进的基本法则，进而发挥史学的社会功能，这要求对长时段历史具有高度的宏观掌控力，而往往借助于大规模的"著史"来实现，并在史学范围上力求突破政治史范畴而描述社会整体情状，因此这一派的学术成就在实践层面大都体现于历史编纂领域。萧一山在努力推进新史学理论建设的同时，以此为指导开展清史纂修工作，以非凡的气魄和毅力完成一部410余万字的《清代通史》。他曾自言："四十余年来，孜孜矻矻，惟以读书著史为业，真不知老之将至。"③这部皇皇巨著倾注了他的全部心血，是新史学在断代史领域的成功范例！下文将分几个方面，对其主要特点加以总结、分析。

第三节 "以义为全书之精神所在"

事、文、义，是中国传统史著的基本元素，优秀史家无不融三者于一炉，而以史义为灵魂统摄全书，包括对历史进程的把握、对历史现象的分析、对历史事件的判定以及对历史人物的评价等，这是西方史学所谓史观能够传入并生根发芽的文化土壤。《清代通史》的最大特色，也是核心价值，就体现在史义的贯彻上，而非细密的考据或华丽的词章。张其昀的评价可谓切中肯綮："考据义理与辞章三者，虽性质不同，然相须而成，其归一揆。譬之人身，考据其骨干，辞章其肌肤，义例其灵魂也。必须断之以义，始尽史之能事。三者之中，孔子自谓有取于义，一山通史，亦以义为全书之精神所在。"④

萧一山深受传统经世精神和近代民族主义影响，又对中国所遭受的压迫有切身体会，因此努力探寻文化复兴之路，尤其看重史学的功用，而刚刚过去的清代历史特别是晚清部分，无疑最具参考价值，这是他将清史作为研究志向的思想动因。当然，他的治史路径与重在考证史实的孟森等人存在根本性差异，不将清史视为无数历史事件的堆积，而是看作环环相扣、紧密联系的整体，力求通过深入分析史实间的因果关系，得出有规律性和有价值的认识，因此绝非那些编纂史书时只知"条列史实，缺乏见解"⑤者可比。他明确指出：

> 夫历史事变，具有因果，首尾相承，累代一贯；吾人既不能于其间有所缍断，则历史亦不当于彼此有所分割。且社会演进之象，又属"有渐无顿"；而人类旧习之

---

① 萧一山文集编辑委员会编：《萧一山先生文集》，第469、467页。
② 萧一山：《非宇馆文存》卷三，载沈云龙主编：《近代中国史料丛刊》第88辑，第126—127页。
③ 萧一山文集编辑委员会编：《萧一山先生文集》，第583页。
④ 萧一山文集编辑委员会编：《萧一山先生文集》，第675—676页。
⑤ 顾颉刚：《当代中国史学》，辽宁教育出版社1998年版，第77页。

保存，亦为人性自然之倾向，其结果即成历史上所谓"历史之继续"……盖以人类习惯无骤变之迹，亦无骤变之理；此语殆成史学上最重要之原理。①

在他看来，历史的发展是前后一贯、不可分割的，因此任何历史现象的产生都不能一蹴而就，必然有长期的积累。故而，他编纂清史时特别注重连续性和整体性，力求做到丝丝入扣，以最大限度地降低历史的断裂感。包遵彭曾评价说："根据中外史料，以阐明其事变演进之迹，并推求其因果相互之关系，斯真可达渔仲实斋所谓圆通之旨，而尽新史学有系统有组织之能事矣。"②

上述思想贯穿全书，几乎随处可见，而最突出的表现无疑在于提出了"民族革命史观"，以此为中心对近300年的清史展开解释。他认为：

> 天地会之进为太平天国，太平天国之进为国民革命，皆时代使然……我国近三百年来民族革命之事业，如剥春笋，层层进里，如行百里，步步成功……民族革命运动，遂成为中国近代史之骨干与史心。易言之，即三百年来之中国近代社会，整个受民族革命之支配，一切皆依其为枢纽而变动……就近代史实之演变，民族革命固有其一贯性与连环性：反清、倒帝、抗日、抗俄，逐步成功；社会、文化、政治、经济，同时改造；冶近代思想于一炉，期中庸文化之复兴。因果叠乘，源流隐现，非溯自秘密社会之运动，东西国际之交通，不足以毕其真而括其全。三百年来之社会变迁，其端绪由爱新入主启之，道、咸而后，始为剧烈变动之时代，民国则急转直下矣。故清史亦可谓中国民族革命史，以其与民族革命之源流相终始耳。③

对于这一产生深远影响并引起广泛争议的史观，我们应该辩证地看待。首先，它是新史学讲求历史法则在清史领域结出的硕果，具有重要的学术示范意义，为民国学风的多样化贡献力量，并且充分反映出萧一山的独立创新能力，可谓成一家之言。正如王家俭所言："此一史观，容或以见仁见智之不同，而有所争议，然而不论读者赞同与否，或其价值若何，其能独抒所见，自立一说，将中国近三百年来历史上的大潮流、大趋向，一气贯通，作一个有系统的解释，则不能不令人为之赞佩。"④其次，它的产生是近代以来中华民族不断遭受外来侵略和压迫的必然结果，是符合历史潮流、具有突出时代意义和进步性的史学思想。再次，萧一山的目的，在于唤醒国人的自信心，团结人心以挽救危局，同时也隐含着深层次的民族文化复兴理想。他并非狭隘的民族主义者，明言："中国从来没有狭义的民族主义，因此才能融合'四夷'，以成今日'五族共和'之盛。"⑤最后，切不可忽视

---

① 萧一山：《清代通史·导言》。
② 萧一山文集编辑委员会编：《萧一山先生文集》，第675—676、683页。
③ 萧一山：《清代通史·导言》。
④ 萧一山文集编辑委员会编：《萧一山先生文集》，第738页。
⑤ 萧一山：《非宇馆文存》卷一，载沈云龙主编：《近代中国史料丛刊》第88辑，第13页。

这一史观的局限性,应作两段式评论。就晚清历史而言,将民族革命视为基本线索之一自然具有相当的合理性,但若将之前的历史演进主线也归结为民族革命,认为政治、经济、文化"之所以能互为影响,则又以异民族之统治压迫造其因"①,不仅有失偏颇,而且混淆了民族内部矛盾与反抗外来侵略的民族革命之间的性质,并非科学的民族观点。正如张海鹏所言:"萧一山不承认阶级分析的方法,所以将中华民族内部的民族矛盾与帝国主义之间的民族矛盾无法科学地分开。"②尤其是,他后来将反共抗俄也纳入民族革命史观,则显然是"经世"过了头,偏离了学术研究的轨道。

此外,萧一山曾针对陈恭禄的批评反驳说:"史学外尚有史识在也。人才之优劣,与社会之关系,不加论断,则史书之义何在?"③因此,全书具有突出的史论特色,或长篇宏论,或画龙点睛,要皆据事而发,持论公允,入木三分。比如,他在评价清代历史人物时基本能够做到"知人论世",以历史人物是否有功于当世,是否对国家民族的进步有所建树为主要标准;将历史人物置于历史演进的大势中作考察,放在时代发展的总链条中分析;并善于以比较的方法突出历史人物的不同个性等。他极具卓识地揭示出梁启超对革命的独特贡献,认为"其实革命与共和之思想任公未尝变,特不言种族与排满耳。其有助于革命之成功,效力固丝毫未减,内地之宣传,人心之趋向,大半任公之力。当余总角受书时,即曾读其家喻户晓之《中国魂》,而固不知有《民报》与《革命军》也。以后再造共和,扑灭复辟,其遗徽更不可磨灭矣";恰当地总结梁氏的学术成就和特点,认为"其成就大体在史学,史学之本质即为通博。蔡子民先生曰:'夏曾佑学识通博,过于章炳麟,炳麟学人,学人难,通人更难,学人守先待后,通人则开风气者。'……若以开风气论,则曾佑不逮任公远甚……倘以子民先生语移于任公,则可谓确当不易矣"④。可谓眼光精准,见解精到。

第四节 政治、经济、文化均衡诠叙

近代以来,随着君主专制制度的趋于瓦解,与之相适应的以帝王将相为中心的历史叙事模式也逐渐被打破,取而代之的则是新史学对"民史"的倡导。他们强调历史是"整个的"⑤,史家的职责在于写出社会全貌,叙述政治、经济、军事、民族、文化、外交等各个方面的互相作用及其对历史演进的影响,而尤为重视发掘和记述普通大众的社会生活。

---

① 萧一山:《清代通史·导言》。
② 张海鹏、龚云:《中国近代史研究》,福建人民出版社2005年版,第95页。
③ 萧一山:《非宇馆文存》卷九,载沈云龙主编:《近代中国史料丛刊》第88辑,第28页。
④ 萧一山:《清代通史》第4册,第408—409、413页。
⑤ 比如,梁启超认为:"人类活动状态,其性质为整个的……治史者须将此'整个而活'的全体相,摄取于吾心目中"(梁启超:《中国历史研究法》,《饮冰室合集》专集之七十三,第34—35页);杨鸿烈认为现代历史学家应着眼于"人类的整个文化"(《历史研究法》,第46页);陆懋德指出:"盖人类历史原来是整个的"(《史学方法大纲》,第9页);吕思勉亦多次强调说"社会是整个的"(《历史研究法》,《史学与史籍七种》,第15页)。

《清代通史》的另一大特色，正在于采取政治、经济、文化均衡诠叙的编纂原则。

萧一山具有创造精神，在史著结构和风格上有明确追求，在"叙例"中鲜明地标示其编纂主旨：

> 本书所述，为清代社会之事变，而非爱新一朝之兴亡……近世唯物史观之学说兴起，谓……历史之因革，尤以经济为转枢……吾人既不能不认生计为历史上最重要之问题，亦不能认文化政治纯受经济之支配。盖普通史之内容的评价，为文化、政治、生计三者：文化在社会上占最高地位，故能指导一切；政治握社会上最大权力，故能支配一切；而个人之生存，社会之维持，又端赖生计，其感受性最敏速最普遍者也。本书取普通史例，故三者亦均衡诠叙之。①

他借鉴西方史学中"普通史"的做法，②纵的方面，要考察清代历史的变迁过程，清代与其之前的明代史、其后来的民国史之间的联系；横的方面，要叙述清代社会各环节以及各地区、民间的情状和相互影响。换言之，其所欲记述的乃是涵盖清代社会方方面面的一代全史，而非简单的皇朝兴亡史，亦即突破旧史偏重政治记载的束缚，对清代三百年的政治、经济、制度、军事、外交、民族关系、民众生活、学术文化等诸多面相均给予全方位的系统深入的探索和论述。本书虽为断代史而命名为通史，原因即在于此。故而，本书在梳理清代政治盛衰大势的同时，对清代社会的经济如土地、人口、农业、工业、商业、税收、国际贸易等各项，无不一一详细阐述。而且，萧氏还充分重视各族人民的生活状况，对于汉族以及南方、北方各少数民族的衣、食、住、行、宗教、习俗等内容，也详加记载，阐述其形成与流变，提出诸多个人鲜明的见解。相较以往史著而言，这些无疑具有首

---

① 萧一山早年确曾受到唯物史观的较大影响，曾在《史学之研究》一文中专设一节"唯物史观在史学上之价值"。一方面，他称唯物史观为经济的历史观，肯定其对社会经济的重视。另一方面，他对唯物史观重视人民群众的做法表示高度赞赏，认为其"于人类本身之性质内，求达到较善之社会情况之推进力与指导力"，"给人以奋发有为的人生观"，因此一改以天意解释一切的传统，而"视社会上之一切活动变迁，全为人力所造，而此人类本身具有之动力，可以在人类之需要与赖以满足需要之方法中认识者也"。故而，他指出："唯物史观在史学之价值，既如此其重大，而人生所被之影响，又如此其紧要，我辈不可不明其真义，藉得一新人生之了解。我辈当知，一切过去之历史，乃我辈本身具有之人力创造而来，非圣人于上帝所赐也……我辈应自觉势力，联合而应生活之需要，以创造一种世界的平民新历史。"

② 在这一点上，萧一山明显是发挥梁启超的相关论点。梁氏早在《原拟中国通史目录》中即按照政治之部、文化之部、社会及生计之部的分类方式加以立目，后又在《中国历史研究法补编》中对三者的关系详加阐释，指出："我以为人生活动的基本事项，可分三大类，就是政治、经济、文化三者……这是很近乎科学的分法，因为人类社会的成立，这三者是最主要的要素。拿人的生理来譬喻吧。有骨干才能支持生存，有血液才能滋养发育，有脑髓神经才能活动思想。三者若缺少其一，任何人都不能生活。一个人的身体如此，许多人的社会又何尝不然。拿来比较，个人的骨干等于社会的政治，个人的血液等于社会的经济，个人的脑髓神经等于社会的文化学术，一点儿也不差异。"（《饮冰室合集》专集之九十九，第123页）萧一山亦将三者之间的关系做过类似形容，指出："犹之乎一个人，要有精神，有骨骼、有肌肉，方才能称为健全之人。假如只求肌肉丰满，不管精神如何萎靡，骨骼如何脆弱，岂非行尸走肉？假如只求骨骼坚实，不管精神如何颓丧，肌肉如何瘦削，岂非一架标本？而精神又必附丽于骨骼肌肉之中，才能发挥作用，绝没有单独的精神存在着。"（《萧一山先生文集》，第26页）

创价值。据粗略统计,萧氏专论和涉及经济、人民生计的论述,达到全书的五分之一,无疑是写史未曾有见的新创制,无怪乎李大钊称其为"有清一代之中国国民史"①。

如此丰富的内容必须有极为翔实、准确的史料作支撑,而本书在取材上也尤有特色。张其昀评价说:"自前代政典,州郡方志,金石图谱,诗文专集,官府簿籍,以至私人撰述,无不网罗散佚,以备一代之始末。"②金毓黻则谓:"阅萧一山氏《清代通史》。赡而有法,择言能精,所谓词尚体要者,殆谓是欤?乍阅萧书,似不如稻叶岩吉之作,迨细参之,则萧作为胜。选材精当,一也;采摭繁富,二也;摘词安雅,三也。"③《清代通史》仅上卷所参考的书籍就达五六百种之多,其余各卷更不胜枚举,而大量档案史料的运用无疑是其中最引人注目者。拜时代惠赐,萧氏有幸参与内阁库档的整理,而这些常人难以得见的珍贵史料无疑为其清史之作提供了重要保障。在人类史学发展上产生深远影响的兰克学派的一大标志即为对档案史料的重视和运用,而萧氏本人对档案价值也有清醒的认识:"此虽案牍之言,实难尽信,然较之官书,胜万万矣!"又谓:"清代史料,备极繁赜,披沙拣金,掇摭甚难。本书取裁,自必力求详确,凡讪谤失实,粉饰已甚者,当推求其真相之所在,而辨正之,书必可征,未敢轻道也。"④他本着"信以传信,疑以传疑"的态度,对未能确考的史料绝不滥用,而忠实指出何者可信何者可疑。他又极为重视私家记载和野史纪闻的史料价值,不作一笔抹杀,于官方文献不足征之处以此作为辅助;同时颇为擅长引诗以证史,于民谣亦多有援引,这些均使其著作既不失真实而又生动活泼。此外,他在史料处理上往往采用大段原文征引的方式,力求保持原貌,此虽有违史家为文力求简练的传统,但却保存了大量极为珍贵而又原汁原味的清史资料,给读者留下充分的咀嚼空间。

第五节 运用章节体编纂大型史书的成功范例

任何史学著述都离不开一定的体裁形式,其运用得当与否,直接影响到史书内容的深度和广度。中国史学历来有重视体裁的优良传统,并随着时代的发展不断创造出新的编纂形式,先后产生了编年、纪传、典志和纪事本末等几种主要体裁。"17世纪以后,在历史编纂上出现了一种探索新综合体的趋势"⑤,其主要特点,在于突破单一体裁的限制,糅合几大体裁之长,创造出既能反映历史演进大势,又能涵括社会丰富内容的综合体裁。步入20世纪以后,随着新史学的兴起,西方章节体迅速风靡全国,成为最流行的史书编纂形式。与此同时,新综合体的趋势也在延续,并有了新的内涵,即:寓传统体裁的精华于章节体之中。《清代通史》正是章节体在大型史书编纂中的首次成功运用,但同时又广泛吸收了传统体裁的优点,从而具有鲜明的民族特色。

---
① 萧一山:《清代通史》"李大钊序"。
② 萧一山文集编辑委员会编:《萧一山先生文集》,第675页。
③ 金毓黻:《静晤室日记》"1929年9月5日",辽沈书社1993年版,第2323页。
④ 萧一山:《清代通史·叙例》。
⑤ 陈其泰:《历史编纂与民族精神》,国家图书馆出版社2011年版,第104页。

全书共分3卷17篇，上卷包括后金汗国之成立与发展、明清之兴替与满洲典制述要、一统期之政略与三藩之乱、清初中国社会之组织、外之交通与会约、康雍时代之武功及政教、清初学术思想之大势等，中卷包括乾隆之鼎盛及嘉庆之中衰、清代前期之经济状况、经学隆盛时之清代学术、十九世纪之世界大势与中国等，下卷包括太平天国之始末、咸丰之忧患与同治中兴、光绪前期之政治与外交、清代后期之社会与经济、今文学运动与东西文化之输入、宪政运动与国民革命等，每一篇下再细分章、节、目，并且连续编号以突出历史的连续性，层层统摄，前后连贯，浑然一体，大致按照清初、康雍、乾嘉、晚清的时间顺序展开叙述，在内容上则兼顾政治、经济、文化等，将章节体层次清晰、逻辑严密、容量宏富的优点发挥得淋漓尽致。尤其是，当时学界多将章节体运用到中国通史编纂中，而习惯于将历史划分为上古、中古、近世等几大时期，每个时期中先用较多章节叙述政治演进，后用一到两章叙述社会组织、制度、经济、文化等。对此，萧一山批评说：

> 今之治普通史者，多以文明史附丽于每期之后；是不啻以一史划割为两部，而为政治史文明史之混合物也……是非读书之不能融会贯通，作者之例，有以致之也。今拟力矫此弊，统摄诸种现象于一小时期中而并述之。①

他把"通"的精神贯彻到章节体中，不将清史分为政治、文明两大部分，而是细分为几个小时期，从政治、经济、文化等视角对每个小时期进行综合叙述，分析彼此间的内在联系，以最大限度地保持历史的整体性。

值得注意的是，纪事本末体与章节体之间存在共通性，都便于体现历史演进的大势，符合新史学的要求，章节体顺利传入中国的内在基础正在于此，而学者在对所撰史书体裁的自我体认上，往往不称章节体，而更多地强调对纪事本末体的继承和发展。比如夏曾佑在《中国古代史》中自言："五胡之事，至为复杂，故纪述最难。分国而言，则彼此不贯；编年为纪，则凌杂无绪，皆不适于讲堂之用。今略用纪事本末之例，而加以综核。"②当时商务印书馆介绍夏书的广告中也称"其体裁则兼用编年纪事两体"③。萧一山对旧史体裁的优劣了然于胸，他说："纪传之属，详于状个人，而疏于谈群治；编年之作，便于检日月，而难于寻终始。其间虽纪事本末一体，略有合于新史学之义，然其体创始于袁枢，特为便读《通鉴》者之寻览。即后之继此而作者，亦不能有深识别裁，以斟酌乎其中。故皆史实散漫，略无系统，可以为史料，不足以为史学。"④因此，他高悬深识别裁和系统性的目标而在体裁上下尽功夫，一言以蔽之，即发挥章节体的优势，弥补纪事本末体记载范围狭

---

① 萧一山：《清代通史·叙例》。
② 夏曾佑：《中国古代史》，河北教育出版社2000年版，第443页。
③《东方杂志》1905年7月第3卷第7期。在夏曾佑之前的新式历史教科书，虽然采用了章节的形式，但也大都自认或被指为纪事本末体（参见张越：《近代新式中国史撰述的开端——论清末中国历史教科书的形式与特点》，《南开学报》哲学社会科学版2008年第4期）。
④ 萧一山：《清代通史·导言》。

窄、彼此互不统属的缺陷。全书在风格上已呈现由叙事向研究的转型趋势，但无论是篇目设置，抑或历史叙述，仍带有突出的纪事本末风格，将因"事"命篇、不为常格的方法运用得恰当好处。

学者对此多有精彩评论，比如杨家骆指出："袁书（指《通鉴纪事本末》）……虽有循览之便，而于史实之因果仍不能有所发明，清末泰西史籍与社会科学渐次输入，夏曾佑先生首著《中国古代史》，于是史籍之面目一变，然文既简略，事皆习见，且为供应教材而设，犹未足以言史学。至民国十二年萧一山《清代通史》上卷书成，始能称为新史体输入后之一大创作，凡梁帝郑樵欲变而不得其道，章学诚识其意而不能得其体者，一举而解决之。"包遵彭谓："普通史是一种综合的组织，近于吾国之纪事本末体，尤与东西洋近代史学之分篇章节者相同。然本末一分，西史二三分之体裁，均未免简略，此书分卷篇章节目，系统尤为详密。"王家俭则称："清末民初时期，因受西方史学的影响，而有新纪事本末体的出现。择定专题，搜集史料，穷其究诘，探其演变，颇能予人以耳目一新之感。萧先生在他的《清代通史》里，便大胆地采用了这种所谓新纪事本末体，作一新的尝试。此一尝试颇得史学前辈梁任公先生之赞赏，在其《清代通史》序中，所谓'萧子之于史，非直识力精越，乃其技术亦罕见也。'便大体是指此而言。"①都无一例外地指出萧书成功的关键在于借西方章节体改造旧有的纪事本末体。因此，王家范在为本书做"导读"时称其为"新纪事本末体"是有一定道理的。此外，他在有关社会、经济、生活等章节借鉴了典志体的长处，而于清代学术大致采取以人为纲的方式，以及史表的设置则又是吸纳纪传体的优点。

萧一山不仅在体裁上有重大创新，在体例上亦显示出其娴熟的作史技巧和高明的史识。同为记事，亦因重要程度和所涉范围不同而层次有别，比如"太平天国之始末"为一篇，"中日甲午战争"分三章，"鸦片战争"则仅一章；同为记人，亦有独传和合传之分，且暗含褒贬，比如戴震与惠栋、曾国藩与李鸿章的不同设置即显示出扬戴抑惠、重曾轻李的深意。而且，于上卷第五篇"中外之交通与会约"第二十三章"西洋文明之东渐"下设专节论列"中国文化之西被"暗含其以本国文化为自豪和民族文化复兴的信念；将中卷第十九章"道光时代之内政与变乱"置于第四篇"十九世纪之世界大势与中国"之中，显示出其立足世界考察中国的开阔视野和治史眼光；以"今文学运动与东西文化之输入"与"宪政运动与国民革命"为下卷最后两篇的标题，同样彰显出著者对今文学的重视和将立宪、革命视为晚清政局演进两大主线的深刻用意。再者，下卷2册记载晚清60余年历史而篇幅居全书之半，亦是其修史"详近略远"原则的体现。像这样的地方，几乎俯拾即是，处处渗透着著者的良苦用心，体现其匠心独运和别识心裁。无怪萧氏极力称赞章学诚"'史家之文惟恐出之于己'可谓千古卓识"，慨叹"自来作史者不明史家之要点在于'别裁抉择'，而津津于文字之末，可谓惑矣"。②

此外，尤为值得称道的是萧一山在史表方面取得的突出成就。他认为"吾国史家，首

---

① 萧一山文集编辑委员会编：《萧一山先生文集》，第679、681、737页。
② 萧一山：《清代通史》第2册，第504页。

推子长，而《史记》一书，功在十表"，对万季野"读史而不读表，非深于史者"深以为是。①故而，其不仅在正文三卷中使用了大量形式各异的图表，而且以独到的眼光创作了清史七表。七表之功，不仅仅在于多属首创，亦不惟驭繁就简，便览一代大势，更重要的是其将治史旨趣贯彻其中。七表之中，以《清代大事年表》为最要。此表记事起自明末，将明清帝王年号并列以示两朝之兴替，后则将天平天国年号与清帝王并列以示平等、重视。此表最具特色者，在于看似散漫的记事中，实则暗含萧氏政治、经济、文化三者均衡诠叙以及突出民族革命和中外关系之深意。读者仔细体察，即可发现萧氏绝非仅将每年重要大事简单罗列，而是政治上突出民族关系、民族革命，同时又十分注意记载官制、礼制、婚制等典制变革，清廷的农、工、商等经济政策变化，物价、交通、自然灾害等关乎人民生计的重要史迹，官方的文化政策及重要学人的活动等等。此外，全表的另一条主线则是中外关系的演进，其于历年纪事之间始终贯穿着中外政治、经济、文化交流尤其是西方列强对中国的侵略，有时所记之事乍看似尚未与中国发生关系，实则却暗含步步紧逼之意，比如1757年记"英将克莱武破印度兵据加尔各答"，1824年记"英人割缅甸阿撒母阿罗汉之地"等等即属此类。值得一提的是，萧氏对鸦片问题的重视，其自1743年记"禁种烟"直至1911年记"禁种鸦片及吸食输入"，历年有关鸦片的事宜无不加以记载，此项卓举殊有深意。总之，无论是清代社会本身的政治、经济、文化还是中外关系，皆能前后连贯，互相照应，自成体系。换言之，此一表即可称为一部极为精要的清代三百年简史，而其间突出地反映了著者记述一代全史、强烈的经世思想、民族革命史观以及反抗外来侵略的民族自觉等编纂主旨。正如他所自言："每年纪事，类如散珠，然上下寻绎，亦可得一系统……贯穿之功，仍在读者之领会耳。"②至于《宰辅表》、《军机表》以显君主专制，权臣隆替；《督抚表》以显满、汉权力之消长；《学者著述表》以显清代学术之兴盛；《外交约章表》以条约为纲，反映列强对我国之侵略，而于每约之后皆参以己评，寓含殷鉴之意者，更无论矣。

结　语

易代修史是中国绵延不绝的文化传统，然清朝灭亡近10年后，官、私领域的清史修纂仍是一片沉寂。③萧一山继承、发展了梁启超首倡的新史学理论，并将其贯彻到清史撰写中，又在体裁上极尽创新之能事，成功编纂出规模庞大、新意迭出的《清代通史》，不仅为清史研究开辟了新的局面，而且为历史编纂的现代转型作出卓越贡献，更为重新认识20世纪中国史学的演进路径提供了重要参照，也提醒我们应对"新史学在民国时期的演进"这一命题给以高度重视！

---

① 萧一山：《清代通史》第5册"叙例"。
② 萧一山：《清代通史》第5册"叙例"。
③ 萧一山曾谓："鼎革至今，倏逾十年，清史之作，阒焉无人。史馆虽开，而国运飘摇，几等虚设；讲述虽夥，而事实简陋，每病枯塞。"（《清代通史·叙例》）

第五章　卫聚贤与"新史学"

卫聚贤（1899—1989），字怀彬，号卫大法师，山西万泉（今万荣）人。早年就读于太原商业专科学校，后曾在北京师范大学旁听。1926年考入清华国学研究院，师从王国维、梁启超等，攻研中国上古史。1927年，与友人在太原合创兴贤大学，后到南京任职于国民政府大学院（即教育部）。1928年任教育部编审，兼南京古物保存所所长，主持发掘南京新石器时代文化遗址。1932年先在山西国民师范学校短期任教，后任上海暨南大学历史系教授，并在持志学院兼课。①1934年任上海中国公学商学系主任。1935年任中央银行经济研究处专员和编辑，出资主编《说文月刊》。1936年，与蔡元培等人发起组织"吴越史地研究会"。1938年随中央银行到重庆，任秘书处秘书，期间办理《说文月刊》复刊工作并组织主持"说文社"。1940年，与郭沫若共同主持发掘重庆江北墓葬，并据此研究巴蜀文化，继之执教于西北联合大学，担任文学院院长。1950年任香港大学东方文化研究院研究员及珠海书院、光夏书院、华夏书院等大学教授，并担任联合书院中文系主任多年。1957年任台湾辅仁大学教授。

卫聚贤不仅在考古发掘上取得突出成绩，于史学亦颇有建树，撰有《古史研究》、《中国考古学史》、《十三经概论》、《中国史学史讲义》、《中国商业史》等多部专著，涉及中国上古史、经济史、民族史以及史学史等广泛领域。因他治学方法新颖，多发奇论而常有武断之处，被时人目为"怪才"，迁台之后更不被提起，以致其人其学已鲜为人知。通过考察其史学思想、学术风格与梁启超所开创的新史学之间的关系，不仅能从某个侧面对新史学在"五四"以后的命运形成更深入和全面的认识，而且能在一定程度上窥探民国史学的演进路径和时代特色，同时对今日的史学研究也不无借鉴和启发。

第一节　鲜明的进化史观和强烈的经世色彩

卫聚贤学术成长的转折点是清华进修时期，得王国维、梁启超、李济等诸位名家指点，始得治学之道。他曾明言："在清华时承王静安、梁任公、李济之、赵元任、陈寅恪诸先生指示很多。"②从其后来的治学路数和治学领域来看，当时对他影响较大的当属王国

---

① 关于卫聚贤何时在持志学院任教，他自己前后有不同说法。据其《中国考古小史》（商务印书馆1933年版）附白中所言，至迟1932年10月就已在持志学院授课，而据其《鲁智深传》（《说文月刊》1939年第1卷第8期）则是1934年离开暨南大学后才在持志学院等地教书的。今从前者。
② 卫聚贤：《古史研究》第一集"自序"，新月书店1928年版。

维、梁启超以及李济。比如，其最初将研究重心放在中国上古史，便与他入清华后归王国维指导有直接关系，其注重结合文献资料与地下出土资料的研究方法，显然秉承王氏的"二重证据法"而来；其一生热衷于野外考古，并将考古资料运用于历史研究中，则又是受到李济的直接影响。同时，卫氏的许多著作和文章尤其是早期作品表现出较为浓厚的考证风格，注重材料的分类排比以求得历史真相。表面看来，以上种种似乎都昭示着其应当属于新历史考证学一派，事实是否如此，则需要进一步审慎地考察。

卫聚贤入清华后以文章向王国维请教，王氏指出其运用的材料如《左传》等存在年代问题，并让他"考一考"，但他"看了几回，看不出它是在什么时代为何人所作"，遂转而用统计学方法考察，文成后因王国维赴上海料理大儿子去世之事，遂请梁启超审阅。①梁阅后甚为欣赏并公开称赞："清华研究院有一位同学卫聚贤君，研究左氏很有发明，我已酌量采用了。"②这一评价对于出身商业学校且自幼未受系统国学训练的卫氏而言，无疑具有非比寻常的鼓舞作用，确切地说，正是这一公开评价坚定了他继续钻研学术的信念。事实上，卫氏当时颇被同辈所轻视。他后来在文章中写道，被公开称赞后，有同学说："我们……看见你拿算盘打，我们私下议论，今年招生为什么招到一位商人，在那里算账？"而他又写道："梁任公……在燕京大学演讲时就大捧我这篇论文。"③依然显露出当时难以遏制的激动和扬眉吐气的自豪。然而，卫氏这篇《左传的研究》并不见得多么高明。其同门朱芳圃就曾指出"其考证方法，待商榷之处颇多"，不仅批评其取材不确，而且具有"伪造事实"、"曲解古书"、"妄立系统"三大弊病。④天才史学家张荫麟也在《大公报·文学副刊》（1928年第52期）上撰文批评，笔触颇为辛辣。那这篇文章何以得到梁启超的较高评价呢？仔细探究，即可发现玄机就在于统计学方法的运用。这是卫氏以统计方法研究古代典籍的第一次尝试，行文中运用了大量的统计表格，作为其结论的依据。为何运用统计方法研究《左传》？卫氏未曾明言，只说"在商业学校学过统计……有统计观念和常识"⑤。在这个基本条件之外，应与梁启超对历史统计学的力倡有着密切关系。1922年，梁启超最先提出历史统计学的概念，并大力倡导和实践，据不完全统计，其所作图表大概有100多幅。后来，他虽改变将统计学方法运用到全部历史研究的看法，而主张有限制的应用，即主要用于整理史料，但他对这一方法依然由衷地热爱。1926年10月至次年3月，他在讲授《中国历史研究法补编》第一章时，仍对此法大加倡导："用统计的方法研究任何史料，都可有发明。"⑥而卫聚贤恰是1926年9月入学。因此，我们可以有根据地推测，正当卫氏对古籍考证摸不到门路时，于梁氏课堂上大受启发，恰好统计学又是其老本行，转而尝试用统计方法研究《左传》就显得顺理成章了。历史统计学也成为他此后致力开拓的研究领域

---

① 卫聚贤：《我的"胡说"》，《传记文学》1976年第28卷第2期。
② 梁启超：《古书真伪及其年代》，《饮冰室合集》专集之一百四，中华书局1989年版，第123—124页。
③ 卫聚贤：《我的"胡说"》，《传记文学》1976年第28卷第2期。
④ 朱芳圃：《评卫聚贤〈古史研究〉》，《国立中山大学语言历史研究所周刊》1928年第59—60期。
⑤ 卫聚贤：《我的"胡说"》，《传记文学》1976年第28卷第2期。
⑥ 梁启超：《中国历史研究法补编》，《饮冰室合集》专集之九十九，第7页。

之一,在暨南大学讲授历史研究法时撰成《历史统计学》和《中国统计学史》合并出版,其中就将梁启超的《历史统计学》作为附录收入。由此,在卫氏学术成长的转折时期,无疑梁启超扮演了更为关键的角色。

卫聚贤早期考证风格的形成与时代风气有关,当时正值西方18世纪盛行的"审查史料"观念对中国学者产生有力影响、新历史考证学兴起并成为学界关注重点的时期,而梁启超也在著作中总结清代学者的考证方法,并对如何搜集和鉴别史料多所论述。学界以往多认为梁氏晚年史学发生巨大转变,而如果深入考究,则发现其晚年在历史观、治史目的、治史方法以及著述形式等方面与前期新史学仍然属于同一理论体系,并未有根本性变化。限于篇幅,此处无法展开论证,仅举其在《中国历史研究法补编》中的一段话为证:

> 最近几年来时髦的史学,一般所注重的是别择资料……其流弊乃专在琐碎的地方努力……还有一种史料钩沉的风气……老是往这条捷径走,史学永无发展。我们不能够从千真万确的方面发展,去整理史事,自成一家之言,给我们自己和社会为人处事作资治的"通鉴",反从小方面发展,去做第二步的事,真是可惜……一般从小的考证和钩沉、辑佚、考古,就是避难趋易,想侥幸成名,我认为是病的形态。真想治中国史,应该大刀阔斧,跟着从前大史家的作法,用心做出大部的整个的历史来,才可使中国史学有光明、发展的希望。我从前著《中国历史研究法》,不免看重了史料的搜辑和别择,以致有许多人跟着往捷径去,我很忏悔。现在讲广中国历史研究法,特别重大规模的做史,就是想挽救已弊的风气之意。①

他对当时史学界盛行的考证风气表现出极大的忧虑,不仅直斥为"病的形态",而且明确指出中国史学发展的前途不在考证,而在大规模的"著史"并致用于社会。这种不重微观"考史"而重系统"著史"的做法,是与其进化史观直接相关的。他晚年虽曾在某些言论中对进化论表示质疑,但其史学撰述依然以此为理论指导,重视揭示事物的演进大势,并探寻因果关系及其变迁规律,这一宏观的理论追求反映在著述形式上即为大规模的"著史",换言之,就是强调大通史和分类通史的撰著。我们再来考察卫聚贤的主张和做法。

卫聚贤明确主张:"研究学问应有三个条件,即:理论;证据;方法。但是,理论要圆通;证据要确凿;方法要严密。理论圆通是第一步工夫……证据确凿是第二步工夫……方法精密是第三步工夫。"②很显然,在他所开列的学术研究必不可少而又相辅相成的三大条件中,理论是居于第一位而带有统摄意义的。那么他所指的理论是什么呢?答案是进化论。他对进化论深度崇奉,不仅有相当明确的主张,而且将其作为治学的理论指导和终极目标,融于史学研究的实践中,甚至可以说,"进化"一词是其学术话语系统中的核心词

---

① 见《饮冰室合集》专集之九十九,第167—168页。
② 卫聚贤:《应用统计的方法整理国学》,《东方杂志》1929年第26卷第14号。

汇。比如,他在《古史研究》第一集自序中明言:"人类的进化,不外'历史的'、'环境的'、'本能的'三种:就过去的历史,考察他进化的程序;就周围的环境,观察他进化的需要;就自己的本能,计划他进化的工作。"事实上,此处他将关于人类进步的三种观察表述为人类的三种进化是不恰当的,但由此可以反映出进化这一历史观念在其思想上和认识上所占有的重要地位,已经作为一种自觉融入于其知识体系中了。他在自序中又说:"考察过去的事实,依次序而来,应当先读上古史。但我们中国的上古史,有两点难读处:(一)后人伪造及改窜,失去了本来的面目,使人读了莫名其妙,求不出所以进化的程序;(二)处于伪造及改窜后二千年情形之下,不信认所以进化的程序。"这段话则不仅体现出其将考究中国上古史演进历程作为治学目标,亦即在考证这一基本途径和手段之上存在着更高一层的学术追求,而且也可以由此解释其最初为何将研究重心放在上古史。再如,他将中国考古学的发展划分为四大时期:春秋战国为宝贵期,汉至唐为祥瑞期,宋至近代为研究期,现在为发掘期;①将中国统计学的演变也划分为四期:战国至东汉初年为创始期,魏至五代为衰落期,宋至民国为兴盛期,近数十年为使用期。②这种叙事方法正是进化论在历史撰述中的重要表现。再者,他旗帜鲜明地指出中国的黄金时代不在过去而在将来,对持复古思想者大加挞伐:"故说古物比今物好,今人不如古人,中国的黄金时代已在过去,欲治理中国只有复古,这种开倒车的思想,如何适于二十世纪科学环境中求生存!"③

与此相照应的,是卫聚贤对大通史和分类通史编纂的巨大热情和学术自觉。他不仅编有名为《中国史》的中国通史讲义,而且撰有《中国考古小史》、《中国考古学史》、《中国统计学史》、《中国史学史》、《中国商业史》以及《中国财政史》等多部专史。他的治学视野和理路并不局限于考证某个具体问题,而是有规划地按照专史的门类加以历史的梳理。比如,他曾说:"这集(指《古史研究》第三集)是注重民族与社会,下集注重经济,再集注重文化,一集一类,这样的论文集合得多了,自然中国上古史就可清楚了。"④其分类研究的思想是很明显的。再如,他在谈到古代经济的研究时,所关注的也是整个古代经济的演进情形,他认为经济的研究分为学理的探讨、现状的考察和历史的梳理,而"我国经济史的研究,除以前有两三种杂志零碎的讨论外,还没有一部完整的经济史出现"。⑤此外,对于20世纪尤其是"五四"运动以后被视为"封建"文化代名词而遭受巨大冲击的传统经学,他却认为:"经学的书籍,就其本身论,无非是史学、哲学、文学等","自汉以来,有二千余年的历史,虽在今日经学已经废除,但他过去的情形如何?应知其大概。"⑥他的观点不仅反映出20世纪以后经学逐渐向以史学、哲学、文学为主体的现代学科体系分流和转化这一大的时代潮流,更重要的是说明他在随着时代前进而追求学术创新的同时,能

---

① 卫聚贤:《中国考古小史·自序》,商务印书馆1933年版。
② 卫聚贤:《历史统计学》,商务印书馆1934年版,第86页。
③ 卫聚贤:《中国考古学史》,上海书店1984年版,第9页。
④ 卫聚贤:《古史研究》第三集自序,商务印书馆1936年版。
⑤ 卫聚贤:《编纂中国经济史的组织计划》,《说文月刊》1940年第2卷。
⑥ 卫聚贤:《十三经概论》,开明书店1935年版,第3页。

够以历史主义的态度对传统经学给以客观的评价,并且强调应该以历史的眼光清理传统经学的演变,其《十三经概论》就是对经籍基本问题和学术史的简单考察,这种摒弃经学注疏而重视经学史的研究路数恰恰代表了民国时期以史学方法研究经学的一种类型。这种治学理念与考证学是有极大不同的。

此外,卫氏治学具有很强烈的经世致用思想,他多次强调"历史为明了人类过去和现在的活动情形,以便人类将来走的途径的选择和预备"①,并且主张研究古史并非为了夸扬古国之文明,也不是为了崇拜古人之伟大,更不是为了仿古以作复兴之举,而是"明了前途应走之大道",即"从历史上观察各演变之迹,由上古之事以推中古,由中古之事以推近古,由近古之事以推现在,由现在之事以求将来"。②同样,他认为统计学的功用"不惟明了过去和现在,又可以推知将来"。③这一学术理念与很多学者所主张的"为学术而学术"是有极大不同的,而我们同样可以在卫氏求学时梁启超所讲授的《中国历史研究法补编》中找到线索:"现在人很喜欢倡'为学问而学问'的高调,其实'学以致用'四字也不能看轻……学问是拿来致用的,不单是为学问而学问而已。"④抗日战争时期,卫氏在阐述如何编写史书时,又大力主张广泛搜集抗战资料以激励国人。⑤当然,在民族危机的特殊条件下,许多学者都主张以学术激励民族精神而且付诸实践,但由此我们可以看出经世致用的治史目的始终贯穿在卫氏的学术研究中。

第二节 跨学科治史方法的重要开拓者之一

从学科角度讲,中国近代史学受西方史学发展的影响,也经历了由史学独立化到以跨学科方法研究史学的不同阶段。跨学科治史方法的热潮大概形成于20世纪三四十年代,当时产生的一系列讨论史学理论与方法的专著中,比如何炳松的《历史研究法》、曹佐熙的《史学通论》、吴贯因的《史之梯》以及杨鸿烈的《历史研究法》、《史学通论》等,均无一例外探讨了史学与其他学科的关系。而这一理念,实际上是梁启超新史学最早提出并一直大力倡导的。早在1902年,梁氏就在《新史学》中严词批评中国传统史家徒知有史学,而不知史学与他学之关系,强调史学研究应借鉴考古学、社会学、地理学、人类学、经济学、心理学、生物学等社会科学和自然科学的方法。他本人也多有实践,比如他关注全民历史而援用社会学方法治史就促成了中国社会史的萌发,对统计学、心理学、经济学和地理学等学科在史学研究中的运用也都有方法指导和具体示范。因此,虽然跨学科治史方法的兴起有多种时代因素,而新史学无疑居功至伟。梁氏实际上指明了史学社会科学化的时代方向,也再次证明他在中国近代学术史和思想史上所产生的"开无数法门"、规划

---

① 卫聚贤:《中国史学史讲义》,持志学院刻本。
② 卫聚贤:《中国考古学史·序》,上海书店1984年版。
③ 卫聚贤:《历史统计学》,第5页。
④ 梁启超:《中国历史研究法补编》,《饮冰室合集》专集之九十九,第10页。
⑤ 参见卫聚贤:《史的史》,《说文月刊》,1942年第3卷第8期。

史学学科未来的巨大而深远的影响。

卫氏治学深受梁启超影响,重视研究方法是其主要学术特点之一。他对借鉴多学科的方法不仅大力提倡,而且广泛应用于史学研究中。概括来说,主要包括统计学、考古学、社会学以及人类学等。

前文已提到,统计学开启了卫聚贤治古史之路,坚定了其治学信念,因而他始终对统计学在史学研究中的应用给以高度关注并切身实践,不夸张地讲,几乎其所有的著作和文章中都有大量的统计表格。《古史研究》第一集就是在其尚未运用其他学科知识而专以统计学方法研究《春秋》、《左传》以及《国语》的合集,论证的基本模式即为先列统计表格,然后进行解释和申论。比如,他在论述《春秋》的作期时,先列"于"、"与"在甲骨文、金文、《尚书》、《诗经》、《春秋》、《左传》、《国语》、《论语》、《孟子》、《庄子》中用作介词的统计表,在辅以相关解释和申论后认为,春秋以前的作品未有用"于"字作介词者,且"这个观察不是全靠着现有的书本,金器上文字在春秋前无用'于'字作介词的,战国的器上已有了。可知,《春秋》的作期在春秋时代的"。[①]又用同样的方法统计出"又"字在各本中的出现次数,也得出相同的结论,因而断定《春秋》是春秋时代的作品。再如,他通过绘制和解释《春秋左传》记事详简统计图,认为《左传》作者是周威烈王初年人,又因其记晋国事占26%而断定《左传》为晋国作品。其运用统计学考辨古籍的方法虽然尚显简单、粗略和过头,许多结论也颇有可商榷之处,但从方法论上讲,他确是继梁启超"开中国量化史学的先河"[②]之后,进一步将历史统计学拓展、提高的重要学者。20世纪二三十年代,在梁氏影响下,许多学人主张引统计法入史,比如吴贯因认为"史家编史,必兼具统计学之智识,其记载世系始不越出科学常识之范围"[③];李则纲指出"我们如不欲历史学的研究,成为科学的则已;如欲使历史学达到科学的境地,则不能不注意统计学在历史学里的作用了"[④];而盛俊则称这种方法有"化腐朽为神奇之妙"[⑤]。然而,真正用于史学研究实践的并不多见。卫聚贤则不仅对此熟练运用,而且撰成中国近代唯一一部以统计学方法研究中国历史的史学方法论专著——《历史统计学》。这部著作将统计学的起源,西方统计的学派、定义、分类,统计学的功用,统计材料的搜集,统计表的制作以及统计图的绘制等结合中国历史的实际作了系统总结和示范,"较诸新会发端之论,更具体化,不但鸳鸯绣出,而且把金针度人了"[⑥]。此外,他还撰有《中国统计学史》,以统计学的角度对古代史书中的"表"进行分析研究,认为"史表"是古代学者应用统计方法研究历史的实践性成果,表明中国统计学的产生比欧洲要早得多。[⑦]当然,他也指出传统图谱学不能目之为统计学,那么其主要目的就在于打破中西学术的隔阂,以符合多数国人心态的方式对

---

① 卫聚贤:《古史研究》第一集,第7—8页。
② 许冠三:《新史学九十年》,岳麓书社2001年版,第469页。
③ 吴贯因:《史之梯》,上海联合书店1930年版,第11页。
④ 李则纲:《史学通论》,商务印书馆1935年版,第91—92页。
⑤ 卫聚贤:《历史统计学》盛俊序。
⑥ 卫聚贤:《历史统计学》盛俊序。
⑦ 梁启超在《历史统计学》一文中就曾明确指出表的运用是我国很早就有的,卫聚贤正是对此做历史的梳理。

历史统计学大力宣传。

　　在统计学这一基本手段之外,其最显明的特色莫过于将考古学、人类学、社会学以及民俗学等学科的原理和方法与文献资料结合以研究上古史。他曾明言:"一方面将书本子上的材料,广为搜集,排列起来,看他何者为可靠的史料,何者为神话……一方面应用地下埋藏古人遗留下来的实物,而与书本上所记载的互相参照。再用社会学的原理,参考现存落后民族活动的状况。"①这一方法的研究成果比较集中地体现在《古史研究》第三集以及此后的文章和著作中,提出了诸多有自我见解的新鲜看法。比如,他提出中国历史中记载的年代需要拉长,古代史需要重写。他依据人类的进化、工具的演变、社会的发展以及万泉县所发现的鸵鸟蛋化石等,认为古籍中所载年代不符合社会发展的规律,而推断为西周一万年;西周至现代一万二千年;殷初至现代五万年。②再如,他依据古书记载、考古发掘以及民俗资料,推断吴越与殷商为同一种族,即东南民族,而夏则为西北民族。再如认为尧舜禹是古代氏族的图腾,而不是酋长。③晚年甚至提出中国人发现澳洲和美洲的说法而引起世界学坛的大争论。

　　卫聚贤对考古学和人类学的热衷来自李济的直接影响。他于清华进修的上学期,恰逢李氏主讲人类学。同时,由李济主持的山西夏县西阴村考古发掘,不仅对李氏本身从事考古学和古史重建的学术方向产生重大影响,而且出土文物在清华的展览和李氏于下学期改讲的考古学,对卫聚贤产生了强烈的刺激和影响,成为他走向野外考古和民族调查的转折点。然而,此处还有需要进一步申论的地方。卫氏作为王国维的学生,"二重证据法"对他的影响自然不可小视,应该说这正是他能迅速接受李济治学方法的基础和关键所在。同时,我们也绝不能忽视在其学术转折中产生巨大影响的梁启超的重要启发作用。梁氏晚年潜心学术研究,对地下出土材料亦相当重视。他在《中国历史研究法》第四章《说史料》中就详细评述了地下出土文物对于历史研究的重大价值,认为"皆大有造于史学者",而且他将史料分为文字记录以外和文字记录者,而前者包括现存之实际、传述之口碑和遗下之古物,已初步涵括了考古学、人类学、民族学和民俗学的范畴,这与他所一直倡导的跨学科治史理念是密切契合的。此外,梁氏对考古学的进展甚为关注。事实上,正是梁氏全力荐举李济入清华主讲人类学和考古学。而且,在李济主持山西发掘尚未归来之前,梁氏于1926年10月发表了一篇名为《中国考古学之过去及将来》的演讲,主要探讨了金石学的演变及其与考古学之间的关系。卫聚贤后来撰写《中国考古小史》及《中国考古学史》就导源于此。④由此,卫氏由非科班出身而热衷于考古学并作出不俗的成绩⑤,实际上是在

---

① 卫聚贤:《古史研究》第三集自序。
② 卫聚贤:《中国史的年代》,《中山文化教育馆季刊》1935年第1—2期。
③ 卫聚贤:《古史研究》第三集。
④ 卫氏的这两部著作发挥梁氏的观点,将近代考古发掘与传统金石学都列为考古学的一部分,但又明确提出:"前人研究古物,可说是一种金石学与古器物学。现代的考古,即后人所谓'锄头考古学',注重在发掘。"(《中国考古小史·自序》)实际上指出了金石学与考古学之间的根本不同之处,但同时又认为前者是后者能够迅速传播的学术积淀。现下很多学者根本否认现代考古学的建立与传统金石学之间的关系,恐流于极端。
⑤ 关于卫聚贤的考古学成就,可参考刘斌、张婷:《卫聚贤与中国考古学》,《南方文物》2009年第1期。

跨学科治史和考古学日渐兴起的时代大潮下受三位导师的综合影响而促成的。卫氏关于考古学讲过一段很重要的话：

> 国难当头，而欲研究考古，似为老生常谈。殊不知此正系帮助解决目前国难之一种科学。何以言之？如由上古经过的情形观察，可以知道中古必有如何情形发生；由中古经过的情形，乃可以知道近古的如何，而由近古以明白现在，由现在以推知将来，预为之备。这都有赖于历史。中国的历史，尤其是上古史，将神话与事实混在一起，若不加考证，便真相不明，演变之由莫知。但考证的方法，多在书本子上找材料，闹来闹去，没有什么结果，例如顾颉刚提出没有"禹"的问题，虽则《古史辨》出了几册，但仍是根据《诗经》上的几句话，反来复去，这是他不知考古之故。①

他认为通过考古探求历史发展的真实情形，是寻求解除国难方法的重要途径，像以往诸多有识学人如王夫之、章太炎、梁启超等一样将历史抬高到了关乎国家存亡的高度。同时，直斥顾颉刚等不注重考古，跳不出书本的圈子，实际上颇能击中古史辨派的要害。②卫氏又言："民国以来，科学输入已深，是以统计学考古学亦极为发达，而各种学术较前均有长足的进步。从这样看来，中国学术要发达，非采用科学方法不可。"③故而，此处不仅再次反映了其史学致用的思想，而且也反映出"五四"新文化运动以后科学观念的深入人心。以史学而言，追求史学科学化几乎成为当时大多数有识史家的共识，只是各派在对科学含义的理解和实现的途径上存在着差别。

随着近代考古学在中国的建立和人类学、社会学在中国的传播，由王国维所最早提出的"二重证据法"获得了根本性进步，即不仅地下证据由文字转向实物，而且以人类学的民族调查作为古代社会演进的现实参照。这一带有革命性和开创性的治史理念和方法，与新史学大力倡导下形成的跨学科治史风气是密不可分的。从方法论上讲，卫聚贤确是较早融合考古学、人类学以及社会学等以重建古史的代表性学者，也是"多重证据法"或者说跨学科治史方法的早期开拓者之一。

卫聚贤对多学科方法尤其是人类学和社会学的关注，使其较早对唯物史观产生兴趣。唯物史观注重对人类社会演进的解释和借鉴多学科尤其是社会学的理论和方法对人类社会作结构性分析，恰与新史学在学理上存在共通之处，因而卫氏能够较容易地有选择性地接受唯物史观并尝试运用。最明显的表现，是其对社会形态演进说的运用，比如他认为中国社会殷商以前是原始社会，商周为奴隶社会，周以后则为封建社会，并有计划地

---

① 卫聚贤：《十年来的中国考古学》，载中国文化建设协会编：《十年来的中国》，商务印书馆1938年版。
② 当然，以顾颉刚为首的古史辨派事实上很早就对考古学在思想上给予重视。比如，顾颉刚就曾明言："我知道要建设真正的古史，只有从实物上着手的一条路是大路，我的现在的研究仅仅在破坏伪古史的系统上而致力罢了。"（见顾颉刚：《古史辨·自序》，《古史辨》第1册，上海古籍出版社1982年版，第57页）
③ 卫聚贤：《历史统计学》，第87页。

撰写了《五帝与原始社会》、《母系时代》、《氏族社会》、《奴隶社会》等文章,并计划再作《封建社会》,以成《中国社会史》,而且明确指出:"某一个社会阶段,不是突然产生的,也不是突然消灭的,在甲阶段时乙阶段的情形已经产生了,在丙阶段时而乙阶段尚未消灭。"[①]同时,他划分社会形态的依据是生产方式。比如,他在划分奴隶社会的具体阶段时,指出:

> 殷代的初期以前对于俘虏,是杀烧埋,间使之作手工业,但不占重要生产位置,故谓之奴隶社会前期。
> 殷代使奴隶作工种地,占有重要生产地位,但奴隶尚可杀烧埋,是奴隶尚不得自由,所谓"纯超经济强制",故谓为奴隶社会。
> 西周对于俘虏,不惟不杀,而且给与土地,使之耕种,主人岁取收入百分之七十,此即所谓"半超经济强制",谓之农奴,谓之封建社会,谓之奴隶社会后期。
> 西周末年农奴有两次暴动,农奴已争到人民的资格。自后虽有新的奴隶产生,但奴隶无论如何总比人民少,在生产上已不重要,故谓之奴隶社会余尾。[②]

撒开划分阶段是否正确的讨论,其受到唯物史观的影响是显而易见的。他也曾明言:"欲明了中国过去社会的情形,先要明了中国过去的经济情形。"[③]此外,从其对经学的态度和分析,也可以看到这种影响。他指出在古代是不能对经典有所非议的,而资本主义思想传入中国后,则处处发生疑问,迨唯物史观的思想与方法传入中国以后,其可怀疑之处就更多。因此,"离经叛道之作……只有在社会发展到一定阶段后,这才是可能的事"。[④]又如,其分析经学所以兴盛于封建社会时指出:"经学所以兴盛于封建社会,因封建社会是尊古的是不动的,在经学中所表现的是'非先王之服不服,非先王之言不言','勿欲速','仍旧贯'。封建社会所以不动,由于中国中原少河流海岸线不弯曲,不足向外发展;靠近中国的民族文化均不及中国,不足以作比较及竞争。而中原大平原甚多,宜于农业,农业的人多足不出百里之外,是以形成不好动,不好动就不能改作,故尊古仿古,社会不进化而落后。"[⑤]从地理环境角度立论,颇为精彩。当然,他所指的经学乃是在封建社会中长期占据主导地位的古文经学。

第三节 对中国史学史的较早探索

史学史是对史学自身进行总结和反思的一门学问,在历史学的发展中占有基础性和

---

① 卫聚贤:《古史研究》第三集,第211页。
② 卫聚贤:《古史研究》第三集,第277页。
③ 卫聚贤:《中国商业史》,《天南》1935年第4卷。
④ 卫月望:《卫聚贤传略》,载晋阳学刊编辑部编《中国现代社会科学家传略》第九辑,山西人民出版社1987年版。
⑤ 卫聚贤:《经学的价值》,《大学》1934年第2卷第6期。

关键性地位,虽然传统史学中很早就具有史学史因素,但作为一门独立的近代意义上的学科,却是在20世纪才产生和发展起来的。最早把中国史学史作为一门专史提出来的是梁启超,他在《中国历史研究法补编》中首次明确提出"史学史的做法",而这恰恰是其倡导新史学所结出的一大硕果。一方面,新史学主张以进化论为指导探求人类社会演进大势并致力于描述人类社会生活的全貌,因此尤为重视通史和各类文化专史的撰述,而蕴积深厚的史学无疑是中国文化的重要组成部分。另一方面,新史学具有强烈的国民意识,主张史学致用,因而对史学自身加以总结和反思就成为达到这一目的的必然诉求。

卫聚贤在暨南大学和持志学院都讲授中国史学史,是较早在大学里开设这门课程的学者。他所编写的《中国史学史讲义》①,依据其在《中国考古小史》中所言1932年任教于持志学院的说法和这部讲义封皮上所印"持志学院中国史学史讲义"的字样,可以推知此书最迟成于1932年,是较早正式以"史学史"命名的专著。②这部讲义甚为简略,仅几万字的规模,既缺乏对史学史相关理论问题的探讨,也没有对诸如史学史分期、史学发展的不同时代特点等重大问题展开讨论,与金毓黻等人的中国史学史相较确然有不小的差距,③这正是史学史研究必经的幼年阶段的反映。然而,作为较早对史学史进行探索的专著而言,此书也不乏时代特色和有见识之处。

首先,初步实践梁启超的史学史设想。卫聚贤就读清华时,正值梁氏主讲《中国历史研究法补编》,这一直接影响引起了他对史学史的关注。而卫氏讲义共分六章:定义、历史的起源及演进、史学的分类及位置、正史及史目、历代的史官、历代的史家,正是对梁氏所设想的史官、史家、史学的成立与发展、最近史学的趋势四大部分的初步实践。当然,其实践是极为粗略的,不仅对正史、史官、史家三部分着墨甚少而流于简单介绍,而且其所设历史的起源及演进和史学的分类及位置两章距离梁氏所要求的反映史学发展历程和趋势还差得很远,但毕竟是较早对此加以尝试者。事实上,早期从事史学史研究的学者,无论是直接师承梁氏的如刘节、姚名达,还是师承以外的如金毓黻等,都基本按照梁氏的构想加以实践和发展,由此也可以再次从一个侧面看出梁启超对近代中国学术和思想的巨大影响。

其次,扩大"史"的范畴,在史学分类上提出有价值的见解。卫氏不满意传统"史"字的含义仅包括"有记载的事实","而于史前史未为列入",认为"人类的历史,史前史较有记载的史长得多,就'史'字本义,只限于记载,而现在加上史前史仍沿用'史'不大适宜,最好是改为'中国人类的活动过去和现在',下边或再加一句'及其将来',这个

---

① 关于这部讲义,《中国史学史资料》1961年第4号曾刊载了目录。此后未见有作出介绍和评论者。
② 有学者认为:"当时北平师范大学及暨南大学内部刊行的陆懋德著《中国史学史》和卫聚贤著《中国史学史》,则为目前国内所见最早正式以'史学史'命名的专著。"(见谢保成主编:《中国史学史》,商务印书馆2006年版,第6页)
③ 金毓黻在撰写《中国史学史》时,曾欲参考卫聚贤的著作,只是未能找到。他在日记中写道:"始撰《中国史学史》,无可依傍,意以为之。梁任公于其《历史研究法续编》中有'中国史学史作法'一节尚可取资,惟语焉不详。闻卫聚贤撰有是书,由《大公报》出版,亦未之见。"(见金毓黻:《静晤室日记》卷九十六1938年2月23日,辽沈书社1993年版,第4103页)由此我们也可以看出当时史学史专著的稀缺,而能对早于金氏十年探索史学史研究的卫聚贤给以同情的理解。

名词才妥当"。①他进而认为史不仅"包括经、子、集,而一切的现象均为史,如:1.凡有文字的记载均为史;2.凡经过人工制造的器物,无论露在地面或埋没土中,均为史;3.凡口头传说(传说为事实反映)的故事神话,均为史;4.凡落后民族的举动,及已进化民族存留遗俗的动作,均为史"。②因而,他在论述史学分类时,就区分为史料和史学两大部分和层次,而史料分为书本上的史料(四部中的史部为正史料,其他各部为副史料)、考古上的史料(地面上遗露的和地下埋没的古迹古物)、活动的史料(民俗歌谣、落后民族的举动),史学则分为通史(世界史、国史、地方志)和分类史(学术史、政治史、宗教史等等)。他不仅从定义上将"史"的范畴加以延展,明确对史料和史学加以区分,而且其史料观念反映出民国时期史学界尽量扩充史料的学术心态和时代趋势,也可以看出考古学、人类学、民俗学在其知识和思想体系中所占据的重要位置。

再次,在历史编纂上的独到眼光和大胆尝试。"历史的起源及演进"一章是全书重点,其子目为:口传、用符号记事、刻写英雄的名字、表意的图画、用韵文将英雄的故事编为诗歌、无年月及有年月的断片史、编年史、体例完备的史详、纪事本末史、史学的研究,意在揭示从历史意识到历史记载再到史学研究的演进历程。事实上,从内容上讲,他重在探讨历史记载形式的演变,对几种主要的史书体裁都有所论列且不乏见识。③比如,他将司马迁的《史记》视为史书编纂上的一次集大成。他说:"司马迁仿《禹本纪》(《史记·大宛传赞》引),及《世本》中的'本纪',作本纪十二篇,……仿《左传》《国语》的'十二诸侯年表'及《世本》的'谱',并《谍记》、《春秋历谱谍》、《周谱》等作表十……已为分类为表……仿荀卿《礼论》作'礼书',仿《礼记·乐记》作'乐书',仿《兵书》作'律书',仿《尚书》的《禹贡》作'河渠书'……所谓'八书',虽各有所取,大抵以《世本》的'作篇'为本。仿《世本》的'世家',而作'世家'三十篇……仿《世本》的'传'而为'列传',共七十篇。"④这段话道出了他为何不称《史记》为纪传体而称体例完备的史详,因为《史记》并不是单一的体裁形式,而是一种综合体,是在广泛吸收、鉴纳已有史书编纂经验的基础上加以综合创造而产生的集大成作品,也说明一种较为完备的史书体裁绝非突然产生,而必然经过长时期的积累。这一见解显示出卫氏对史书体裁有深刻认识,尤其是揭示出《史记》与《世本》之间在体裁上存在的密切关系。⑤无独有偶,后来金毓黻也有类似的看法,认为"司马迁撰《史记》,多采取《古世本》"⑥。

在几大史书体裁中,卫氏尤为重视纪事本末体和典志体。他认为:"史为断代,在原

---

① 卫聚贤:《中国史学史讲义》,第1页。
② 卫聚贤:《中国史学史讲义》,第31页。
③ 对于历史记载形式的演变,他后来又作了进一步的系统化:传说、歌谣、图像、书写、段片不记年月的史、有年月的段片史、长篇的故事、有计划编纂及整理过的史、现在的编史、将来的编史。(参见卫聚贤:《史的史》,《说文月刊》1942年第3卷第8期)
④ 卫聚贤:《中国史学史讲义》,第20页。
⑤ 他后来又曾指出:"有计划的编纂史,《世本》开其端,《史记》集其成。"(参见卫聚贤:《史的史》,《说文月刊》1942年第3卷第8期)
⑥ 金毓黻:《中国史学史》,商务印书馆1999年版,第43页。

编者限于其材料,若通观古今,则非通史不可。""通史虽可通观古今,但事类繁多,非分类叙述,不便观览,故宋袁枢创纪事本末一体。"又说:"纪事本末犹现在的分类史,如政治史、法律史、学术史、史学史等。而与纪事本末类似的,有'三通'、'九通'。……清光绪时锦藻作《清续文献通考》……连前九通,共为十通。""纪事本末与十通,均系分类编纂的体,合之成一部全史,分之则成若干部分类史,而与现在所谓政治史、文学史、哲学史等同。"①他曾担任过历史教科书的审查,对通行的编法都不满意,认为"除上古将神话作为正史及仍以帝王的观点叙述外,其编的方法,为断代的分类综合的通史",不能给人以条理的印象,又指出:"中国旧日的史书如二十四史等,多是注重在帝王行动方面,而且记载的少有系统;现在要根据这杂乱的二十四史等,编为有系统的分类史,很少有人作这种工作。"②因此,他创造性地糅合纪事本末体和典志体,充分借鉴两大体裁的贯通和分类优点,编成一部《新中国史》,其目录为:历史的概念、社会演变的阶段、生活演变的阶段、工具演变的阶段、中国的民族、人类的意识。他指出:"分类叙述,又患其彼此分离,不能发生相互的关系,故于《新中国史》首列一表,并有一类历史的概念以为贯串。"③由此,他既从纵向上对中国历史的演进大势作整体的梳理,又以分类的观念对中国的社会、生活、工具、民族、意识等作贯通的叙述,实际上体现了著者力求反映历史的通贯性和社会的整体性的编纂思想。同时,他在叙述时并非一朝一朝地讲,而是划分历史时段。他明确指出,中国社会处于巨大转型时期,应明白过去转变的阶段,因而"对于各时代的转变特为注重"④,并且强调"注重在各项进化的阶段,对于朝代的沿革及帝王的大事是不注重的"⑤。此外,从其所开列的标目来看,虽尚显简略,但既反映出其对文化专史的关注,又显现出一定的唯物史观色彩。时隔近十年后,同样深受新史学影响的吕思勉以基本相同的编纂理念完成了影响巨大的《吕著中国通史》。当然,无论从框架还是从内容上看,卫氏著作都无法与吕氏著作相提并论,但他在通史编纂思想和实践中所作出的贡献,确然不应被后世遗忘。他们对史书体裁的革新尝试,是20世纪史家反思西方章节体之弊端、借鉴中国两千多年历史所形成的历史编纂的优良传统和经验的反映。今天,新型中学历史教科书的编写正是贯以分类的理念,可惜严重缺失了纵向上的贯通和对断代或某一时段的整体概念。值得一提的是,卫氏的分类编纂思想,既是新史学的直接影响,也反映了民国史家对文化史的关注和分科观念的日益深入人心。⑥

---

① 卫聚贤:《中国史学史讲义》,第21—22页。
② 卫聚贤:《中国史讲义·导言》,暨南大学内部刊行本1932年版。
③ 卫聚贤:《中国史学史讲义》,第24页。今天所能见到的是他在暨南大学讲授的《中国史讲义》,是在《新中国史》的基础上编写的,从目录上看,未有大的改动,可惜目前只能看到"历史的概念"这一章的很小一部分,至于其所言的"表"以及其余的部分均毁于战火。
④ 卫聚贤:《中国史讲义·导言》。
⑤ 卫聚贤:《中国史讲义》,第1页。
⑥ 关于民国新史的编纂,卫聚贤曾提出自己的意见,认为应包括大事纪、大事年表、分类史、纪事本末、列传,而且应在各史的前面加一篇叙论。(参见卫聚贤:《史的史》,《说文月刊》,1942年第3卷第8期)这也是很有见识的看法,说明他对历史编纂是有长期思考的。

当然，他在此章"史学的研究"一节中对类书、疑古、补证、史评、史前史及文化史的编著以及年代学等也做了简单的探讨，其中也有值得重视的看法。比如，他将疑古分为书疑和事疑，书疑始于《孟子》，事疑则起于《吕氏春秋》；书疑中尤为表彰阎若璩及姚际恒，认为"一精一博，自是对于古书求真辨伪的风气大盛"，事疑则推尊崔述及顾颉刚，认为《古史辨》"较崔述更进一步，给传误的上古史一个总清算"。①再如，他认为史评是讨论史学本身的问题，即"历史研究法"，其推举四人：刘知幾、章学诚、梁启超、何炳松。撇开学术源头，立足中国学术而以史学主张比较，梁、何的"新史学"在进化史观、史学致用、跨学科治史等方面存在着很多共性。由此，进一步说明卫聚贤对梁氏历史研究法的推崇。

最后，发挥统计学的优势，运用了许多表格。比如，他在论述史部于不同时代在四部中所占位置时，将《隋书》、《旧唐书》"经籍志"，《新唐书》、《宋史》《明史》"艺文志"以及清四库书目中各部书籍数目作出统计表，从而认为"史学在宋以前很发达，至宋而极，宋以后又见衰落。至近代而史学又兴"。②忽略各种时代和学术因素而单以数量多寡推导出的结论自然不甚准确，但这种运用表格的做法确是值得后人借鉴的。

除史学史之外，卫聚贤的治学领域涉及历史统计学、历史研究法、中国通史、考古学史、财政史、货币演变、古代民族、奴隶问题、古代中印交流等。稍加留意，即可发现这些领域均为梁启超晚年所大力提倡或初步开拓。比如，除前文已交代者之外，梁氏于1926年前后所发表的文章尚有《印度与中国文化之亲属的关系》(1924)、《中国奴隶制度》(1925)、《民国初年的币制改革》(1926)等。虽然不能说卫聚贤所涉足的每一史学领域都与梁氏有关，但受到梁氏极大影响是可以肯定的。

综上，卫氏治学，无论在以鲜明的进化史观为理论指导和突出的国民意识方面，还是在借鉴多学科的治史方法、关注史学史等治史领域以及系统性"著史"的撰述方式上，都承继了梁启超新史学的统绪。至于考证，则是其治学的一个基本手段之一，并不占有根本性的地位。事实上，从其整个学术来看，考证方面并非其所擅长，也未能取得很大的成就，反而在通史编纂和专史研究如史学史、考古学史等方面提出了诸多有价值的思想主张。这也可以从一个侧面证明，新史学绝非在"五四"以后即消沉无闻，而是依然具有相当的影响力，后继者不乏其人，像张荫麟、吕思勉、周予同等就是典型的代表。换句话说，在"五四"以后中国史学的基本格局中，并非趋于精细化的"考史"一统天下，宏通性的大规模"著史"依然势头强劲而与之分庭抗礼，二者相辅相成，并行不悖。与此同时，另一支史学生力军也在迅速崛起，这就是以郭沫若《中国古代社会研究》③为形成标志的马克思主义史学，其因严密而高明的历史解释体系日益成为学人关注的重点，并最终以

---

① 卫聚贤：《中国史学史讲义》，第25页。
② 卫聚贤：《中国史学史讲义》，第48页。
③ 卫聚贤对这部著作曾给予关注，认为其"采用唯物史观的理论叙述古史，为前者所无"。（参见《中国史学史讲义》，第27页）

官方学术的姿态统一史界。唯物史观传入中国并日渐兴起后，引起很多学术眼光敏锐而非马克思主义史家的学者关注，他们纷纷尝试从不同层面、不同角度有选择性地加以接受并尝试运用，而其中尤以新史学的传承者为突出，吕思勉、周予同和卫聚贤等都较早接触并尝试运用而使其史学研究呈现出新鲜的气象。这一学术现象说明新史学与马克思主义史学在学理上存在着某种程度的共性，而最要者当属重视解释历史并探寻其发展的规律性和借鉴多学科尤其是社会学的方法研究历史，这是新史学家容易接受唯物史观的内在学理根据。

卫聚贤治学别辟蹊径、勇于创新，但由于缺乏深厚的学术积淀，又未受过国外专业的考古学和人类学训练，因而在文献与实物、调查之间未能做到游刃有余而产生应有的效果，往往借助于大胆而略显武断的推论，由此也引来诸如朱芳圃、张荫麟和童书业等学者的严词批评。①然而，正如冯沅君在为其《古史研究》第一集作序所言，作为18岁方离开商人的生活而进入学术界的学者，与"一般世家子弟自幼便熏陶在学术空气中，因而有所成就者，自不可一概而论"。同时，通过对其治学旨趣、学术风格、治学领域和方法的发掘和探讨，颇能窥见民国时期史学发展的时代特点和趋势。这也提醒我们应重视挖掘一流学者之外的学者群体，方能更全面地总结和探讨某一时代的学术全貌。

---

① 童书业的批评见《童书业史籍考证论集》下册（中华书局2005年版）"评卫聚贤古史研究第二辑"。

第六章 陆懋德《中国史学史》的特点和价值

史学史是对史学自身进行总结和反思的一门学问，在历史学的发展中占有基础性和关键性地位，虽然传统史学中很早就有史学史意识，但作为一门独立的近代意义上的学科，却是在20世纪才产生和发展起来的。梁启超在《中国历史研究法补编》中将中国史学史作为专史明确提出来，"宣布了这门专史的诞生"[1]，而20世纪30年代中国史学史课程及讲义的出现，则标志着这门学科的真正起步。当时，陆懋德[2]在北平师范大学、卫聚贤在上海持志学院、蒙文通在四川大学开设了这一课程，并都编有讲义。上述讲义虽未公开出版，但"对于中国史学史学科的建立仍有重要意义"[3]，陆、卫之作更被学者称为"目前国内所见最早正式以'史学史'命名的专著"[4]。鉴于目前学界对陆懋德《中国史学史》的探讨仍局限于《中国史学史参考资料》（1961年第4期）所刊目录，笔者兹就其内容、特点及价值略作进一步介绍。

第一节 两份目录之差异

陆懋德开设中国史学史课程及编写讲义的具体时间，现已很难查考，国家图书馆所藏讲义上也未标明印刷年月，由书中所开列参考书包含郭沫若的《两周金文辞大系》推断，当成于1932年之后，与卫聚贤所编讲义约略同时或稍晚。但是，此版讲义目录与《中国

---

[1] 周文玖：《中国史学史学科的产生和发展》，北京师范大学出版社2002年版，第33页。
[2] 陆懋德（1888—约1961），字咏沂，山东历城人。少时曾在山东高等学堂师从姚永朴学习，1911年3月考入清华学堂，并被录取为清华第三批直接游美生，在美国取得教育学学士和政治学硕士学位。1914年回国后，历任大总统府礼官、教育部视学和编审、华盛顿会议中国代表团成员等。1919年任北京政法专科学校教授。1922年受聘清华学校，教授周秦哲学史等。1926年筹办清华学校历史系，并担任系主任，同时兼任哲学系讲师。1927年任北平师范大学历史系教授、系主任，同时在北京大学女子师范学院和辅仁大学、燕京大学、北京大学教授考古学和中国上古史等。1937年随北平师范大学西迁，先后至长沙和兰州，历任西安临时大学、西北联合大学、西北大学历史系教授、系主任等。其治史领域宽泛，代表作有《周秦哲学史》、《中国上古史》、《中国史学史》、《中国文化史》以及《史学方法大纲》等，多受学人好评。比如，金毓黻称其"以精研古史名家"（见《中国史学史》，商务印书馆1999年版，第424页）；柳诒徵评价《周秦哲学史》"征引详赡，断制多当"（见《评陆懋德〈周秦哲学史〉》，柳曾符、柳定生选编：《柳诒徵史学论文续集》，上海古籍出版社1991年版）；齐思和则盛赞《史学方法大纲》说："国人自著史学概论史学方法一类的书不少，其中以陆懋德先生的《史学方法大纲》一书为最精。"（见《近百年来中国史学的发展》，《燕京社会科学》1949年第2期）
[3] 宁泊：《史学史研究的今与昔——访杨翼骧先生》，《史学史研究》1994年第4期。
[4] 谢保成：《中国史学史》，商务印书馆2006年版，第6页。朱仲玉《中国史学史书录》（《史学史研究》1981年第2期）称陆书为"我们目前所见正式以'史学史'命名的较早的书"。

史学史参考资料》所载目录存在不小差异，当是编成后又经修改，而陆懋德于1927年底已由清华转至北平师范大学授课，因此成书时间或许更早也未可知。

这部讲义约几万字规模，共分九章，章下不设节，而在页眉处标注小标题，以概括某段或某几段的主要内容。现将两份目录的内容及顺序相异之处列表以示。

章名	国家图书馆版	《史学史参考资料》版
第一章 历史的起源	史学史之范围；古文字之起原；（无）；三皇五帝之书；上古帝王世系；虞书逸篇；（无）	史学史之发现；古文字及书；古书多不可信；所谓三皇五帝之书；上古帝王年谱；虞书佚篇；古史简册之字数
第二章 上古的史料 （《史学史参考资料》版标为"夏商及周初的史学"）	（无）；夏文字未发现；现在商书篇名；泰誓篇的问题；周诗内之日食；史逸为最古的史家；（无）	皋陶益稷二篇问题；（无）；商书的问题；太誓篇的问题；周诗内之日蚀；（无）；周书多是亡佚作品
第三章 周末的史学（《史学史参考资料》版标为"春秋战国的史学"）	正式史记之始；作春秋之预备；春秋之深义；文武之道为标准；左传非全伪；（无）；竹书纪年为魏国国史；穆天子传为传记体之始	（无）；（无）；作春秋之深义；（无）；（无）；西人对左传之研究；竹书纪年为国史之常体；穆天子传为传记之始
第四章 两汉的史学	汉人传书为最大贡献；二十九篇与二十八篇之异；三传之发现时代；陆贾楚汉春秋；（《史记》）班固之评语；（《史记》）刘知幾之评语；（《汉书》）刘知幾、郑樵之评语；蔡邕续汉史未成；荀悦汉纪；（无）；（无）；汉人所辑古史	汉人传书为史学最大贡献；今文古文之分；三传之成书时代；（无）；（无）；（无）；蔡邕续汉书未成；楚汉春秋及汉纪；列女传；吴越春秋；越绝书；（无）
第五章 魏晋的史学	前代史学不重考证；魏晋人之考证；谯周作古史考；（无）；晋初发现竹书古文；汲冢之影响于考证；魏蜀吴三国史书皆亡；陈寿不满诸葛亮；诸葛亮事多淹没；（无）；（无）；（无）；高士传、列仙传	（无）；历史的考证学；谯周古史考；谯周学于秦宓；（无）；（无）；魏蜀吴三国史书；（无）；（无）；晋初发现竹书古史；穆天子传；竹书纪年；高士传
第六章 南北朝的史学	南北著作不同；（无）；（无）；（无）；（无）；裴松之三国志注；江淹齐史；所谓秽史；通史之需要；梁武帝通史之内容；刘知幾批评通史；民族谱	（无）；梁武帝通史之创作；通史之需要；通史之内容；新增类传篇数；原本已亡；（无）；（无）；（无）；（无）；（无）；氏族谱
第七章 隋唐的史学	隋修诸史；魏澹魏书；唐修诸史；五家史批评；南北史批评；书中多存六朝遗文古迹；修国史不成；韩愈、柳宗元之史才；韩愈惧作史受祸；谀墓之文；朱子推崇通典	隋修各史皆未成书；（无）；（无）；（无）；（无）；（无）；韩柳二氏期于为史；韩愈惧受史祸；（无）；（无）

章名	国家图书馆版	《史学史参考资料》版
第八章 宋元明的史学	新、旧唐书批评;(无);新旧五代史批评;欧阳修碑志之文;论正史之体裁;所谓十七史;李焘《续通鉴长编》、王偁《东都事略》;李心传《建炎以来要录》及杂记;旧闻证误的方法;袁枢修国史书法不隐;(三朝北盟会编)阐明宋外交之失败;(通志、文献通考)二书性质不同;宋史详于事实;杨维桢正统辨;元遗山之野史亭;刘祁之归潜室;揭傒斯总修三史	(无);所谓十七史;(无);(无);(无);(无);(无);李心传系年要录及朝野杂记;旧闻证误;(无);(无);(无);(无);(无);元好问之作史;(无);揭傒斯论修史
第九章 清代的史学	经学即史学;马骕绎史、材料丰富;黄宗羲修宋史未成;顾炎武天下郡国利病书严衍通鉴补;明史稿之亡失;王夫之史论;张廷玉等修明史;(无);明史例案;著书人的问题;(无);(无);(无);钱大昕之历史考证学;廿二史考异;重修元史;手稿未定;论治史及作史;王鸣盛十七史商榷;论读史之法;赵翼二十二史札记;钱大昕序其书;顾祖禹读史方舆纪要;洪亮吉之史地学;崔氏方法之误点;魏源圣武记及海国图志;元史新编;李元度先正事略;(无);(无);(无);(无);(无);清代之宋史研究;清代之元史研究;洪钧、屠寄之书;西文的蒙古史料	古经内多史书;(无);(无);(无);(无);(无);(无);(无);黄宗羲有意修明史;明史条例;(无);西夏辽金纪事本末;马骕绎史及左传事纬;王夫之读通鉴论及宋论;(无);(无);(无);(无);(无);(无);(无);崔氏方法之批评;(无);(无);(无);历史的解释与国民意识;结论历史考证之学;阮元国史儒林传;魏源圣武记;李元度先正事略;(无);(无);(无);(无)

第二节 以史书编纂为主线梳理中国史学的演进脉络

中华民族既具有浓厚的历史意识,也具备比较自觉的史学意识,传统史学中蕴含着丰富的史学史因素。这些因素在近代以来史学学科化和专业化过程中,促进了史学史的产生。在陆懋德之前,有关中国史学史的研究已有一定积累,但如何编纂一部系统的中国史学史,却没有直接的范本可供参考①。当时最具影响力的,莫过于梁启超所规划的史官、史家、史学的成立及发展、最近史学的趋势这一框架②,在很长一段时间内主导着史学史的编纂。陆懋德曾与梁启超同在清华任教,对梁之史学十分推崇,于《筹办历史系计划书》中称:"史学急需整理,史书急需改造,人所共喻,无待多言,近时学者如梁任公、王静安

---

① 这是一门新兴学科在草创时期所必然面临的困境。1938年,金毓黻仍在日记中称:"始撰《中国史学史》,无可依傍,以意为之。梁任公于其《历史研究法续编》中有中国史学史作法一节,尚可取资,惟语焉不详。闻卫聚贤撰有是书,由《大公报》出版,亦未之见。"参见《静晤室日记》"1938年2月22日",辽沈书社1993年版,第4103页。
② 梁启超:《中国历史研究法补编》,《饮冰室合集》专集之九十九,中华书局1989年版,第153页。

两先生，皆治史学有名，并为本校罗致，此实千载难遇之机，亦为中外属目之点。"①因此，其对梁所论史学史的研究内容当有所了解，而《中国史学史》所探讨内容和范围也未超出上述范畴。不过，陆懋德曾赴美留学三年，对于西学较为熟悉，故而他对于史学史的认知，也更多地来源于西方史学。他开篇即阐述编纂缘起及史学史的内涵，称：

> 近世西方各种科学，日趋细密，故每门科学各有历史的研究……所谓历史的研究者，即谓取某种科学之经历，而研究其自古到今之起源、变迁及结果。此亦因现代科学进步太速，变化太骤，非作为历史的研究，即不能知其已往的经历……各种科学如此，史学亦无不如此。所谓史学史者，在西语谓之"历史之历史"，此即叙述自古来之历史的成绩，凡历史家之作史的方法艺术，及其演进发展的程序，皆在讨论之内。唐人刘知幾《史通》内有正史篇，即其史学史之雏形，惜此外在吾国尚无独立著作……盖前人皆视史学为文学的一支，而不知其为独立的科学，故将史学讨论附在文学史内，而于史学本身则甚少为独立的系统研究。直至最近始为人所注意。②

显然，他以西学为立论依据，突出强调了史学的科学资格，并认为每一门科学都应当以历史的眼光审视自身发展历程，因此理当重视史学史的统系研究，而其主体内容应为史家和史书。这一理念直接决定了该著的主要内容和突出风格，即：以史书编纂为主线梳理中国史学的演进脉络。

陆懋德将中国史学的发展分为九个时期，而每一时期都以史家的生平、修养、修史过程和方法以及史书的真伪、内容、版本、流传、体例和学人批评等为论述主体，此从目录即可明白看出。但是，其撰述目标并非考证史实，而在于总结、阐明中国史学的演进历程，因此极为重视史书编纂在不同时代所发生的新变化。比如，他评论春秋战国时期的史学说："春秋战国为吾国各种学术发展之时代，亦为史学发展之时代。前乎此期之史书，只有《尚书》一种……至西周亡，东周初即入于春秋时代，而史学即发生一大变化。盖是时文化日进，不但王室有正式史记，即列国诸侯亦莫不有正式史记。"③及孔子作《春秋》，"以政治的眼光判断各种问题，此自为上古史学中一大进步"④。至《左传》出，"虽依《春秋》为传，然其逐年记事，贯串首尾，叙述甚详，读之于二百年之各国大事，了然在目，与《春秋》之仅标题目者不同，此又为吾国史学上一大进步"⑤。将史书种类的日渐丰富、史义在史书编纂中的贯彻以及史书内容的日渐详尽作为此一时期史学所取得的三大进步，见识卓越、议论精当。

---

① 陆懋德：《筹办历史系计划书》，《清华周刊》1926年第25卷第16期。
② 陆懋德：《中国史学史》，国立北平师范大学印刷，年月不详，第1页。
③ 陆懋德：《中国史学史》，国立北平师范大学印刷，第12页。
④ 陆懋德：《中国史学史》，国立北平师范大学印刷，第13页。
⑤ 陆懋德：《中国史学史》，国立北平师范大学印刷，第15页。

而且，他也并非完全沉浸于对单部史书的叙述和评价，而是常以宏观的视野对某个时期的史学特点作整体把握。如在论述清代史学时指出："吾国史学之工作，至前清而发生极大变化，此即因清初忽然发达一种汉学，而史学遂大受汉学之重大影响……清代汉学家，首能本此精神，以治群经，故于辨别真伪，校勘错误，搜求证据诸工作，皆有相当之成绩。凡此等工作，固皆史学所必需，更由治经以推之治史，故其在史学上之成绩亦为前代所不及。"①将考证学对清代史学的影响作了较为扼要而清晰的说明。

值得注意的是，陆懋德将能否为史学发展作出创造性贡献视为史书编纂的评价标准，因此对于官修史书的成绩并未给予应有的估计。在他看来，设馆修史虽保存了大量史料，为中华文明的传承作出贡献，但往往多因袭而少创新。最明显的例子是，对于世人所称颂的唐修正史，他却认为"唐人所修诸史，不过整理旧文，并无特著之成绩。后有刘知幾出，遂著史学方法之专书，为前人所未及"②。单从编纂角度加以考察，未能从制度层面对官方史学给以恰当定位。相反，宋代由于在史书体裁方面取得重大突破而获其高度评价：

> 前代史学著作之体例，自汉初至唐末，实际上皆互相因袭，无甚变动。盖自司马迁班固以后，均以纪传体之断代史为正史，即有用编年体者，亦多以断代为限……由是而谓西汉以后之史学并无创作，亦无不可。譬如编年体之通史在此千余年内最为需要，而亦最为缺乏……如此则《通鉴》及纲目之体例，不能不归功于宋人，而纪事本末之体例，尤为宋人所特创。盖《通鉴》之体，既较正史为简要，而纪事本末之体，又较《通鉴》为简要。由是可见宋人在史学上之贡献，远过前代……辽金元明人之史学著作，又不过步趋宋人，无他创作，且成绩又不逮宋人。③

这也再次证明了他以史书编纂为史学史主体内容的学术取向，书中有关史官、史学方法、史学批评等其他论述也都以此为中心展开。

此外，陆懋德在评点史书时，一般遵循既肯定成就又指出不足的原则，力求做到全面、客观而中肯。比如，他评价魏源所著《圣武记》和《海国图志》称："私人记述当代帝王大政，及外洋立国状况者，此为当时第一著作。然魏氏在当时，未能多见清宫档案，又未习学外国语言，故……二书皆有材料不备之讥。且以私人作本朝史，而不列所用材料之出处，亦难以取信于世。"④既充分肯定两书在当代史和外国史编纂上的开创地位，又对其史料运用加以批评，要皆切中肯綮，显示出深厚的史学功底和独到的学术眼光。

---

① 陆懋德：《中国史学史》，国立北平师范大学印刷，第61—62页。
② 陆懋德：《中国史学史》，国立北平师范大学印刷，第44页。
③ 陆懋德：《中国史学史》，国立北平师范大学印刷，第49页。
④ 陆懋德：《中国史学史》，国立北平师范大学印刷，第73页。

第三节　中西史学比较的重要开拓者之一

近代以来，中国被强行拖入世界文明体系，并在与西方的对比中面临着由文变野的地位转换，中国士人也经历了从西学为用到中学不能为体的心路历程。当西学在士人心中完全占据文化优势后，他们"反求诸己"所看到的多是传统之鄙陋，表现出强烈的激进情绪，渴望毕其功于一役。这一文化心态表现在史学上，即为20世纪初以梁启超为首的新史学对传统史学的猛烈批判。"五四"以后，随着中西文化碰撞的不断深入，学人在检讨传统史学时，虽仍以西方史学为标尺，但态度逐渐趋于理性，更加注重挖掘其长处，以期融合中西，各取所长，并最终超越西方。史学史学科的产生，本身就是最好的证明。对此，陆懋德不仅有深刻的体察，而且自觉进行大胆的尝试。他在编纂《中国史学史》的同时，于《师大史学丛刊》上发表《西方史学变迁述略》一文，明确指出：

> 西方史学在19世纪以前，无以优异于吾国，且其著作亦远不及吾国史籍之丰富。惟自19世纪以来，科学进步过绝前古，各种学术无不日进，而史学亦与之俱进。吾国史学界比之西方，诚为落伍，然此亦因他种学术同时落伍之故，决非史学一家之罪。吾国近时受西方学术之压迫，凡旧有的经学、文学、理学，皆不易前进，只有史学尚有发展之余地，故国人对于史学研究之兴味，较前浓厚。吾国人既欲从事于史学之工作，即不可不于西方史学已过之经历，及已往之成绩，加以研究，以备参考。①

显然，陆懋德发展了梁启超所谓"今日泰西通行诸学科中，为中国所固有者，惟史学"②的观点，准确把握了近代以来史学地位的上升，即："通史致用"取代"通经致用"，史学成为中国学术自强的急先锋。他试图总结中西方史学的发展历程及主要成就，进而为中国史学、学术的深入发展提供参考，这也是他编纂《中国史学史》的思想动因。因此，具有较为突出的史学比较意识，就成为这部讲义的另一大特色。③

在陆懋德看来，历史考证和解释是史学的两大主要任务，而中国史学与西方史学相较，显然具有重考证、轻解释的特点。"西国言史学，共有考证及解释二种工作，考证所以决定事迹之虚实，解释所以说明事实变化之原因结果。吾国史学家重视考证而轻视解释，原不完备。"④故而，他十分注重总结传统史家在考证方面的成就，给以充分的肯定和高度的评价，并与西方史学作类比。他指出：

---

① 陆懋德：《西方史学变迁述略》，《师大史学丛刊》1931年第1卷第1期。
② 梁启超：《新史学》，《饮冰室合集》文集之九，中华书局1989年版，第1页。
③ 而且，他认为中国史学在19世纪以前曾取得举世无匹的成就，尤其反映在史籍的繁富程度上，由此进一步解释了他为何以史书编纂为叙述主线。
④ 陆懋德：《中国史学史》，国立北平师范大学印刷，第65页。

盖前人作史,仅知转抄史料,而于鉴别史料,考证史料之工作,未知注意,此亦是时代的关系使然。司马迁虽自称"折衷于六艺"……而杂采传记小说多未考证。其他西汉学者虽标榜"实事求是"……而多是墨守师说,亦不知考证。至后汉王充作《论衡》,内有《书虚》《儒虚》等篇,多考证早事。其后应劭作《风俗通》,为考证礼俗之作,蔡邕作《独断》,为考证典制之书。自此以后,考证之学渐为世重。三国分立,各国之记载,彼此不同,于是愈引起比较参稽之兴趣……晋太康年间,汲郡古冢发现竹简古书,与经传大异……由是比较文字、考订异同之学,日益发展……自谯周出,始据经典以纠正《史记》之谬误。司马彪出,始据竹书以纠正谯周之谬误。西人所谓历史的考证学(Historical Criticism)在中国当以为始。惜二人之书皆亡,不可不谓史学上一大损失。①

将历史考证学在中国的形成过程予以简要梳理,所论颇有新意。此外,他十分注意挖掘史家在考证方法上的贡献。比如,他认为刘知幾之考证,"其方法在取证于当时记载,而不取证于后人记载,尤合乎近时西人之说……与近世德国史学派论调,完全相合,此为最谨严之考证方法"②,将其与兰克学派对档案材料的重视置于同等地位。而且,他极为推重西方天文学的输入对中国历史考证学所发生的影响,认为:"宋人之考证,非无成绩可观,而终不若清人考证之近于科学方法。此因西洋天算之学,已于明末输入中国,而清代汉学家多通天算,故能由此而得'科学方法',为前人所未知。汉人'实事求是'之说,不见重于前朝,而收效于清代者,其故在此。"③西方科学的输入,加强了历史考证的严密性和科学性。也正是基于这一点,陆懋德极为赞赏钱大昕"应用各种方面之智识,以得出精确之结果"的考证方法,认为"西方所谓'客观派的史学',在中国当以钱氏为始"④,实际上抓住了清代历史考证学的核心所在。

当然,对于中国史家在考证方面的不足,陆懋德也如实指出。比如,他一方面肯定崔述考证古史的方法和成绩,认为"其方法如剥竹笋,以层层剥削,至见最终之所在为止"⑤,"要之清代治上古史之成绩,终以崔氏之方法为最精确。崔氏之逐层辩诘,以去伪而求信,实能改变二千年来古史家传统的思想,而走入建设信史的正路"⑥;另一方面又对其不重视地下材料加以批评,指出:"崔氏之方法,固足以廓清古史之虚伪,而其误处则以为后人所知必不能多于前人……近时西国治古史者,必须注重地下发掘之材料,而后人所知往往远过于前人。崔氏不达此义,故只知在书本中推求已知之材料,而不知在地面下尚

---

① 陆懋德:《中国史学史》,国立北平师范大学印刷,第26页。
② 陆懋德:《中国史学史》,国立北平师范大学印刷,第45页。
③ 陆懋德:《中国史学史》,国立北平师范大学印刷,第62页。
④ 陆懋德:《中国史学史》,国立北平师范大学印刷,第68页。
⑤ 陆懋德:《中国史学史》,国立北平师范大学印刷,第72页。
⑥ 陆懋德:《中国史学史》,国立北平师范大学印刷,第73页。

有新出之材料，故其于上古史料，只能减少而不能增加，此自是为时代所限。"①

陆懋德对考证的重视，与当时新历史考证学日渐兴盛的学术环境不无关系，但他并未止步于此，而是认为，考证是史学研究的基本手段，是第一步工作，史学的终极目标在于对事实的解释。②因此，他虽然对中国传统史学做出重考证、轻解释的偏颇判断③，但也努力挖掘史家在历史解释方面的成绩。他不仅推崇王夫之的史论，认为其"批评史事多能贯穿古今，独具卓见……乃用政治哲学的眼光，以解释二千余年治乱兴亡之原因结果，在吾国实为不可多得之书"④，而且将今文经学派的撰述称为"合乎历史解释之著作"，指出：

> 诸家之于公羊春秋，不重列国事实，而重微言大义。其初原欲援公羊之义例，以求改革之实施，而救中国之衰敝，是即欲以史学见之实用。考西方言史学者原有考证及解释二种工作。考证偏于求真，解释趋于致用。前言清末诸家之于公羊春秋，则纯用解释的一种方法，而其结果则成为"春秋经世"之学。其急于用世者，尤以上文所言之魏源、龚自珍、康有为为最。然彼等终能利用历史解释，以造成一种新思想。清末所谓戊戌政变，及其后所谓变法维新，实皆由春秋公羊学家所催促而成。此见历史解释在国民意识与社会趋向，有极大之影响。⑤

他将今文经学的微言大义混同于历史解释虽然并不十分恰当，但能够准确把握晚清今文学在史学和社会近代化过程中所发挥的重要作用，足见学术意识之敏锐，也充分反映了其注重历史解释和史学致用的治史旨趣。这也从一个侧面证明，除新历史考证学和马克思主义史学之外，民国学界还存在一个以历史解释为旨归的史家群体，即新史学流派。⑥

由上述例子可知，陆懋德的中西史学比较，是建立在世界史学线性发展观之上的，暗含以西方史学为标尺衡量中国传统史学的意味，从而得出中国史学长于史书编纂和历史考证、短于历史解释的结论，认为中国史学的近代变革正有赖于西方史学的输入。他说：

> 清代诸儒既受汉学之训练，故于史学上校勘考证之成绩，皆为前代所不及。又于修成《明史》、改造《元史》外，并能修成《宋元通鉴》《明通鉴》。又能修成《续通典》《续通志》《续通考》及《清通典》《清通志》《清通考》，合前人之

---

① 陆懋德：《中国史学史》，国立北平师范大学印刷，第73页。
② 他后来在《史学方法大纲》（北京师范大学研究所资料室1980年版，第68～69页）中有更明确的表达："盖真实固是历史之重要条件，而吾人须只是求实尚非史学之最终目的……史料不伪，史迹不虚，而只是第一步工作。于此又需要第二步工作，即解释史事之原因、变化与结果，及其已过、现在、与未来之关系，是也。且死的史料，必经过如此的解释，而后于现时人有用，于现时人有关，而后能变为活的历史。"
③ 中国古代史学并非只重记述和考证，而是形成了独具特色的历史理论体系。参见瞿林东主编：《中国古代历史理论》，安徽人民出版社2011年版。
④ 陆懋德：《中国史学史》，国立北平师范大学印刷，第65页。
⑤ 陆懋德：《中国史学史》，国立北平师范大学印刷，第74—75页。
⑥ 参见刘永祥：《关于重写20世纪史学史的思考——以"新史学"的传承和发展为例》，《河北学刊》2013年第4期。

《通典》《通志》《通考》，谓之九通，其成绩实可惊异。关于史学方法者，如章学诚之讨论史例，崔述之考辨史料，其识见亦皆突过前人。其他关于各地方志及名人年谱，佳著甚多，至不可胜数。然总计清代史学家仍是长于考史，而不长于作史，故于片段的史书考证，皆足超越前人，而于整个史事整理，则多不能成书，或成书而不及前代，至于西人所谓科学的史学的方法，及用考古学、语言学以搜求史料，并用经济学、政治学以解释史事，尚为清儒所不及知。凡此皆有待于西方学说之输入，直至民国成立以后，始发生史学改造之思想。①

陆懋德编纂《中国史学史》的目的，是在认清中国传统史学优劣的基础上，吸收西方现代史学的优长之处，进而建构一套新的史学话语体系，这也是当时大多数有识史家的共同诉求。正因如此，他后来才专门撰写《史学方法大纲》，并明确提出"无所谓中西，但取其长而求其是"②的观点。

总之，陆懋德《中国史学史》兼具求真和疏通之意蕴，反映出20世纪以来新史学和新历史考证学的双重影响，虽论述内容略显偏狭，未能对官方史学及史学理论等给予应有关照，但在史学史学科的起步阶段，能够将中国史学的发展历程勾勒出粗略的系统，主线明晰而贯穿古今，并自觉进行中西史学的比较，已属难能可贵，标志着史学史从简单的概论形式发展成为以史部目录学为基础的专门学术史，具有开创意义，并在一定范围内产生了影响③。

---

① 陆懋德:《中国史学史》，国立北平师范大学印刷，第76页。
② 陆懋德:《史学方法大纲·自序》，重庆独立出版社1945年版。
③ 日本学者中山久四郎1935年出版的《支那史学发展史》便是参考陆懋德的讲义写成。参见乔治忠、姜胜利编:《中国史学史研究述要》，天津教育出版社1996年版，第18页。

下 篇
经史关系的变迁

第一章 谢无量经学思想略论

汉武帝独尊儒术以后，儒家经学成为二千多年封建社会的政治与学术指导思想。经典成为顶礼膜拜之对象，学者唯训诂、阐释而不敢妄加怀疑、非议。此种与封建专制制度相适应的学术模式，固为后人留下丰富的经学遗产，然亦严重阻碍中国学术实现自我突破。近代以来，科举废除，专制消亡，中西学术不断碰撞，吾国学术终于突破经学束缚而获新生，经学时代宣告终结，经学研究时代方兴未艾。皮锡瑞治经学史，梁启超治学术史，恰恰是为一个韶华逝去的时代作总结。质而言之，20世纪尤其是民国以后学术发展的一大走向是经学逐渐向哲学、史学、文学等分流和转化，逐渐被纳入到现代知识体系中。① 在这一由社会转型而带来的学术转型过程中，诸多学者进行了探索和努力，而谢无量正是较早对此时代大势和学术思潮作出敏锐反应并进行有益尝试的学者之一。

第一节 以现代哲学、文学理念统摄经学的尝试

谢氏学术成长的关键时期在1898至1913年。1898年，拜汤寿潜为师并与汤的女婿马一浮结为金兰，成为其接受新思潮的开始；1901年，入上海南洋公学进修，与马一浮等创办《翻译世界》，介绍西方新思潮，并与章太炎结交，既接受革命思想，又于经学上获得教益；1903年，《苏报》案发，远赴日本留学一年；1905年，与从美国留学归来的马一浮同至杭州，翻阅文渊阁《四库全书》，博览社会科学名著，学问因之精进；1908年，翻译斯宾塞著作；1910至1913年，任教于四川存古学堂（后改称国学院），拜吴之英为师，并与廖平、刘师培等相厚友善。要之，这十余年，谢氏不仅奠定雄厚的经学基础，而且广泛摄取西方社会科学知识，尤其在马一浮影响下偏爱哲学。此外，近代学术的一大趋势是将各种学问置于历史眼光之下考察，而谢氏学术发展的关键十年，恰逢梁启超所开创的"新史学"风行于世，学者莫不受此思潮影响。有此种种，故谢氏治学兼通文史哲，以内容论，首重哲学，次则文学，史学居末；而以方法论，则实受"新史学"思潮影响②。

---

① 近代以来学科分类和大学课程的设置演变恰恰也可作为经学向现代知识体系转化的最佳注脚。1913年，中华民国教育部颁布《大学令》及《大学规程》，规定大学取消"经学科"，分文、理、法等七科，而文科则分为史学、哲学、文学和地理学。而1914年，北京大学改经学门为哲学门则成为这一时代潮流的典型例证。
② "新史学"的内涵与外延甚为深广，然对当时学界影响最大的莫过于以进化论梳理历史演进的脉络并探寻其规律，因而重视通史和系统性的著述形式。谢氏即以此作为撰著哲学史和文学史的方法论统领，只是偏重于历史梳理和体系建构。其《中国哲学史》（以下简称《哲学史》）和《中国大文学史》（以下简称《大文学史》）虽然从内容上分属哲学和文学，但因其现代哲学和文学理念尚不成熟又重在梳理、述多而论少，反而显得史学的风格多了些，从这个角度讲，二书又恰可作为"新史学"在这两大专门史领域的早期代表。

谢氏谙熟经学，又兼擅西方哲学，而二者在义理层面颇为相近，故谢氏首先尝试以现代哲学理念统摄经学，①于1916年以高度的学术自觉和宏大的气魄完成并出版第一部中国哲学通史——《中国哲学史》，首次尝试以历史眼光系统梳理中国古代哲学的演变。

黑格尔曾在《哲学史讲演录》中指出中国哲学不属于哲学史，而谢氏则持哲学同质论，认为哲学无中西之别。②他说："哲学之名，旧籍所无，盖西土之成名，东邦之译语，而近日承学之士所沿用者也。虽然，道一而已。""在古之世，道术恒为士君子之学，称学而道在其中。及官学失散，乃谓之曰儒学，谓之曰道学，谓之曰理学；佛氏则谓之义学；西方则谓之哲学。其实一也。地虽有中外之殊，时虽有古今之异，而所学之事，所究之理，固无不同者矣。"③他对哲学的理解尚较粗泛，完全等同于中国道术，但却明确提出中国哲学并不游离于世界哲学之外，有力地反驳了黑格尔之说。当然，他没能像胡适那样专列一节论述中国哲学在世界哲学中的地位，但其论述对于尚处于起步阶段的中国哲学而言，是有一定意义的。

谢氏对哲学的理解直接决定了其哲学史体系以儒家经学为主体。首先，在论述上古和先秦时期哲学时，取材基本以六经为主，而辅以其他典籍。比如，在哲学起源上，他认为《周易·系辞》所载伏羲画八卦正是基于对宇宙的观察，因而"自伏羲始立古今哲学之元基"④；论述夏商时期的哲学时，主要依据《尚书·洪范》，对其五行、五事、八政、五纪、皇极、三德、稽疑、庶征、五福六极等加以辨析；论述周代哲学时，直以"六艺哲学"命名，而分易教和五学之教两大部分；等等。其次，他将中国哲学史分为几大阶段，每一阶段的篇首均设一章总论其时哲学变迁。而细究之，其所论实以经学演变为主体。如"汉代哲学总论"论述秦火后经学如何由立五经博士而逐步达到独尊地位；论述两汉经学之盛及今古文之分；论述两汉经学的谶纬化。其他如"宋代哲学总论"和"明代哲学总论"等亦皆以经学演变为论述主线。再者，他认为"统一代之学派而为书者，莫详于黄宗羲之宋元学案及明儒学案，此其体例皆近于今之所谓哲学史者也"⑤，故在编纂体例上主要借鉴学案体，于各时期哲学总论下系以人物，而所举各时代哲学人物，先秦诸子以下几乎皆为儒家学者。

由此，其《哲学史》无论从主体内容还是著述体例上似乎都更像一部中国儒（经）学史。然而，在这一看似陈旧的主体之上却有一条主线作为总贯穿，即以现代哲学理念对不同时期不同学派的哲学思想加以分类提炼和叙述。谢氏对哲学分类有着自己的理解，在《新制哲学大要》中他将哲学分为知之哲学和实在体之哲学两大部，前者包括观念论（知

---

① 北大改经学门为哲学门，冯友兰、嵇文甫出自经学门而皆从事哲学史研究，也都反映出这一学术发展理路。
② 虽如此，其亦明言中西哲学之不同特点，认为"西方之俗，泥物质而急功利，故其哲学，虽有观念论、实在论二派，互为消长，要之实在论尤深著于人心，往往拟生民于机械，认心象为实体，率与其科学进化相辅，不如吾国学者持论之超绝"。（谢无量：《新制哲学大要参考书·编辑大意》，中华书局1914年版）
③ 谢无量：《中国哲学史·绪言》，台湾中华书局1976年版。
④ 谢无量：《中国哲学史》，第6页。
⑤ 谢无量：《中国哲学史·绪言》。

觉、思考)、认识论(真理之认识、个体之认识、普遍之认识、哲学、普通论理学、直接理会及说明);后者则包括物之实体哲学(自然哲学观念论与实在论、自然界之最高概念、自然科学与实在论、最终正鹄论与机械论)、心之实体哲学(心理学之对象、我之概念、观念论之哲学系统、二元论及一元论、精神之不灭)、人生哲学(伦理学、美学、宗教哲学)。①他对哲学的分类虽尚不清晰和准确,但从哲学范畴而言,则已颇能涵盖现代哲学的基本内容。这一哲学分类运用到《哲学史》时,则又被概括为形而上学、认识论、伦理学三大主体部分,对每一时期每一学者的哲学思想论述基本都按照这一分类进行概括、提炼和论述。正如其所自言:"用今世哲学分类之法述之。"②由此可以清晰地看出,谢氏是以哲学统摄经学,绝非像有些学者所言哲学附庸经学,代圣贤立言,为经传注解。同时,他又颇能照顾到中国哲学自身的特点,故而在论述时并不死板按照上述分类,而以不同时期不同学者的思想特点立目。如他对孔子哲学思想的提炼即以"仁说"、"性说"、"德治论"、"忠恕"、"孝悌"、"五伦五常"设目,颇能抓住孔子学说的思想特点。再如他根据中国学术发展的特点和趋势,指出宋代哲学为中国哲学之极盛期,也是很有见识的看法。其言曰:"中国哲学,当以宋代为极盛。盖古之儒者,讲修齐治平之道,或详尽人事,而略于宇宙之本原。宋儒始明人性与宇宙之关系,立理气心性之说,不仅教人以实践,且进而推求其原理,故有以立其大本。"③至于宋代哲学兴盛的原因,他则归结为佛教之影响、道教之影响以及训诂学之反动,这一结论后来为周予同所吸收和完善。④

由上观之,谢氏在经学向哲学分流和转化及中国哲学体系建立的过程中,以领先的学术意识作出了自己的努力和贡献。《哲学史》自出版至1940年再版11次,足见此著在当时确实产生不小的社会影响,并非像某些学者所言《中国哲学史大纲》一出,此书即消沉无闻。当然,平心而论,学者视此著毫无价值、略而不论是不公允的,但就其对中国哲学及哲学史发展的贡献而言,无论从研究目的、研究方法还是编纂体例上,均无法取代胡著的"划时代"地位。谢氏自言"哲学史之作,在述自来哲学变迁之大势,因其世以论其人,掇学说之要删,考思想之同异,以史传之体裁,兼流略之义旨"⑤,因而虽以史学方法划分中国哲学发展阶段,但在著述体例上颇似学案体,又重梳理不重分析,且未总结哲学史研究的方法论。质而言之,即未能建立一套新的研究范式。相比之下,胡适则不仅明确区分哲学与哲学史的区别,更提出哲学史研究的基本构想。他提出哲学史研究的基本任务在于"明变"、"求因"和"评判",即梳理古今思想沿革变迁的线索,揭示沿革变迁的原因,认识各家学说的价值;在学术断制上径以老子讲起,更具革新性和震撼力;在方法上则明确提出重视史料的审查及研治哲学史的步骤。毋庸置疑,胡适是在新时期突破经学束缚,以科学眼光和理性精神重新审查以经学为主体的传统学术从而建立现代哲学体系的真正担当

---

① 谢无量:《新制哲学大要参考书》。
② 谢无量:《中国哲学史·绪言》。
③ 谢无量:《中国哲学史》,第329页。
④ 参见周予同:《朱熹》,载朱维铮编:《周予同经学史论著选集》(增订本),上海人民出版社1996年版。
⑤ 谢无量:《中国哲学史·绪言》。

者。谢、胡两书出版仅3年之隔,何以竟有如此大的反差? 这恐怕要从谢氏所处时代及其自身学术特点中去寻找原因。首先,他的学术成长历程及学术交游使其学术带有浓厚的传统气息。其虽未曾自标经学门户,因其所治并非传统经学,但他早年所交章太炎主古文,存古学堂期间所交廖氏主今文,刘氏主古文,吴氏主调和,故学术思想中亦略带有经学门户倾向,以其学术整体来看,这种倾向偏于古文。其次,他的现代哲学知识转借于日本,且时间仅为1年,实难与留学美国5年、系统接受西方哲学理念及史料审查方法的胡适相媲美。再次,他著书速度极快,自1914年开始,十年间著述20余种,虽没有直接证据证明《中国哲学史》历时多久完成,然通过其自1914年方始有系统著作问世、其参加社会活动的广泛程度以及此书的内容和深度来推测,成书时间当在两年以内。最后,他治学有一大特点,即善于抢占学术阵地。其一系列著作几乎均可视为特定学术领域的先锋之作,确然显示出学术意识的超前,因为从认识论上讲,发现问题和提出问题实居于第一位,但其著作在学术形制和内容上往往显得粗略而深度不足,此恰恰又是抢注发明权所并生的缺陷。①

  以上论述谢氏如何以哲学统摄经学及其优劣得失,下面简单评述其纳经学入文学体系的尝试。谢氏一生偏爱哲学和文学,因而既尝试建构中国哲学体系,又试图建立中国文学体系。《大文学史》即为这方面的代表作,这部紧随《哲学史》而出,较早尝试以历史眼光对二千年文学变迁"述其源流,明其盛衰"②的著作,以其宏伟的规模、贯通的气势铸造了中国现代文学体系的雏形。③此书优劣得失与《哲学史》几乎如出一辙。比如,他虽初步接受现代文学理念,但所立体系之庞杂较《哲学史》有过之而无不及,虽以文学为主体,同时却又涵纳经、史、子、集等整个中国传统学术。其采用章太炎《国故论衡》中对文学的分类:"分无句读文、有句读文为二,下分十六科,即图书、表谱、簿录、算草、赋颂、哀诔、箴铭、占繇、古今体诗、词曲、学说、历史、公牍、典章、杂文、小说是也。"又说:"经典亦散入各科中。《周易》,占繇科也;《诗》者,赋颂科也;《尚书》者,历史科之纪传类、纪事本末类、公牍之诏诰类、奏议类、告示类也;《周礼》者,典章科之官礼类也;《仪礼》者,典章科之仪注类也;《礼记》者,典章科之仪注类、书志类,学说科之诸子类、疏证类,历史科之纪传类也;《春秋》者,历史科之编年类……《论语》《孝经》者,学说科之诸子类也;《尔雅》《说文》者,学说科之疏证类也。"④他将经典按照内容和性质加以分解和归属值得肯定,但其文学分类较之现代文学理念显得过于博杂⑤,实为近代

---

① 葛兆光曾评述说:"一九一六年,那个特别手快而且特别善于抢先占领选题的谢无量就写过六卷一册的《中国哲学史》,不过他的著作常常只有一个新式的名称和一堆粗加选择的资料……它的叙述并不具备范式(paradigm)的意义……胡适的《中国哲学史大纲》由商务印书馆出版之后,一下就被取而代之。"(葛兆光:《思想史的写法——中国思想史导论》,复旦大学出版社2004年版,第2—3页。) 这段评述显然带有讥讽的色彩,亦有些过头。但由此亦可看出,其著书及占领学术阵地速度之快,确然给学者们留下深刻印象。
② 谢无量:《中国大文学史》卷一,中州古籍出版社1992年版,第43页。
③ 这部著作亦先后再版12次。
④ 谢无量:《中国大文学史》卷一,第8—9页。
⑤ 这恐怕正是其称自己著作为"大"文学史的原因所在。

以来文学史撰著从宽而泛向专而精过渡的时代产物。再如，他在武帝时代文学下设经术派、历史派、纵横派、滑稽派、小学派；在唐初文学下设经术之统一及小学、诸史之纂集等，都显示出这一特点。而以时代断制看，谢著《文学史》依然延续《哲学史》的传统，大讲邃古、五帝文学；胡适《白话文学史》径从汉代讲起，后来虽补充《诗经》，也较谢著为新。因而谢著遭到后来学者的严词批评，胡云翼指摘其把"文学史"当"学术史"、"文字学史"；"不懂文学原理"，遂致"取舍不当"；时代划分以政治分期而不"以文学的本位"。①这一评价虽尖锐却也颇能击中以谢著为代表的早期文学史的要害。故王文濡所言谢著"以世界之眼光，大同之理想，奋笔为之提纲挈领，举要治繁，品酌事例之条，明白头讫之序，核名实而树标准，薄补苴而重完全，百家于是退听，六艺因而大明……不仅为华士然犀之照，且可为朴学当璧之征"②云云，显是作序者的过誉之词。

第二节　融经入史：开拓经典研究的新方法

　　由上面论述我们还可以得出一个重要结论，即谢氏主观上已将儒家经典与诸子平等对待，并对传统学术进行历史的清理。这在今天看来，似乎无足为奇，事实上却折射出民国学术的一大重要转型：融经入史。民国时期，经学研究的群体逐渐发生根本性变化，由传统经师转为现代学者、史家。前者宗奉六经，后者信仰科学。新式学者突破传统注疏、训诂式的经学阐释模式，六经的载道与致用已非其研究出发点和目的地，而"六经皆史学"也难以准确反映新的学术潮流，因而"六经皆史料"就应运而生并迅速成为此时期学者的共识③，与此并起的则是在以历史眼光考察一切学问的时代思潮影响下兴起的经学史研究④。谢氏在"五四"新文化运动以后，进一步尝试挖掘经典的史料价值、以此探究古代社会情形并注重梳理经典研究的学术史。《诗经研究》和《中国古田制考》即为这方面的代表作。

　　《诗经研究》首先对《诗经》产生的时代地域、基本内容、义例、篇次等基本问题加以论述，颇能显示出新的时代精神和独到见解。比如，他论《诗经》的性质和起源"是有

---

① 胡云翼：《中国文学概论·导言》，启智书局1928年版。
② 谢无量：《中国大文学史》王文濡序。
③ 比如，钱玄同说："'经'是什么？它是古代史料的一部分，有的是思想史料，有的是文学史料，有的是政治史料，有的是其他国故的史料。"（见钱玄同：《重论经今古文学问题》，《钱玄同文集》第4卷，中国人民大学出版社1999年版，第138页）顾颉刚说："以后没有经学，而把经学的材料悉数变为古代史和古代思想史的材料。"（见顾颉刚编著：《古史辨》第一册自序，上海古籍出版社1982年版）周予同说："现在只能说'六经皆史料'，而不能说'六经皆史'了。"（见周予同：《怎样研究经学》，载朱维铮编《周予同经学史论著选集》（增订本），上海人民出版社1996年版，第634页）
④ 近年来，有学者认为，"五四"新文化运动前后兴起的经学史研究实际上使经学传统断裂，是以经学史研究取代了原本应该占据主导地位的经学阐释，认为应接续经学传统，建立现代经学学科。这种观点有一定道理，但事实上不仅错误地贬低"五四"新文化运动对经学转型的时代意义，也没有注意到当时并非所有学者都不注重经学思想和真价值的阐发。

诗以来的第一部大总集","要知道这一部大总集的来历,当要先晓得诗的来历……诗是人类性情中自然所发出,故其起源,必然甚早。"①这就抹去了《诗经》作为经典的神圣光环,还原了其反映人们自然情感和源于社会生活的本质。事实上,《诗经》的去经典化正是"五四"新文化运动的一大功绩。胡适、钱玄同等人都明确提出,《诗经》不是圣经贤传,只是古代歌诗总集。钱玄同说:"《诗经》只是一部最古的'总集',与《文选》、《花间集》、《太平乐府》等书性质相同,与什么'圣经'是风马牛不相及的。"②当时学者为示革新,多有称《诗经》为《诗三百》或《三百篇》者,蒋善国即将自己著作命名为《三百篇演论》。再如,对于《诗经》学上争议纷繁的《诗序》问题,谢氏亦站在时代前列提出了自己的独到见解。他列举三条证据,证明《诗序》非先汉之作,继而考证作者当为卫宏,并明确批评那些以为将《诗序》作者定为卫宏将大大降低《诗经》价值的观点:"或以《诗序》如果卫宏所作,将使《诗经》声价大减。不知《诗序》纰缪百出,往往失去古诗本意。学者倘误认为子夏毛公之作,不加攻击,岂不真令《诗经》声价大减吗?"③这一论断具有重要意义,因为传统经师对《诗经》教化功用的大肆宣扬正是主要通过对《诗序》大义的阐发,而《诗序》既与孔子、子夏无关,也与先秦诗说无关,只是一位东汉经师所作,自然就没有任何神圣性和权威性了。学者在举民国《诗序》卫宏说时,往往自黄优仕《诗序作者考证》(1928年)及顾颉刚《毛诗序之背景与旨趣》(1930年)始,却没注意到谢氏之说均较二说为早且考证颇详。

其次,他对《诗经》学的演进脉络较早进行梳理,虽流于简略,却颇能抓住不同时代的学术特点。比如,他认为郑玄作《毛诗笺》与卫宏作《诗序》是汉代《诗经》学中的两件大事,自此三家诗便无法与毛诗争衡。而毛诗独传的理由,主要有三点:"(一)三家诗传世已久,人情厌故喜新,毛诗新出,故能风行一时。(二)郑君当时大儒,声望甚著,独为毛诗作笺,故学者群起附和。(三)西汉博士习气最坏,三家诗久立学官,多被牵入纬书杂说,毛诗独较纯正,传笺又复平实简要,易于传习。"④而胡朴安在《诗经学》中则对汉代《诗经》学加以总结说:"要而论之,西汉为今学时代,毛诗虽出,终不能与三家诗并行,所谓利禄之途然也。东汉为古学时代,三家虽未亡,《毛诗》卒至大显,所谓近于《诗》之本义故也。"⑤两相对比,显然谢之见解更能切中肯綮而给人以启发。他对宋代《诗经》学也给予高度重视,认为宋代学术是对汉唐训诂学的一大反动,"可谓经术革命时期",而治诗者多不轻从古说而能发前人所未发,"及朱子出,乃确开一诗学之新局面"。⑥同时,他又指出:"汉唐训诂的弊病,流为穿凿。宋明理学的弊病,又流为空疏。至清朝考据学大兴,复古派又标汉学的旗帜,以与宋学对抗。于是说诗者竞尚古义。"⑦不仅重视

———

① 谢无量:《诗经研究》,商务印书馆1923年版,第1页。
② 钱玄同:《论〈诗经〉真相书》,载顾颉刚编著:《古史辨》第1册,第46页。
③ 谢无量:《诗经研究》,第26—28页。
④ 谢无量:《诗经研究》,第41页。
⑤ 胡朴安:《诗经学》,商务印书馆1928年版,第91页。
⑥ 谢无量:《诗经研究》,第45页。
⑦ 谢无量:《诗经研究》,第45页。

《诗经》学自身演变中的关节点,而且将其演变置于整个中国学术演进大势中加以考察,充分显示出其深厚的国学功底、开阔的学术视野和高超的宏观把握能力。

再次,他以史学家的眼光揭示《诗经》的史料价值并以此探究古代社会情状。他认为:"诗与历史,最有关系。周代采诗,本用史官。诗就是一种史料……诗本是史的一种。"①因而,他通过考证《诗经》所载诗的不同年代以与先秦时期史事相印证,并初步探究《诗经》所反映的古代家族礼制、国家制度以及思想意识和伦理道德等社会情状,从而充分挖掘了《诗经》作为保存先秦历史的史料价值。比如,他引《大雅·大明》篇以描绘武王伐纣之事;引《国风·东山》篇以叙述周公东征管蔡之事;引《国风》诸篇以说明齐、晋、郑、秦等各诸侯国的治乱兴衰。他通过解释《诗经·大雅》等篇相关内容指出:"以上证明中国古代第一对于天,第二对于祖宗的尊敬与崇拜,是当时社会上一种流行的普通习惯,也就是当时道德上一种根本的原理。我们在《诗经》上,容易看得出来的。"②从中寻到了古代天人合一、尊祖敬宗思想的诸多证据。同时,他认为先秦时期的政治思想有南北地域之分,分别以孔孟和老庄为代表,而"《诗经》采诗的区域,多偏在北方。当然也是代表北方思想的一部著作"③。这一观点,由王国维首先提出和阐发④,而谢氏加以继承并发展。他还从《诗经》中爬梳出反映当时国家制度、家族礼制、伦理道德的内容,对当时的教育、军事、礼制和农事制度做了基本描述;对孝道、妇德、友爱等家庭道德和厚重、谨慎、克己、勤俭等个人道德作了提炼和探讨。所论明白通达而多有创见,充分反映出其挖掘经典史料价值并以此探究古代社会情形的学术特色。1925年,梁启超在《要籍解题及其读法》中说:"现存先秦古籍真赝杂糅,几乎无一句无问题,其精金美玉,字字可信可宝者,《诗经》其首也,固其书于文学价值外尚有一价值焉,曰可以为古代史料或史料尺度。"⑤充分肯定了《诗经》的史料价值。此后,郭沫若以马克思主义唯物史观为理论指导,通过深入分析《诗经》及其他先秦典籍的史料,系统研究殷周社会结构、意识形态的特点,得出中国上古社会经历过由原始公社制转变到奴隶制、由奴隶制转变到封建制两个变革的结论,认为"这两个变革的痕迹在《诗经》和《书经》上表现得更加鲜明"⑥。谢著自然与郭著相去甚远,既没有将《诗经》与其他典籍详加比对,也没有运用甲骨文、金文等考古资料,更没有得出关于上古社会形态的系统认识,但如果我们本着"同情的理解"来看,他的开拓之功实不应被后人忽视。

最后,谢氏还从《诗经》的诗形、诗韵以及修辞法等层面揭示出《诗经》的文学特色和价值。而上文所提他对《诗经》道德观的分析,即为其所谓哲学范畴中的伦理观。故《诗经研究》最能反映他运用以文史哲为主的现代学科理念和知识体系研究经学的治学旨

---

① 谢无量:《诗经研究》,第70页。
② 谢无量:《诗经研究》,第57页。
③ 谢无量:《诗经研究》,第58页。
④ 参见王国维:《屈子文学之精神》,周锡山编校:《王国维集》第一册,中国社会科学出版社2008年版,第27—30页。
⑤ 梁启超:《要籍解题及其读法》,复旦大学出版社1985年版,第118页。
⑥ 郭沫若:《中国古代社会研究》,《郭沫若全集》历史编(1),人民出版社1982年版,第90页。

趣,虽然简略,却时代特色鲜明,是"五四"时期将经典视为考察对象并运用现代学术理念加以系统研究的代表作,具有重要的方法论创新和示范意义①,较之传统《诗经》学而言,实前进了一大步,因而在《诗经》学史和中国经学史上都应该给予重视和恰当评价,不能以简单的"文学作品概说"加以定位。②他所开拓的以现代知识体系重新审视儒家经典的研究模式,恰恰反映出民国学术发展的大势。以《诗经》而论,自朱熹开怀疑之风,学者多有疑诗者,至近代魏源《诗古微》出,再经康有为、梁启超、王国维、胡适、鲁迅等学者的努力,附加在《诗经》上的封建性内容逐渐被剔除,《诗经》学也步入现代转型时期。以学术发展的内在理路而言,当研究积累到一定程度,必然有系统论著问世。这正可说明,在谢著之后相继出现胡朴安《诗经学》、张寿林《诗经六稿》以及蒋善国《三百篇演论》等众多简略却系统的研究性著作,绝非偶然现象,而是时代发展和学术演进的必然。以此而论,这部小书的价值又反在两个大部头的《哲学史》和《大文学史》之上了,此恰恰又反映出谢氏学术随着时代前进而臻至新境。

  1932年,他又撰成《中国古田制考》,不仅延续以经典为史料探究古代社会情形的学术方法,更为重要的是,其对井田制的考察尝试运用唯物史观,从而使其论述显得更加深刻而有说服力。关于井田制问题,1920年在《建设杂志》上曾展开过激烈辩论,辩论双方为胡适与胡汉民等。时隔十年以后,谢氏认为这"是历史上一个聚讼的问题……从周朝起,到晚清一般汉学家为止,不知经过若干的考证,费去了无数的笔墨。就是最近最有名的《建设杂志》和最流行的《胡适文存》,都载有长篇的辩论,好像这个问题,还没有得到适当的解决"③,遂以专著形式加以详细考辨。他反对廖平、康有为的"托古改制"说,也反对胡适的"乌托邦"说,认为这种看法抹杀了中国民族从游牧进到耕稼时期、由公有土地变成私有土地的实际演进情形。他以经济基础决定上层建筑为理论基点,将井田制问题置于古代土地所有制的演变过程中加以考察,从而证明其存在是社会发展的必经阶段。

---

① 后来胡朴安撰成《诗经学》,从体系上更加完整,包括《诗经》基本问题;历代《诗经》学;《诗经》之文字学、文章学、礼教学、史地学及博物学。内容上虽依然略带传统意味,且仍嫌简略,但正如其所言,"编此《诗经学》之主旨,为学者得一研究《诗经》学之方法而设,并非以此即可以尽《诗经》学也"。(参见胡朴安:《诗经学》对目录之解释,商务印书馆1928年版)我们正应从开拓经典研究的新方法这一视角给谢氏这部历来被学者忽视的著作以合理的定位和评价。事实上,以分科理念研究经典,是当时许多学者的共识,只是多数尚停留在理论主张层面,未付诸实践。如朱希祖曾说:"《诗》三百篇,用治文学的方法去观察当时社会的现象及心理",《易》则用哲学的方法去观察",《尚书》、《仪礼》、《春秋》用治史学的方法去观察"。(参见朱希祖:《整理中国最古书籍之方法论》,载《北京大学月刊》1919年第1卷第3号,第42—43页)吕思勉说:"夫以经学为一种学科而治之,在今日诚为无谓,若如朱君之说,捐除经学之名,就各项学术分治,则此中正饶有开拓之地也。"(参见吕思勉:《答程鹭于书》,《吕思勉遗文集》上,华东师范大学出版社1997年版,第243页)此外,陆懋德在1925年《清华学报》第2卷第2期《中国经书之分析》一文中也有相关论述,不再繁引。因而,谢氏等对一部经典进行多学科视野下的综合分析,实开经典研究一新路径。

② 夏传才称此书为"最早的一本把《诗经》当作文学作品向读者介绍的概说"(见夏传才:《二十世纪诗经学》,学苑出版社2005年版,第112页);洪湛侯称此书"是从经学角度立论,实际上还不能摆脱旧时说诗的樊篱"(见洪湛侯:《诗经史》,中华书局2002年版,第752页)恐都未能从经学转型的角度真正把握此书的时代特色和学术价值。鲁迅在其《汉文学史纲要》和《中国小说史略》中将此书推荐为研究《诗经》者必读参考书之一,恐怕也并非仅仅因为其是"'五四'较早的概说"(见夏传才:《二十世纪诗经学》,第113页)。

③ 谢无量:《中国古田制考》,商务印书馆1932年版,第1页。

他认为农业文明可以分为自由农业时代、国家管辖农业时代（夏殷周）和地主操纵农业时代（周以后——买卖盛行）三个阶段，而第一阶段无所谓制度，第二阶段土地皆归国有，需要整齐划一的制度，即为井田制，第三阶段货币经济发展，土地逐渐成为商品，井田制也就难以继续存在。他还通过援引经籍阐释当时社会结构如君权神授之确定、贵族阶级之成立、宗法制之组成等，作为井田制产生的社会背景①，并指出"一种制度，经过千数百年，哪能没有变迁。况传述的人，又非一时一地，又各受其主观成见的影响，安得丝毫不异。我们先要抽出封建时代之意象，看他如何与发现的事实相吻合。又看他的组织，是何等样精密。岂是后人所能凭空结撰的么？并且各种连环的构造，如军赋制度，宗法制度，色色都是与土地制度关系密切，更为当时社会所需要而决不可少的。历史进化之必然性，细证古书，自可释然。大处既能确定，小处便不必多所訾议了"②。不仅以社会结构的关联性和社会发展的必然性从宏观上证明井田制的存在，而且认为井田的划分是很精密和规整的。关于此点，郭沫若后来在对其早年否定井田制的看法进行自我批判时，亦指出"古代必然有过豆腐干方式的田制，才能够产生得出这样四方四正，规整划分的田字"，"田有一定的亩积而且规整划分的制度，除井田制之外不能想象"。③此外，他还指出"自王莽以下，一般北朝的皇帝，一直到近世洪秀全，都要把井田的制度，斟酌审慎地摹拟一番。不知道社会经济状况不同，人民生活环境不同。这种制度，固不能求其再现，也不必求其再现了"④，再次以生产力决定生产关系、经济基础决定上层建筑的理论依据，明确批判复古井田制的错误做法，又说："有人说井田制即是古之共产制度，将来社会进化，此等制度仍当再现。此说亦未可置信。盖工业文明发展以后，社会之生产力，已不依于农业而分配。古田制适成其为古田制，不必更希望其复活。"⑤以上种种已明显带有唯物史观色彩，说明他是较早接受唯物史观并运用到经学研究中的学者之一。⑥

---

① 谢无量：《中国古田制考》，第13—14页。
② 谢无量：《中国古田制考》，第27页。
③ 郭沫若：《古代研究的自我批判》，《郭沫若全集》历史编（2），人民出版社1982年版，第25—26页。
④ 谢无量：《中国古田制考》，第95页。
⑤ 谢无量：《中国古田制考》，第10页。
⑥ 谢氏对马克思主义的接触是较早的。早在1901年，他与马一浮等创办《翻译世界》时就曾因刊发论述社会主义著作而遭清政府限制和威胁。1917年，他撰成《王充哲学》，对王充哲学思想中表现出来的唯物思想大加赞赏，认为"符与统固远非充之匹也。以近世所谓哲学之意义揆之，则充于天地万物，皆用生物之理，推校其本，颇近于唯物论……充固断为汉代一大哲学家"。（参见谢无量：《王充哲学》，中华书局1917年版，第2页）1923年，他在评述先秦政治思想南北两派时说："北派的政见，多依德性上的感情；南派的政见，多依据利害上的需要。北派好比社会主义的乌托邦一派……南派好比社会主义中的唯物史观一派，应用内容，较为切实。但严格论起来，北派儒家最高的政治思想（如大同主义等），确近于社会主义，南派道家最高的政治思想，实近于无政府主义。"（见谢无量：《古代政治思想研究》，第4页）1926年，他在东南大学讲授历史研究法时，又"以唯物史观痛驳梁启超之历史研究法，是唯物史观在中国大学生中的第一次讲座，颇能吸引听众"。（参见谢祖仪：《回忆父亲谢无量》，载刘长荣、何兴明：《国学大师谢无量》"附录"，中国文史出版社2006年版）由此可见，他对唯物史观接触较早，而且最迟在20世纪二三十年代就已经初步尝试运用到学术研究中了。这一点似乎还不太为人所注意。

第三节　浓郁的"信古"风格

　　谢氏自接受新思潮后,广泛参加各种进步的社会活动,尤其是结识孙中山以后,更全身心投入革命事业,后又转而反对蒋介石独裁并积极参加抗日民主运动。其学术研究亦力求创新,尤其在经学向现代知识体系分流、转化的时代大潮中所率先作出的尝试和努力,都折射出强烈的创新意识和学术自觉。然而,其学术研究在整体上又反映出浓郁的"信古"风格,这种略显保守的理性往往限制其学术创新达到更高层次。换句话说,其行为、思想与学术在某种程度上实现了分离。关于其"信古"风格,前文已有提及,兹择其大者再略加论述。

　　谢氏对蒙昧无稽的传说时代不加怀疑。其《哲学史》和《大文学史》依然从三皇五帝讲起,设专节论述邃古时代的哲学与文学,而且对古代典籍的相关记载基本取信而不加审查。胡适就曾批评过谢氏对待史料不加抉择的做法:"最可怪的是有人引《列子·天瑞篇》'有太易,有太初,有太始'一段,及《淮南子》'有始者,有未始有有始者'一段,用作'邃古哲学'的材料,说这都是'古说而诸子述之。吾国哲学思想初萌之时,大抵其说即如此!'(谢无量《中国哲学史》第一编第一章,页六。)这种办法,似乎不合作史的方法。"①而且,谢氏对上古时期甚为推崇。如,他认为:"希腊柏拉图著新共和国,谓当以哲学者,宰制天下,而出政教。盖仅出于想望,非谓必可见诸实事也。独吾国自羲农以来以至尧舜,皆以一世之大哲,出任元首,故在中国历史中为治化最隆之世,后世靡得而几焉。"②这相较胡适的截断众流而言,无疑显得甚为保守和迂腐。当然,客观来说,胡适完全撇弃古代经籍、径从老子讲起,则未免又革新过度。正如梁启超所言,古代经籍如《诗》、《书》、《易》、《礼》等包含的思想为后来哲学家提供了营养,是中国哲学的重要源头,胡适"把思想的来源抹杀得太过了"③。

　　谢氏推崇周公,认为不仅《诗》、《书》、《礼》、《易》、《春秋》中多为周公所作,"周初文章,必推周公"④,而且"直到周初,出了周公一个卓越的人物,才想建设周朝的统一制度……他那典章制度,条理详密,组织完备,实前古所无,在政治思想史上开一新纪元"⑤。而孔子"著书大半根据周公旧典,加以删修,并未别创什么政治的新办法……公羊家曾说他有改制变周的意思,但实际上没有可以证明的条件",孔子更突出的是"利用伦理的方法来补充政治之不足"⑥。可见,他仍然信奉"六经皆周公之旧典",而以孔子承周

---

① 胡适:《中国哲学史》上,姜义华主编:《胡适学术文集》,中华书局1991年版,第22—23页。
② 谢无量:《中国哲学史》,第9页。而且他认为孔子的伦理政治思想中的"中庸"观念即导源于古代帝王:"中国古代学术皆出于帝王,故伊尹处畎亩之中,以乐尧舜之道,孔子亦尝称尧舜。故自尧舜以来相传之伦理政治原理,有即为孔学原理者,则中是已。"(见谢无量:《孔子》,中华书局1915年版,第129页)
③ 梁启超:《评胡适之中国哲学史大纲》,《饮冰室合集》文集之三十八,中华书局1989年版,第52页。
④ 谢无量:《中国大文学史》卷二,第26页。
⑤ 谢无量:《古代政治思想研究》,第2页。
⑥ 谢无量:《古代政治思想研究》,商务印书馆1923年版,第13—14页。

公之志,删述六经,集古代学术之大成。他对孔子删述六经深信不疑,因而在其众多著作中,往往不加考证,而径称"孔子晚年,从事删述诗书六艺之文"①,只在《诗经研究》中对孔子删诗存在的疑问一一给予解释,并下结论说:"吾辈自不能不相对地承认孔子曾经删诗,不能不承认现在流传的诗篇最古之一部大总集——《诗经》,就是经孔子删定后贻留下来的了。"②其论与当时已逐渐兴起的疑古思潮相较,可谓针锋相对。疑古派不仅大多认为孔子未曾删诗,甚至与其他五经亦无密切关系。比如,钱玄同认为"这书(《诗经》)的编纂,和孔老头儿也全不相干,不过他老人家曾经读过它罢了"③,而且认为"孔子无删述或制作'六经'之事","《诗》、《书》、《礼》、《易》、《春秋》,本是各不相干的五部书","六经配在一起当在战国之末"。④顾颉刚则指出:"六经自是周代通行的几部书,《论语》上见不到一句删述的话,到孟子,才说他作《春秋》;到《史记》才说他赞《易》、序《书》、删《诗》;到《尚书纬》,才说他删《书》;到清代的今文家,才说他作《易经》,作《仪礼》","'六经皆周公之旧典'一句话,已经给今文家推翻,'六经皆孔子之作品'一个观念,现在也可驳倒了"。⑤由此可以窥测他们治学方法与经学倾向的不同。

此外,谢氏在井田制问题上,明确反对疑古派,并充分肯定《周礼》的史料价值。他说:"在疑古论盛行之下,而考古学的发掘和研究,都当是萌芽幼稚时代,除了几部古书以外,很少其他确切的证据。我这种承认事实的人,或者竟被看作武断,也是无可如何了。"⑥相较疑古派视《周礼》为刘歆伪造而弃之不用,他认为"研究古制度,除了几部经书和诸子以外,更向何处去寻材料。周礼总有一部分是周朝制度,或也有一部分是六国附益。但说到古田制,他实有许多条理分明的记载,我们拿他和别的书参证,可以寻得一些头绪"⑦,显是继承了古文学派重视《周礼》的遗风。

以上种种,足以说明,谢氏虽经五四精神洗礼,在经学研究方法上大力开拓新路径,但同时又表现出浓郁的"信古"风格,相较当时势头极盛的疑古思潮而言,其学说则偏于理性或者说更保守一些。这除了前文曾提及的学术成长经历的因素外,与其对待传统文化的态度也尤有关系。1921年8月,胡适到上海,谢氏专程拜访,二人在新文化和旧文化的传播和发展上见解不同。以文学而论,谢认为古文学必有不少精华,应特别重视文言改白话文的功夫;胡则以为古文学是宣扬旧道德、旧文化,会影响新的开拓。⑧其子谢祖仪的回忆也能给我们一些启发,他说其父认为"要解决这些人们共有的旧观念,最有效的方法之一,就是搜寻我国古老的传统文化中到今天还闪烁着生命光辉的部分,探寻至今能鼓舞

---

① 谢无量:《孔子》,第99页。
② 谢无量:《诗经研究》,第9页。
③ 钱玄同:《论〈诗经〉真相书》,载顾颉刚编著:《古史辨》第1册,第46页。
④ 钱玄同:《答顾颉刚先生书》,载顾颉刚编著:《古史辨》第1册,第69—70页。
⑤ 顾颉刚:《论孔子删述六经说及战国著作伪书考》,《古史辨》第1册,第42页。
⑥ 谢无量:《中国古田制考》,第2页。
⑦ 谢无量:《中国古田制考》,第43页。他曾明言:"讲《周礼》是刘歆伪造,更是乱说。"(见谢无量:《古代政治思想研究》,第13页)
⑧ 参见刘长荣、何兴明:《国学大师谢无量》,第33—34页。

人们奋发向上的精神力量,帮助人们用这些健康的部分去克服那些腐朽僵化的部分"①。可见他对传统文化不以批判为主,而以继承、发扬为主,这两种态度也一直贯穿在20世纪学术发展之中,在特定社会条件下往往表现为激进与保守。

结语:时代转型造成的特殊学术现象

进入20世纪尤其是民国以后,经学逐渐向以文史哲为主的现代知识体系中分流和转化,新型学者在运用新学理和新方法研究经学这一大的方向上并无二致。然而,近代文化与传统文化绝非截然对立,而是一脉相承,因此,新型学者虽已不再严守经学门户,其学术研究却又往往在一定程度上表现出或今文或古文的倾向,传统经学的门户之争依然能从现代学术中寻得踪迹,新型学者身上所折射出的传统与现代的张力,正是时代和学术转型所产生的必然现象。更为值得关注的是,马克思主义唯物史观传入中国以后,无论古文倾向抑或今文倾向者,不论新史学派抑或新历史考证学派,均或多或少、或早或晚在某些方面、某种程度上接受并尝试运用,从而使其学术研究展现出不同气象,达到新的境界。从学术发展的内在规律而言,当经过长时间各派纷争的阶段后,往往会出现学术一统的趋势,而这种趋势的出现又常常与政治大一统相契合,这从经学在汉代和唐代的两次统一可以看得出来。总之,近代以来随着社会转型出现的经学转型正有待学者们深入开掘。

---

① 谢祖仪:《回忆父亲谢无量》,载刘长荣、何兴明:《国学大师谢无量》"附录"。

第二章 以史治经：周予同的经学史研究

周予同（1898—1981），原名周毓懋，字予同，浙江温州瑞安人。父亲为清末廪生。他幼时曾就读于晚清朴学大师孙诒让所办蒙学堂，小学毕业后考入瑞安中学，受当时一位国文教师启发，开始对古文感兴趣。1916年以第一名成绩考入北京高等师范学校国文部（北京师范大学前身），师从钱玄同。1919年，他以学生领袖的身份亲历了具有时代标志性意义的五四运动，参加了为后人耳熟能详的"火烧赵家楼"行动。1921年至1932年，入上海商务印书馆任国文部编辑、教育杂志社主编，并在上海大学执教。1933年起先后任教于安徽大学、暨南大学。1943年至1945年兼任开明书店编辑。1945年以后长期在复旦大学历史系任教，并曾任上海历史研究所副所长，担任《辞海》副主编和《中国历史文选》主编。他大学毕业后主编教育杂志，从事的是教育学工作，自1925年开始转向中国经学史研究，从此在这一领域潜心钻研，不断开拓，取得卓著的成绩。因他与周谷城均长期在复旦大学任教，且都取得令人瞩目的学术成就，因而为时人并称为复旦"二周"①。他曾自言其研究"自谓出自心得，非抄袭杂凑者可比"②。朱维铮在评价其成就时说："他的许多论著，写的那样系统，清晰，又饶有情趣，常令读者忘记面前出现的是本来非常枯燥乏味的经学问题，因而到现在还被许多学习中国思想文化史的青年看作是上等参考书。他的学术成就，不仅吸引着国内的研究者，而且影响已经飞到海外；近年来，我就不止一次地遇到日本、西欧的汉学研究者，主动谈起他的经学史论著，对他的学问造诣表示敬意。"③

第一节 以史学治经学，以史学统一经学

汉武帝独尊儒术以后，经学高居庙堂，占据中国学术主导地位达两千余年。近代以来尤其是进入民国以后，随着西学输入的不断扩大和中国社会内部的不断变化，经学逐渐受到冲击而开始发生转型。由此，一个带有方法论意义的重大时代课题摆在了中国学人面前：如何对待经典？如何研究经学？周予同在前人基础上以深厚的国学功底和敏锐的时

---

① 周谷城对此曾有一段回忆："朋友们常笑谓予同与我为复旦'二周'，我与予同，同年、同姓，同学又同行，称为'二周'，当然有意思。有时又称'东周西周'，也不是没有意思的：予同治经，转而兼攻中国史；我治中国史，转而兼攻世界史；中国史与世界史，可以称为东与西，笑称'东周西周'，并非刺讽，只证明我们两人关系密切而已。"（见周谷城：《怀念周予同教授》，《周谷城史学论文选集》，人民出版社1983年版，第426页。）
② 周予同：《周予同自传》，《晋阳学刊》1981年第1期。
③ 朱维铮：《中国经学史十讲》，复旦大学出版社2002年版，第212页。

代洞察力对此给予了明确的回答:以史学治经学,以史学统一经学。他的这一治学旨趣不仅与其师友交往、学术经历以及强烈的现实关怀密不可分,亦是时代精神与思潮的集中体现。

1928年周予同在为皮锡瑞《经学历史》注释本写的序言中,明确强调了经学史的重要性。他指出中国经学研究绵延两千多年,经籍数量巨大,虽然有广义的经学史或部分的经学史,但是却没有一部严整的、系统的经学通史。虽然皮锡瑞的《经学历史》、刘师培的《经学教科书》第一册可以称为通史,但以两位近代著名的经今古文学大师而言,就显得过于简略,而且二者依然严守经学门户,其目的是为各自学派张目。①"最近日人本田成之撰《支那经学史论》,已由东京弘文堂出版。以具有二千多年经学研究的国度,而整理经学史料的责任竟让给别国的学者,这在我们研究学术史的人,不能不刺骨地感到惭愧了。"因此,他明确提出:

> 在现在,经学之继承的研究大可不必,而经学史的研究当立即开始。因为它一方面使二千多年的经学得以结束整理,他方面为中国其他学术开一条便利的途径。
> ……
> 我自以为是站在历史的研究上的。我觉得历史派的研究方法,是比较客观、比较的公平。②

他怀着强烈的民族自觉对中国没有一部严整、系统的经学通史而痛惜,故而热切盼望和呼吁开展经学史的研究,而且这种研究是超越经学派别之争,以历史的眼光和方法,对两千年的经学进行客观、公平的清理。他认为其他带有经学史性质的著作,如以经师为中心的胡秉虔的《西京博士考》,以书籍为中心的朱彝尊的《经义考》,以典章制度为中心的顾炎武的《石经考》等亦都存在着明显的缺点,即:"第一,每每是断代的记载,不能看见经学的整个趋势;第二,每每偏重个人的成就,而抹杀某一时代的全体表现;第三,甚至于仅有姓名而没有事实,或附以极简短的小传,大有'点鬼簿'的形式",或者"每每罗致若干史料,加以排比,而不能显出这种典章制度在经学上的前因后果和其相互间的关系"。他所期待的是能够反映两千年经学演进大势、前因后果以及相互联系的真正客观的历史著作,是以史学的方法研究经学。正是基于这个原因,他才对皮氏这部存在种种缺陷却"为经学史开辟了一新途径"③的《经学历史》加以注释。经过他的注释,"在实际上改变了原著的取向,将它由经学著作变成了历史著作,变成了具有经今文学倾向的中世纪中国

---

① 比如他批评皮锡瑞:"因为他不是史学家,所以史料的搜集不完备,史料的排比不妥善,而且每每不能客观地记述事实,而好加以主观的议论。他这部书……似乎不能将经今古文学、宋学的发生、变迁、异同、利弊一一显示给我们。他不能超出一切经学的派别来记述经学,而只是站在今文派的旗帜之下来批评反对派。诚然,就经学说,他是没有失掉立场;但是,就史学说,他这部书就不免有点宣传的嫌疑了。"(见周予同:《经学史与经学之派别》,载朱维铮编:《周予同经学史论著选集》(增订本),第102页)
② 周予同:《经学史与经学之派别》,载朱维铮编:《周予同经学史论著选集》(增订本),第96、97页。
③ 周予同:《经学史与经学之派别》,载朱维铮编:《周予同经学史论著选集》(增订本),第98、104页。

经学史的著作"①。

1933年他在《群经概论》中将以历史的方法研究经学的学派称为经学中的新史学派，并进而又将这派再分为三派：

> 新史学派可以说是产生于"五四"运动前后，到现在还不过十余年。这是超汉宋学、超今古文学而以历史的方法去研究经学的新学派……他一方接受历来经学学派的遗产，一方接受外来学术思想的影响，终于成为经学上的最后而且最新的一派……这派就现在说，可再细分为三派：一派，是以今文学为基点，摄取宋学之怀疑的精神，而辅以古文学之考证的方法；上举的钱玄同先生，即可视为这派的著名者。一派，是以古文学为基点，接受外来考古学的方法，寻求地下的实物以校正记载；新近逝世的王国维，即可视为这派的领袖。一派，以外来的唯物史观为中心思想，以经学为史料，考证中国古代社会的真相，以为解决中国目前社会问题方案的初步；著《中国古代社会研究》的郭沫若先生等，可归隶于这一派。

他虽将新史学派划归为经学流派之一，但随后指出"其目的在求孔子与六经的真相，老实地说，已超出含有宗教性的经学的范围而入于史学的领域了"②。这两段话至少可以反映出以下几点：1.步入民国以后，以史学的方法研究经学已经渐渐成为一股思潮；2.此时的经学研究受到西方学术思想的影响；3.同样是以史学治经学，但亦有具体方法和观念的不同；4.这派学者都与传统经学有着密切的渊源。周予同对新史学派的分类是否合理自可加以讨论，但他觉察到经学向史学转型、经学史学化的时代思潮，并对此加以学术总结，足以显示其敏锐的洞察力和高明的见识，也说明他对以史学治经学有了进一步的认识。

1936年他在《治经与治史》与《怎样研究经学》两文中对以史学治经学又进行了更为详细的阐释，并明确提出以史学统一经学。他认为研究经学至少要担负起两种使命：

> 一是积极的，将经典当作一种文化遗产，分部的甚至于分篇地探求他的真面目，估计他的新价值，使他合理地分属于学术的各部门……研究经典的另一种使命，可称为消极的，就是探求中国经典学所以产生发展和演变之社会的原因……这两种研究工作的路线，就表面上看似乎不同，但实质上是一致的。简明地说，就是以治史的方法以治经。所以中国经学研究的现阶段，决不是以经来奴役史……也不是以经和史对等地研究……明显地说，中国经学研究的现阶级是在不徇情地消灭经学，是在用正确的史学来统一经学。③

---

① 朱维铮:《周予同经学史论著选集·增订版前言》。
② 周予同:《群经概论》，载朱维铮编:《周予同经学史论著选集》（增订本），第221页。
③ 周予同:《治经与治史》，载朱维铮编:《周予同经学史论著选集》（增订本），第622—623页。

明确提出以史学统一经学，并总结其基本理论和方法是：既要视经典为史料，又要探究经学自身的演变及其原因。这不仅在当时具有理论开创性，即使以今天的眼光来看，依然具有很重要的方法论意义。

他认为研究经学应分为两个阶段。第一阶段是懂得经学，即："第一，要先懂得'经'是什么？第二，要懂得什么叫做'经学'？第三，要懂得经学上有些什么'派别'？这些经学派别不同的特征究竟是什么？第四，要追究这些经学学派为什么会发生？它的最基本的原因是什么？综合地说，就是要先从经学史的研究入手。"①进而选择专经阅读，在此基础上，方可进入第二阶段即研究经学。首先要对当前经学研究的学术主流有清醒的认识，即以史学治经学。明白这个理论后，具体工作可分为两方面："一是综合的记述的工作，一是分析的解释的工作。所谓综合的记述的工作，第一是经学史的著撰，第二是各经经义异同考的著撰。第三是经学与中国其他学问关系论的著撰……所谓分析的解释的工作，就是对于所谓'经学'再作一度的化验，我平素称这为'经学之定量分析'或'经学之定性分析'。那一种经典是经？为什么他会得到这'经'的尊号？他是否是孔子的话、为什么他会拉上了孔子？这都是经典的初步分析工作。"他总结说：

> 总之，简略些说吧，以"史"的观点来治"经"，以社会科学的见地，发掘经典里的沉埋的材料。你把握住这理论而有所成就，你就会以新的姿态出现于中国现代学术界，而不至于将自己穿戴着古衣冠杂厕在已死的古代的经学家的队伍里了！②

他实际上把以史学治经学的方法进行了初步具体化，使其具备很强的操作性，从而作为指导经学研究的一套较为完备的研究方法。清末民初以来，视经典为史料渐渐成为一股学术思潮，许多学者在自觉运用这一方法，但这只是以史学治经学的一个层面，周予同在此基础上予以总结并发展。③因此，他虽然不是以史治经的最初实践者，确是最初总结者。而且，从某种层面上讲，他是近代意义上中国经学史学科的开创者。

周予同治学旨趣的形成，大致可从三个方面分析。第一，自身学术经历及师友的影响。他幼时读过私塾，中学又打下坚实的古文基础。在北京高等师范学校国文部就读时，受到钱玄同、马裕藻、朱希祖等诸位名师的熏染，他们都是章太炎的高徒，兼通经史，因此周予同得以对经学及新史学都有相当的了解，尤其是钱玄同对其影响最大。他后来回忆说："在北京高等师范学校的老师中，如钱玄同、马裕藻、朱希祖等先生，都曾师事章炳

---

① 周予同：《怎样研究经学》，载朱维铮编：《周予同经学史论著选集》（增订本），第628页。
② 周予同：《怎样研究经学》，载朱维铮编：《周予同经学史论著选集》（增订本），第634—635页。
③ 1940年王国华在评价王国维的治学时曾有这样一段话："先兄治学之方，虽有类于乾嘉诸老，而实非乾嘉诸老所能范围。其疑古也，不仅抉其理之所难符而必寻其伪之所自出；其创新也，不仅罗其证之所应有而必通其类例之所在。此有得于西欧学术精湛绵密之助也。并世贤者，今文家轻诋古书，古文家墨守师说，俱不外以经治经，而先兄以史治经，不轻疑古，亦不欲以墨守自封，必求其真。故六经皆史之论虽发于前人，而以之与地下史料相印证，立今后新史学之骨干者，谓之始于先兄可也。"（见王国华：《海宁王静安先生遗书·序》，《海宁王静安先生遗书》第1册，商务印书馆1940年初版）

麟,颇得章氏学问。更其是钱玄同,给我的影响很大;对经学的研究工作,大概在这个时期打下基础。"①钱玄同先后师从古文派的章太炎和今文派的崔适,因此他的经学思想变化比较复杂,有时重古抑今,有时重今抑古,但新文化运动以后,其思想发生了较大转变,开始摆脱门户之见,不泥家法,超然今古,主张站在历史的立场上,来研究经的本来面目,因此主张六经皆史料之说:"'经'是什么?它是古代史料的一部分,有的是思想史料,有的是文学史料,有的是政治史料,有的是其他国故的史料。"②而周予同成为钱氏学生恰恰是在他思想完成转变的时期,因此,这成为他以史学治经学主张的直接思想来源。当时,受到钱氏影响的还有顾颉刚,而他们经常在一起讨论古史问题,并商讨成立了朴社(这个名字就是周予同所起)。受钱氏影响,他们几乎都持有"否定经学"的观念,如周予同曾说:"因中国社会组织的演变,经学成立于前汉,动摇于民国八年五四运动以后,而将消灭于最近的将来。"③顾颉刚亦有相似言论:"使得我们以后没有经学,而把经学的材料悉数变为古代史和古代思想史的材料。所以董仲舒和京房等是系统的经学的开创者,而我们乃是经学的结束者。"④周予同接受了六经皆史料和否定经学的观念,而在此基础上将梁启超所开创的新史学理论和方法加以熟练运用。

  第二,强烈的时代责任感。周予同大学毕业后主要从事教育学工作,从1925年开始转向经学史的研究,因为他认为"五四运动后,文史学界更其是高等学校和出版企业的情况,仍然落后于现实",当时学界大约有四派,一派空喊"打倒孔子"、"废弃经学"的口号;一派抱残守缺,不分今古、汉宋;另外两派或坚守古文,或专主今文。他觉得"使青年学人超脱传统的学派偏见,从历史入手,由了解经学而否定经学,不致老是陷在'落后的'泥沼里,在当时也是必要的学术思想工作"。而当时北洋军阀政府强迫学校读经,作为"五四"运动核心人物之一,受过科学与民主时代精神洗礼的他自然无法保持沉默,愤而撰写《僵尸的出祟》一文,要"捉住着这僵尸,剥掉它的古衣冠,用照妖镜似的眼光看它究竟是一个什么东西变成的",并大声疾呼:"经是可以研究的,但是绝对不可以迷恋的;经是可以让国内最少数的学者去研究,好像医学者检查粪便化学者化验尿素一样,但是绝对不可以让国内大多数的民众,更其是青年的学生去崇拜,好像教徒对于莫名其妙的《圣经》一样。"⑤正是这种强烈的现实关怀,使其决定从历史入手对经学进行彻底的清理,而其雄厚的经学积累和先进的新史学观念又使得他具备了清理的条件,因此很快就在经学史领域取得累累硕果。

---

① 周予同:《周予同自传》,《晋阳学刊》1981年第1期。周谷城亦曾回忆说:"朱希祖、马幼渔、钱玄同,都是予同的老师,也是我的老师。这三人都是章太炎的弟子。若论班辈,予同可以说是章太炎的再传弟子,但他从不以此自豪。他习中文,颇着重经学。他对经学的看法,颇受钱玄同的影响。甚至采取了钱的学说。"(见周谷城:《怀念周予同教授》,《周谷城史学论文选集》,第425页)
② 钱玄同:《重论经今古文学问题》,《钱玄同文集》第四卷,中国人民大学出版社1999年版,第138页。
③ 周予同:《怎样研究经学》,载朱维铮编:《周予同经学史论著选集》(增订本),第627页。
④ 顾颉刚:《古史辨》第一册自序。虽然他们否定经学可能存在忽视经典价值的非历史主义缺陷,但我们不得不承认这在当时确是促使他们以史学研究经学的主要动力之一。
⑤ 本段引文皆见周予同:《周予同自传》,《晋阳学刊》1981年第1期。

第三，时代精神和思潮的体现。"五四"时期，由近代以来逐渐萌发和蓄积的批判封建专制的思想至此达到总爆发，两千多年的封建主义愚弄民众、禁锢思想的堤坝终于被彻底冲决。经学丧失了其政治和学术指导思想地位，经典也就不再是被崇拜的对象，而成为研究的对象，被置于同一般史料同等的地位，同样要接受审查和批评。周予同不仅身处这股时代思潮之中，而且以其丰厚的知识储备和独到的眼光对此有准确的把握，因此能够加以理论和方法的阐释。

第二节　以进化论为指导、注重因果与联系的治史特色

周予同接受其师六经皆史料和否定经学的观念，但其研究重点和方法却又有着明显的不同。新历史考证学派的研究重点或目的在于将经典视为史料，通过对其进行辨伪后利用有价值的史料（或与地下史料相印证）来考证古史或古代社会的真面目，而周氏则将研究重心放到经学本身上，即从社会历史演进的视角研究经学的发生、发展及演变的过程，探究其背后的原因，并注意考察经学与其他学术的关系，从而形成了以进化论为指导、注重因果与联系的治史特色。这一研究理论与方法，追究其学术渊源，正是清末民初由梁启超所开创的新史学。他承继和熟练运用这一理论和方法，以进化论为指导，注重分析事物发展大势及相互联系，在中国经学史领域不断取得开创性成绩。1926至1941年是他一生的主要著述时期，其大部分著作都是在这一时期写成。

1.《经今古文学》：经学史研究的里程碑式著作

《经今古文学》是周予同经学史研究的第一部专著。当时，其好友李石岑主编《民铎》杂志，邀请他写一篇比较深入而浅出的文章。于是，他撰写《经今古文学及其异同》在1925年的《民铎》上连载，次年由商务印书馆列入国学小丛书出版，即《经今古文学》。这本书部头不大，仅几万字的篇幅，但却是中国经学史上应该给予高度重视和评价的著作。周予同的高中和大学生活在新文化运动和"五四"运动的时代洗礼下度过，因而具有强烈的反封建意识和爱国主义精神，具有鲜明的批判意识和科学精神。反映在其学术上，即他受"五四"时期重新审查一切古代典籍，构建符合时代要求之学术思想体系的观念深刻影响，以切实行动参与并推动历史新潮流的向前发展，对两千年来被顶礼膜拜的经学进行一次系统审查和清理。而其所运用的方法则是梁启超开创的新史学理论，以进化论和探讨因果关系为治学指导思想，因为他是在新史学思潮影响下成长起来的进步史学家。《经今古文学》正撰著于此时，是第一部以进步史观和科学方法对中国经学两大流派进行系统考察的著作，因而不仅具有鲜明的时代特色，而且具有重要的学术价值和意义，从某种层面上讲，它是近代意义上由经学研究向经学史研究转型的里程碑式著作。其学术贡献和特点大致有以下几个方面：

首先，以深厚的国学功底和科学的眼光辨析两派的异同。

他针对有些人不分今古、不辨派别的弊病，将经今古文学两派的异同首先进行了比

对。他强调今古文学的不同"不仅在于所书写的字,而且字句有不同,篇章有不同,书籍有不同,书籍中的意义有大不同;因之,学统不同,宗派不同,对于古代制度以及人物批评各各不同;而且对于经书的中心人物,孔子,各具完全不同的观念。在中国数千年来封建社会的学术思想史上握绝大权威的经典和孔子,而他们的见解完全相异,在史学家、经学家以及对于国故有兴趣的人们看起来,这的确不是一个小问题呢"。因此,辨别二者的异同就显得至为重要。他认为两派的不同有一个核心,即如何看待孔子,其他一切争论几乎都围绕这一核心而展开。古文家以为六经皆为前代的史料,孔子不过是将前代史料加以整理,以传授给后人,故认为孔子是史学家。今文家则认为六经里固然有前代的史料,但却是孔子托古改制的手段,其文字背后的微言大义方是思想核心,故认为孔子是政治家、哲学家、教育家。有了这一核心尺度,今古两派令人目眩的纷繁争论就顿时变得泾渭分明。而且,他在这里有一段非常精彩的论断,即关于孔子在古文家眼中的地位问题。粗看来,孔子地位在古文家这里似乎有所贬低,而事实则并非如此:"他们以为民族的存亡和历史有密切的关系;中国民族所以能经历数千年而不致灭亡,实在因为他有详密而不绝的史籍的缘故;而古代史籍的'继往开来'者,当首推孔子"[1]。可谓独具慧眼,分析精当。他进而将两派的不同列表以示之:

今文学	古文学
崇奉孔子。	崇奉周公。
尊孔子是"受命"的"素王"。	尊孔子为先师。
认孔子是哲学家、政治家、教育家。	认孔子是史学家。
以孔子为"托古改制"。	以孔子为"信而好古、述而不作"。
以六经为孔子作。	以六经为古代史料。
以《春秋公羊传》为主。	以《周礼》为主。
为经学派。	为史学派。
经的传授多可考。	经的传授不大可考。
西汉都立于学官。	西汉多行于民间。
盛行于西汉。	盛行于东汉。
斥古文经传是刘歆伪造之作。	斥今文经传是秦火残缺之余。
今存《仪礼》、《公羊》、《穀梁》和《韩诗外传》。	今存《毛诗》、《周礼》、《左传》。
信纬书,以为孔子微言大义间有所存。	斥纬书为诬妄。

(《经今古文学》,见《周予同经学史论著选集》增订本,第8页)

---

[1] 周予同:《经今古文学》,载朱维铮编:《周予同经学史论著选集》(增订本),第2、7页。

关于两派不同，清末今文家廖平曾在其《今古学考》中列有《今古学宗旨不同表》，主要内容有：

今祖孔子。	古祖周公。
今，《王制》为主。	古，《周礼》为主。
今主因革。	古主从周。
今，孔子晚年之说。	古，孔子壮年之说。
今皆受业弟子。	古不皆受业。
今为经学派。	古为史学派。
今，西汉皆立博士。	古，西汉多行于民间。
今经、传立学，皆在古前。	古经、传立学，皆在今后。
今由乡土分异派。	古因经分异派。
今以《春秋》为正宗。	古惟《周礼》为正宗。

廖平所列诸项，大多皆为有据之论，是从纷繁的材料中整理提炼而得，是今古文异同的最初总结者。周予同对此亦有较高评价："（廖）著《四译馆经学丛书》数十种，其中以《今古学考》一书为最有系统。"① 两相对照，周予同所列表格明显吸收了廖氏的学术成果，只是他的看法更具科学性。后来他对两派的特点和评价有一段广为学人所引用的精彩论述："今文学以孔子为政治家，以六经为孔子政治之说，所以偏重于'微言大义'，其特色为功利的，而其流弊为狂妄。古文学以孔子为史学家，以六经为孔子整理古代史料之书，所以偏重于'名物训诂'，其特色为考证的，而其流弊为烦琐。"② 堪称鞭辟入里，切中肯綮。

其次，以开阔的视野和宏观的把握揭示两派的演进脉络并深入探究其学术与社会原因。

自汉武帝独尊儒术以后，历西汉一代，今文经学一直占据主导地位。西汉末年，刘歆为古文经学争立学官，两派斗争自此开始。随着古文学的不断兴盛，今文学则不断衰落，至东汉末年几消沉无闻。直至清代乾隆年间庄存与著书重新提起公羊学说，消沉千年的今文学才得以渐次复兴。周予同准确地把握住今古文学转折的两个时期，不仅论述西汉末年到东汉末年今古文学之间的四次争论，揭示今文学不断衰落的过程，而且探析其在清代逐渐复兴的内在理路，从而以开阔的视野和宏观的把握将两派的演进大势揭示出来。同时，他不仅从学术演进规律去探寻两派盛衰原因，而且非常注意挖掘学术背后深刻的社会与政治因素。

---

① 周予同：《经今古文学》，载朱维铮编：《周予同经学史论著选集》（增订本），第21页。
② 周予同：《经学史与经学之派别》，载朱维铮编：《周予同经学史论著选集》（增订本），第94—95页。

他指出汉代今古文争论主要有四次:"第一次是刘歆(古)和太常博士们(今)争立《毛诗》、《古文尚书》、《逸礼》、《左氏春秋》。第二次是韩歆、陈元(古)和范升(今)争立《费氏易》及《左氏春秋》。第三次是贾逵(古)和李育(今),第四次是郑玄(古)和何休(今)争论《公羊传》及《左氏传》的优劣。"第一次争论刘歆遭到太常博士们群起而攻之,未能取得明显成果;第二次争论后,"相信古文学的人渐渐增多,操有权威的帝王业渐渐倾向古文,而争论的对象又渐渐由《古文尚书》、《逸礼》、《左氏春秋》而转移到《左氏》,这很可见东西汉学术风气的渐变和古文学渐兴的现象";三、四次争论后,今文学就渐次衰落无闻了,"在《后汉书》上寻求今文学家,著名的真是寥寥可数;而古文学家如郑众、桓谭、贾逵、马融等,都是声名籍籍;今古文学盛衰的史迹,几乎成为东、西汉一切政治学术异同特点之一了"。①他将今文学衰落的原因则归结为两点:在学术上,郑玄主古文而兼采今文以致今古文家法混淆,王肃起而反郑却陷于同一毛病,从而使家法更为混乱而致今文学衰落;在政治上,当时社会秩序不安定,从而使专门学术传授渐渐断绝。当然,尽管他理清了今文学衰落的过程,并在一定程度上揭示出其原因,但尚未能从更深层次上进行理论阐释。东汉以后,中国君主专制制度的社会结构已趋于稳定,主张尊古、倾向保守的古文经学更适合作为君主专制制度的政治指导思想,势必取代主张改制、变易的今文学说的尊崇地位,而郑玄遍注群经,主古文而兼采今文,实际上把今文学统一于古文中,因此,今文学渐至湮没无闻。

清乾隆以后,今文经学渐次复兴而至晚清大盛,"占据学术界的重要地位,几有'当者披靡'之势"②。他以独到的眼光指出清代今文学复兴的出发点是《春秋公羊传》,而首倡者当推庄存与。他用精练准确的文字历数庄存与、宋翔凤、刘逢禄、龚自珍、魏源、邵懿辰、戴望、皮锡瑞、廖平、康有为、崔适等今文家的学术特点和贡献,以有序的逻辑展开的形式揭示出清代今文经学复兴的内在理路。③今文学复活并大盛的原因,他亦从两个层面加以分析。在学术上,他认为是"当时学术界自然的趋势,它的发生是溯时代以复古之必然的结果"。他将清代学术的变迁分为四期:清初,自明复于宋而渐及于汉、唐;乾隆时,自宋复于东汉;嘉庆、道光以后,自东汉复于西汉;光绪末年,自西汉复于周、秦。这是对梁启超关于清代学术"以复古为解放"理论的进一步发挥,只是他认为"清儒复古,其解放是消极的自然结果,积极的目的在于'求真'"。在社会政治上,他将乾嘉与道咸时期的社会形势对比加以分析,认为"乾、嘉时期,一方面社会秩序比较安定,使学者可以专心研究;更重要的,朝廷因异族之故,时时横施权威,使学者不敢作'经世'之想,所以当时学者群趋于'与世无竞'的汉学研究……但到了道光、咸丰以后,情势完全

---

① 周予同:《经今古文学》,载朱维铮编:《周予同经学史论著选集》(增订本),第10、13页。
② 周予同:《经今古文学》,载朱维铮编:《周予同经学史论著选集》(增订本),第18页。
③ 后来,他将清代今文学复兴的这一过程分为两期:"前期的今文学派,崛起于庄存与,成立于刘逢禄,而下终于戴望;后期的今文学派,创始于龚自珍,发展于康有为,而下迄于崔适。前期以分经研究为特征;对于古文经典加以个别的打击,对于今文经典予以个别的发挥……后期以综合研究、发挥大义为特征;对于古文派的学统与体系加以整个的攻击,对于今文学派的'微言大义'加以高度的发挥。"(见周予同:《五十年来中国之新史学》,载朱维铮编:《周予同经学史论著选集》增订本,第518—519页)

不同了。内有太平天国的革命,使满廷的权威突然衰落;外则从鸦片战争以后,帝国主义者的压迫与日俱增。当时士大夫们的秀出者,'惧陆沉之有日,觉斯民之待拯',所以一方面对于当时学者专究名物训诂之末而致其不满,另一方面震于《公羊传》中'张三世'、'通三统'、'绌周王鲁'、'受命改制'等等'非常异义可怪之论',而借托经学以为昌言救世的护身符"①。

再次,以高明的见识和敏锐的时代洞察力挖掘今文学的学术思想价值。

当时学者多批评经今文学存有杂糅阴阳学说、相信谶纬且过于武断等诸多弊病。周予同亦认为此批评"都是相当中肯",但他更加重视挖掘今文学的巨大价值。他说:"平心而论,清代今文学在中国学术思想史上,也自有相当的价值和功绩,未可一概抹杀。就普通的影响说,在消极方面,能发扬怀疑的精神;在积极方面,能鼓励创造的勇气。就实际的结果说,在消极方面,使孔子与先秦诸子平列;在积极方面,使中国学术,于考证学、理学之外,另辟一新境地。"比如,他指出清代今文学者"举数千年来士大夫所信奉为圣经贤传不敢稍加诽议的古书,而大声疾呼,斥为刘歆伪造以为佐莽篡汉的工具;则其怀疑的精神,在中国历来的学术界,很少可比。在我们现在,就是直呼孔子为孔老二,也不足算是勇者;但在数十年前,孔子和经传还握有绝大权威而含有宗教性的时候,居然有人斥其中一部分是伪造,他的胆识不能不令我们相当的钦佩。这好比在民主政体下指斥君主专制,毫不为奇;而在独夫暴政时代,鲍敬言倡无君,唐甄言抑尊,则不能不称为急进的思想家了"。以生动形象的比方将今文学怀疑精神的巨大价值一语道破,堪称精到。再如,他指出,中国传统学术大致不出两派,一派是考证学,一派是理学,而今文学者则"不在文字上着力,也不在修养上着力,而专门着眼于社会制度的改革……于汉、宋学之外,另树一新学派,另辟一新境地"②。准确地揭示出其关注社会现实、倡导社会改革的政治性特征和推动学术、社会前进的作用,见解深刻。

1941年,他在《五十年来中国之新史学》一文中在论述转变期的新史学时,指出"转变期的中国新史学所以抬头,间接由于鸦片战争之社会的原因,而直接由于今文学派之文化的动力"③,认为康有为的《孔子改制考》使孔子与诸子同列,从而给史学以转变的动力,使史学继文字学之后开始摆脱经学的羁绊而逐渐独立,其后直接受到今文学启示而推动史学转变的有崔适、夏曾佑和梁启超,而胡适最终使得史学取得完全独立。这是他对今文学学术思想价值认识的提高,在80多年前的学术界得出如此论断者,其为第一人。他揭示出今文经学在新史学转型中的重要作用,无论在经学史还是史学史上均意义重大。时至今日,学者仍在沿着其开辟的道路继续前进。④

他对今文学价值的评断显示了其渊博的学识、高明的见识和对时代的敏锐洞察力,但

---

① 周予同:《经今古文学》,载朱维铮编:《周予同经学史论著选集》(增订本),第18、19页。
② 周予同:《经今古文学》,载朱维铮编:《周予同经学史论著选集》(增订本),第31—32、34页。
③ 周予同:《五十年来中国之新史学》,载朱维铮编:《周予同经学史论著选集》(增订本),第519—520页。
④ 汪高鑫、邓锐的《今文经学与史学的近代化》(《史学史研究》2009年第4期)一文,即明显是在此基础上的进一步拓展。

并未能全面、深入、准确地揭示其价值所在。他虽然看到今文学关注现实的特点，但主要是从学术的角度考察，没有从政治的层面分析，没有指出其对于促使维新变法的推动、冲破万马齐喑的局面、推动社会前进所起的积极作用。再者，他虽然揭示出今文学与史学转变的关系，但尚不全面和准确，同时也还没有看到今文学与进化论传播之间的内在关联。现代学者对此则有更进一步的认识和论述："从哲学领域说，晚清公羊朴素变易观的盛行，为20世纪初年西方进化论在中国的广泛传播准备了条件。从史学领域说，晚清今文学盛行引起的重新审查古代典籍、古代历史的普遍认识，促进了20世纪初年'新史学'思潮的兴起，并且对于五四前后'古史辨'派考辨古史、探求可信的古史体系产生了直接的影响。"① 当然，以历史主义的眼光来看，他的见识在当时已经站在了时代的前列而难能可贵。

最后，以联系的分析方法探讨经学两大流派与其他学术的关系。

他指出今古文学的异同，"不仅仅是经学自身的问题或文化史上已死的陈迹，而竟和中国其他学术有重要而密切的关系"。因此，他从今古文学与古代学术思想、古代史、史学以及文字学研究的关系等四个层面对此加以论述。比如，他认为研究先秦学术思想无法避开孔子，而今文学家固然有许多地方不免过于武断、夸大、诬妄，但"他们给孔子以历史上的一个哲学家的地位，比较古文学家仅视孔子是一个古代文化保存者的史学家的确高明得多。并且他们说孔子托古改制，表面上是尊崇儒术，而实际却使孔子与先秦诸子同列，比之古文学家尊崇古代实际政治家的周公而认孔子只是他的继承者，实在较有贡献，而能为我们研究先秦学术思想史去一障蔽"。这一分析带有相当的科学性，因为正是今文学的复兴在客观上使得孔子重归诸子之列，从而引发了近代诸子学研究的热潮。他认为今古文学也影响古代史家对史书的评论。刘知几的《史通》对《左氏传》和《汉书》加以褒许而对《史记》时加讥评，章学诚的《文史通义》大倡六经皆史而竭力崇奉刘歆、班固，都带有极重的古文学气息。如果采取今文学主张，则结论恰恰和他们相反。因此，他指出"中国的史学本不发达，而用今文学的眼光去研究史学的，除了崔适《史记探源》外，还没有其他有系统的著作。我们信从今文学或允许用今文学的观点去治史学，固然还是一个值得讨论的问题；但今文学和史学不能绝无关系，那我们就无法否认了"②。他已经初步认识到经学与史学之间具有重要的关联，而这也成为他后来研究经史关系这一重要学术命题的思想出发点。

除以上四点外，他还分析了纬书与经今古文学的密切关系。他指出汉代"不仅今文学家与纬谶有密切的关系；就是古文学家及混淆今古文学者，其对于纬谶，也每有相当的信仰"，实际上揭露了汉代经学中的阴阳五行因素。到了清代今文学复兴以后，今古文学家对于纬书的态度才有明显分别，即古文家斥为鬼话连篇而今文家则曲为掩护。今文家并非不知其诬妄不足信，之所以为其辩护，除了学统原因以外，尚有三种原因："一、合于

---

① 陈其泰：《清代公羊学》，东方出版社1997年版，第325页。
② 周予同：《经今古文学》，载朱维铮编：《周予同经学史论著选集》（增订本），第23、24、28页。

孔子素王说，二、合于孔子改制说，三、足以助六经的笺注。"① 颇能把握今文学的特点和实质。

2. 划分经学三大流派

在对经学上两大派进行对比研究以后，周予同在1928年为皮锡瑞《经学历史》所作序言中正式提出他关于经学流派的意见。在此之前，《四库全书总目提要》将经学流派分为汉学与宋学两派，刘师培的《经学教科书》分为两汉、隋唐、宋元明、近儒四派。周予同则认为，前者所谓汉学是专指东汉古文学，不包括西汉今文学，因此是截去了经学史的首尾，而后者则是强以时代分派，都不甚准确和明晰。他认为，如果利用史学的研究方法，则此问题迎刃而解："假使我们能够应用史学家处置史料的手段，这许多繁重的著作，也不过可以归纳为三大派，所谓'经学的三大派'。这三大派……可称为一、'西汉今文学'，二、'东汉古文学'，三、'宋学'。"② 在对三派的变迁大势作扼要叙述后，他指出"假使详密的观察，不仅清代复兴的古文学同东汉原始的古文学不同，清代复兴的今文学同西汉原始的今文学不同，元、明的宋学与北宋的宋学不同；就是各派自身的流别，以及学者自身思想的变迁，都须加以烦琐的说明"，明确说明三大派的划分只是从经学演变的整体特点进行分类，具体到每个时代或每个学者都应该进行具体研究。他进而指出三派的不同："今文学以孔子为政治家，以六经为孔子政治之说，所以偏重于'微言大义'，其特色为功利的，而其流弊为狂妄。古文学以孔子为史学家，以六经为孔子整理古代史料之书，所以偏重于'名物训诂'，其特色为考证的，而其流弊为烦琐。宋学以孔子为哲学家，以六经为孔子载道之具，所以偏重于心性理气，其特色为玄想的，而其流弊为空疏。"③ 评论简明公允，切中肯綮。

周予同的宋学研究以朱熹为始，1929年商务印书馆出版其专著《朱熹》。此书分为八章：引言；朱熹传略；朱熹之哲学；朱熹之经学；朱熹之史学与文学；朱熹与当代学派；朱熹之著作；朱学之传授。他是近代学术史上较早对朱熹进行系统研究者，不仅叙述其学术时代背景与生平事迹，将其学术成就分类并按主次论述，而且考察其与当代学派的关系及其学术传承，堪称新史学视角下研究人物的典范。朱熹是宋学主要代表人物之一，故需先对宋学在整个中国学术发展中的位置与特点做一考察。周予同将中国学术思想分为八个时期：春秋以前，为思想胚胎时期；春秋至秦，为诸子争鸣时期；两汉为儒学独尊时期；魏晋为道家复兴时期；南北朝至隋唐，为佛教输入时期；宋迄明，为儒佛混合时期；清代，为古学复兴时期；清末以后，为西学东渐时期。他称宋学时期为儒佛混合时期，并认为此时期经学衰落而哲学勃兴，经学只是哲学的工具，并考察其学术思想产生原因为："消极方面又可析为二：一为训诂学之反动，二为纯文学之反动。积极方面又可析为三：一为

---

① 周予同：《纬书与经今古文学》，载朱维铮编：《周予同经学史论著选集》（增订本），第61页。
② 周予同：《经学史与经学之派别》，载朱维铮编：《周予同经学史论著选集》（增订本），第93页。后来他在《群经概论》里将当时学术界以史治经的一派即新史学流派列入经学流派，见上文。
③ 周予同：《经学史与经学之派别》，载朱维铮编：《周予同经学史论著选集》（增订本），第94—95页。

佛教思想之影响,二为道家思想之影响,三为方士思想之影响。"①颇能抓住宋学的主要特点。因此,他在论述朱熹学术成就时亦哲学在先经学在后。

欲考察朱熹经学成就,必须明了宋学时期在经学自身演变中所处阶段。周予同将经学依学派盛衰分合划分为十期:

> 一、经学开创时期,自古代至孔子之没;二、经学流传时期,自孔子之没至秦;三、经今文学昌明时期,约当西汉一代;四、经古文学兴盛时期,约当东汉一代;五、经今古文学混淆时期,约当东汉末年以至西晋;六、经今文学衰灭时期,约当东晋一代;七、经学义疏派兴盛时期,约自南北朝以迄隋唐;八、经学怀疑派崛起时期,约当宋、元、明三代;九、经古文学重兴时期,约自清初以迄乾嘉;十、经今文学继起时期,约自清嘉道以迄今日。

称宋学时期的经学为怀疑派崛起时期,认为宋儒对经学的主要贡献即在于其怀疑精神,但他同时又严厉批评此时期任意删改经典的不良学风。比如,他在评价朱熹的《春秋》研究时认为其"在《春秋》学史上,实无地位可言。然朱熹怀疑之见,为治《春秋》者去一障蔽,亦自有其相当之价值"。但对朱熹任意删改《孝经》和《大学》则严加批评:"(朱熹)惟注《孝经》,既分经传,又加删改;注《大学》,既移本经,又补传文;始开删改之端,实不足为训。其后王柏、吴澄辈动以一己主见,恣意涂改,于是经说益乱而不可治,其弊未始非朱子启之也。"②

1933年他又撰写《汉学与宋学》一文,对汉学与宋学的演变进行纵向的历史考察。他认为汉学是两汉与清代的学术主潮,而宋学则是宋元明时期的学术主潮;汉学可包括今文学派、古文学派和通学派,其中通学派以郑玄为代表,宋学包括归纳派、演绎派和批评派,分别以朱熹、陆九渊和陈亮为代表,其中所谓批评派是指浙东学派。两汉为汉学兴盛时期,魏晋隋唐为儒学衰落时期,宋元明为宋学兴盛时期,清代则为汉学复兴时期(先古文学后今文学)③。这是他长期研究经学流派基础上对汉学与宋学的总体考察,向世人展示了中国两大学术主潮的历史演变大势和脉络。

3.探寻经学源头

经学三大流派对在传统学术思想上握有绝大权威的孔子见解截然不同,因此欲清理经学,就必须探究孔子的真相。1928年,周予同在《与顾颉刚书》里说:"弟曩曾有意撰《孔学变迁史》一书,详述孔子自身及其学说之扩大与变化……吾人愚拙,于社会无他贡献,

---

① 周予同:《朱熹》,载朱维铮编:《周予同经学史论著选集》(增订本),第111—113页。
② 周予同:《朱熹》,载朱维铮编:《周予同经学史论著选集》(增订本),第149—150、164、167—168页。
③ 他认为:"清代'汉学'自有其起源与演变,它只是两汉学术之支裔的重兴,而决非两汉学术之本体的复活。换言之,'汉学'与'清学'似一而实二。就两者研究范围的广狭与程度的深浅而加以考核,则后者都较前者为超越。"(见周予同:《汉学与宋学》,载朱维铮编:《周予同经学史论著选集》增订本,第329页)

只能廓清旧日思想之途径,使后来者不致多走错路,枉费精神而已。"①他认为封建社会两千余年的学术思想虽都以孔子及其学说相标榜,但事实上却随着时代前进而不断变化。他说:"孔子问题是两汉以来中国文化的核心问题;孔子问题不解决,则中国现在文化的动向无法确定。然而这也是无疑的,两汉以来的孔子只是假的孔子而不是孔子的真相。至少,这可以说的,两汉以来的孔子只是已死的孔子;他随着经济组织、政治现象与学术的思想的变迁,而换穿着各种各样的奇怪的服装。"因此,他要探寻源头。其孔子研究集中体现在《谶纬中的孔圣与他的门徒》一文和《孔子》一书中,大致来说,有三个特点。首先,在撰述体例上,采取正文白话文而注释中引全文的方式。比如:

> 他,孔子,由这位少女抚养,渐渐地长大了。因为自己有母亲而没有父亲,不知道应该姓什么,于是某一天依照古代圣人的办法,吹乐律以定自己的姓。他吹得"阴"声,是以"羽"做"宫"声,因此遂决定姓孔。
>
> (注释)《春秋纬演孔图》:"孔子曰:'丘援律而吹,命阴,得羽之宫。'"见《太平御览》卷十六时序部一及《路史·皇帝纪》注引。《乐纬》:"孔子曰:'丘吹律定姓,一言得士曰宫,三言得火曰徵,五言得水曰羽,七言得金曰商,九言得木曰角。'"见《黄氏逸书考·乐纬》,据《大义释名》第一引。《孝经纬援神契》:"圣人吹律有姓。"见《太平御览》卷十六时序部第一引。②

这种撰述方式使得其文通俗易懂而又不失严谨,让更多人可以读懂,从而明白长期以来被顶礼膜拜的孔子的真相是不断被后世掩盖的,由此亦可见其文所具有的强烈现实关照性。

其次,注重史料的采择。他研究孔子所用的材料主要为《论语》,《孔子》一书中,307条引文中有222条采自《论语》,其它材料不到万不得已,不胡乱采用。"这并不是以为《论语》一书以外没有可供描画孔子的材料,乃是因为这些材料的可信性太薄弱了。所以就是普通认为继承孔子的道统的《孟子》书里的材料,也严格的加以选择。"这是就研究"真"孔子(历史上的孔子)而言,如果研究"假"的孔子(孔子的历史),则即使"在汉代产生的鬼话连篇的纬书里的材料也不应当舍弃了"。而且,他认为即使是《论语》,其可信性也不是绝对的,因为其版本从古至今有多次改变,难免有后人窜改的地方,且其前十篇和后十篇的文体不一致,因此,"研究真的孔子,第一步须先研究真的《论语》"③。他明显受到钱玄同孔子与六经无关观点的影响,难免有偏颇之处,但是,他对史料的谨慎选择却显示了一位史学家治学的严谨。

再次,真假孔子相对照。他认为:"一方面固然要研究真的孔子,一方面也要研究假

---

① 周予同:《与顾颉刚书》,载朱维铮编:《周予同经学史论著选集》(增订本),第615页。
② 周予同:《谶纬中的孔圣与他的门徒》,载朱维铮编:《周予同经学史论著选集》(增订本),第292、293、310—311页。
③ 周予同:《孔子》,载朱维铮编:《周予同经学史论著选集》(增订本),第339—340页。

的孔子,因为假的孔子正所以衬托出真的孔子的真实性。"①他广泛搜集两汉纬书中关于孔子的材料,成《谶纬中的孔圣与他的门徒》一文,以孔圣的诞生、孔圣的异表、孔圣的使命、上天的启示之一——获麟、上天的启示之二——血书、孔圣的宪法草案之一——《春秋》、孔圣的宪法草案之二——《孝经》、孔圣的告天、孔圣的其它法典、孔圣的史观、孔圣言行散记、孔圣的门徒等十二个部分向世人描绘出谶纬中荒诞怪异的孔子。在纬书中,孔子不仅是黑帝的后裔,具有不同于常人的外表,而且身负为汉制法的巨大使命。上天通过获麟、血书的方式给孔子以使命的启示,孔子则接受使命,制作了《春秋》和《孝经》两部宪法。在《孔子》一书中则以引语、传略(包括孔子的家世、孔子的生平、孔子的日常生活、孔门的述赞、孔子的著作)、学说(孔子的本体论、孔子的道德哲学、孔子的教育哲学、孔子的政治哲学、孔子的宗教哲学)、尾语四个部分还原了一个他心目中真实的孔子。孔子有父有母,是宋国没落的贵族,以传授学识为职业,但与六经并没有密切的关系;他的政治理想是尊君安民,希望统治阶级施行仁政;他不是体系完整的哲学家,没有本体论和宇宙观,而关注人间的道德陶冶,因此也不谈鬼神,不是宗教家。两相对照,真假自现。

周予同探究孔子真相,有可能受到梁启超的影响②,亦是其以史学治经学的具体体现。他接受进化论,认为中国学术在不断发展变化,而作为经学源头的孔子思想虽然一直为儒者所标榜,但事实上已经随着时代前进而发生变化,因此,他要探究这一历史演变,即其所言孔学变迁史,只是因环境原因未能继续探究下去,但不得不承认其研究是带有开创性的。

第三节　新中国成立后达到学术研究新境界

周予同并非经学家,而是史学家,其目的是以历史的眼光清理经学两大流派,探究其演进轨迹,其所得出关于今文学的评价也带有开创性和客观性,因此为今文学张目之说自是不确,但其早期学术带有今文学倾向也是明显事实,自亦毋庸讳言。朱维铮曾援引《周予同自传》中"大概地说,南方各高等学校中主古文的较多,北方各高等学校中主今文的较多,而且大概地说,主今文的对新事物较易接受,主古文的对新事物每趋抗拒",指出"我们便不难想见,为什么主张否定经学的周先生却倾向今文了"③。这里还有进一步申论的必要。

周予同最初研究所以带有较为明显的今文倾向,与其自身成长过程、学术经历以及时代熏染密不可分。他自幼受到父亲熏陶,读过私塾,中学又受到名师之徒启发,打下

---

① 周予同:《孔子》,载朱维铮编:《周予同经学史论著选集》(增订本),第339页。
② 梁启超曾言:"浸假而孔子变为董江都、何邵公矣,浸假而孔子变为马季长、郑康成矣,浸假而孔子变为韩退之、欧阳中叔矣,浸假而孔子变为程伊川、朱晦庵矣,浸假而孔子变为陆象山、王阳明矣,浸假而孔子变为顾亭林、戴东原矣。"(见《清代学术概论》,《饮冰室合集》专集之三十四,第63页)
③ 朱维铮:《经学与史学:周予同教授的经学史研究》,《复旦学报(社会科学版)》1980年第4期。

了坚实的古文基础。在北京高等师范学校国文部就读时,受到钱玄同、马裕藻、朱希祖等经学大师的熏染。他们都是章太炎的高徒,均皆兼通经史,尤其是钱玄同对其影响最大。钱玄同先后师从古文派的章太炎和今文派的崔适,因此熟悉两派的治学路数、演进脉络以及各自的优劣,其思想虽较为复杂,有时重古抑今,有时重今抑古,但总体上是偏向今文的。尤其是"五四"以后其《重论经今古文问题》一文,是在康有为基础上的进一步拓展,而其疑古思想,从学术渊源上讲亦是将晚清今文学的怀疑精神发挥到极致。周予同作为他的学生,深受影响,这是其早期经学史研究带有今文学倾向的一个重要原因。其次,他是伴随着中国社会和学术转型成长起来的新型学者,亲历"五四"运动,对传统学术向现代学术的转型有切身体会。而在这一转型过程中,无论是进化论的传播,还是新史学思潮和古史辨派的兴起,都与今文学有着密切的学术渊源。因此,经学时代虽然结束,但经学并没有消亡,而是分流到哲学和史学等学术领域。以学术转型中的传承性而言,作为以进化论为指导、承继新史学统绪并具有疑古精神的新时期史学家,周予同具有今文学倾向并给其以高度评价自然就顺理成章了,而这在当时许多学者身上是带有普遍性的学术现象。随着时代的不断前进和学术的向前发展,周予同的经学史研究也在不断拓展和提高,最终完全摆脱了经学学派影响,能够熟练运用马克思主义唯物史观考察中国经学史。

抗战期间,由于形势恶劣,周予同无法进行正常学术研究工作。抗战胜利后,积极参加民主运动以反抗国民党黑暗统治,也无法安心从事研究。新中国成立后,又忙于教学和行政工作,因此直到20世纪60年代初他"在为复旦大学历史系高年级学生讲授中国经学史的同时,也决心把自己数十年的研究成果来一番整理"[①],才陆续有文章发表。然而,随后的一场文化浩劫又使得他刚开始的研究工作再度中断。待形势转好时,他却"早已被折磨成了废人"[②],再也无法从事其经学史研究了。他这几十年间的研究成果,今日可见的仅有十几篇文章,而大多数都被无知者或付之一炬或趁火打劫。但是,这为数不多的篇章,却反映出他对于中国经学史的研究一直在不断思考,并且学习运用马克思主义唯物史观。新史学理论与唯物史观本来就有诸多相通之处。唯物史观的诸多原理和方法,以往史学家都片断地或朴素地认识到,只是没有明确、系统地提出一套科学的历史观和方法论,这正是马克思主义唯物史观将中国史学推向新阶段的原因所在。这一时期他取得的新进展,主要有以下几个方面。

1.对相关概念和范畴的界定

1959年复旦大学历史系开设中国经学史,这在当时全国大学文科中是独一无二的,而主讲人非周予同莫属,我们今天看到的这十几篇文章大部分就是那时候的讲稿经过补充修改后发表。由于时代原因,经学史学科的重建需要一切从头做起,因此,周予同首先对中国经学史的相关基本概念和范畴进行了界定,这是基础性也是根本性的工作。中国经学

[①] 周予同:《周予同自传》,《晋阳学刊》1981年第1期。
[②] 周谷城:《怀念周予同教授》,《周谷城史学论文选集》,第423页。

史得以保存和发展,周予同功不可没。

他认为,"经"是指"由中国封建专制政府'法定'的以孔子为代表的儒家所编著书籍的通称";"经学"是历代封建地主阶级知识分子和官僚对经典著述的阐发和议论,其随着中国封建社会的发展,经济、政治和统治阶级内部各阶层的变化而具有不同的时代特点;中国经学史的研究任务为:一、研究"经"的来源、性质以及中国社会经济政治的变化在经学上的反映。二、统治阶级如何利用"经"和"经学"来进行文化、教育、思想统治,历代经学思想又如何为不同阶级或集团服务。三、经学思想的发展规律。①其目的与方法在于,从史的角度来研究经学,而不是从原来的经学上去研究。第一,批判地继承文化遗产,为社会主义服务。第二,阐明经学在中国历史上所起的作用,正确地认识经济基础与上层建筑的关系。第三,正确地估计经学与中国文化史的关系,以及经学在学术思想史上的价值。②

从以上几个界定可以看出,这时期他在原来注重经学发展大势、演变规律及因果联系等基础上,更加注重经济基础与上层建筑的关系,注重阶级分析法的运用。而且,他已经改变了原先过激的批判态度,认为"中国经学是中国封建社会上层建筑的一个重要部门。它的产生、发展、演变以及消亡,都有客观的社会原因。中国经学史是中国文化史的一个组成部分,同中国的哲学、史学、文学研究有很密切的关系。了解经学的演变,对于了解中国古代文化和中国古代社会,都有其重要的作用,从而达到'吸收精华'、'继承历史遗产'的目的"③,显然是从继承中国文化遗产的角度对经学予以重新评估。此外,他在开列经学史参考书目时,第一部分即为理论指导类,包括马克思、恩格斯、列宁、斯大林的《论哲学史》,毛泽东的《新民主主义》以及范文澜的《中国通史简编》,都可以说明他对马克思主义唯物史观的接受和运用。

2.阶级分析法的运用

这一时期,周予同对经学流派问题继续进行深入研究,突出特点是在原有基础上更加注重分析经学流派与政治的关系,运用阶级分析方法考察经学流派的阶级性和继承性。他认为:"在阶级社会里,社会意识的一切形式总是带有阶级性的,每一个阶级都有自己的观点、思想方法和理论体系。作为一个学派,它就表现了特定的阶级和集团的利益和需要的思想体系,为本阶级服务……由于'经学'基本上是历代统治阶级内部各阶层随着中国社会、经济、政治情况的发展而展开思想斗争的一种形式,是历代地主阶级知识分子和官僚披着'经学'外衣发挥自己思想进行斗争的一种表现,所以中国经学史中的学派也就反映了地主阶级中不同阶层和集团在不同历史时期内的不同意识形态和斗争。"④他以今文学和宋学为例,指出西汉今文学的大一统、正名分等微言大义和宋学提倡的忠孝节烈、三纲

---

① 周予同:《"经"、"经学"、经学史》,载朱维铮编:《周予同经学史论著选集》(增订本),第650、655—656、659—660页。
② 周予同:《中国经学史讲义》,载朱维铮编:《周予同经学史论著选集》(增订本),第830页。
③ 周予同:《〈经学历史〉注释本重印后记》,载朱维铮编:《周予同经学史论著选集》(增订本),第647页。
④ 周予同:《学派的阶级性和继承性》,载朱维铮编:《周予同经学史论著选集》(增订本),第865—866页。

五常、宗法制度等都是因为适应了当时统治阶级的需要而取得政治、学术上的优势。同时，他又提出经学史上的学派，因为继承前人的经学遗产、汲取前人阐释经典的方法论，从而形成其治学方法上的一定共同点，即学派具有继承性，而这反映了经学范围内意识形态的相对独立性。对此，他指出既要考虑学派的共同点和基本一致性，又要注意其背后的阶级性，这样才能正确理解学派形成、发展和衰亡的根本原因，同时他又指出要结合学派自身特点和时代因素进行具体分析。这实际上是将阶级分析作为指导思想，而又坚持历史主义的态度，正是马克思主义唯物史观的治学方法。

王莽改制与今古文学的关系，一般认为是其利用古文学而夺得西汉政权，而周予同在运用阶级分析方法进行研究以后得出与前人不同的结论，认为经学只是他利用来作为政治斗争和思想斗争的工具，不论是古文学抑或今文学，他都有所取舍，取舍的标准即为是否符合其统治需要。比如，"王莽对《周礼》特别重视，曾模仿《周礼》所载古代井田制度"，但是，"《周礼》毕竟是王莽以前的东西，其中不尽适用于当时，因而王莽只是汲取他所需要的东西，而不是'照单全收'"。而且，"王莽的提倡古文经学，相对地压抑了今文经学，但并不意味着他排斥今文经学。对今文经典中认为有利的东西，也予汲取"，比如他对今文家信奉的谶纬就大加提倡。在官吏赏罚上亦是如此，"并不是因他传授今文或古文而黜陟，而是主要看他的政治倾向而加以赏罚的"①。与前期注重从历史演变大势来考察今古文学问题不同，此时他更注重分析学术与政治的关系，从而使其研究更能深入问题的本质。

此外，他在论述清学演变时也注意阶级分析法的运用。他通过论证分析认为顾炎武经学思想具有两大特征，即考据和经世。从治学方法上看，"顾炎武的文字音韵之学，乾嘉学派继承了它，章炳麟也继承了它。由于他们是具有特点大体相同的一些经学家，所以被统称为古文经学家，形成了一个学术流派"；然而，这种继承又显现出不同的时代特点，顾炎武提倡考据和经世，实际上是反映了清初"一部分地主阶级反满派的利益"，乾嘉学派继承其考据方法却抛弃其经世思想，实际"完全为清朝封建统治阶级服务"，章炳麟则不仅继承考据方法，而且对其经世思想加以发挥，提出排满和革命，从而"又赋有了时代的色彩"。因此，"根据经学家在不同历史时期中对某些'经学'问题的一定共同点的思想体系而形成经学派别，而这种派别归根到底又受经学家的世界观的直接支配。就其'继承'的形式来看，有其师承关系或治学方法的基本一致性；但就其本质来说，是有其阶级性的，是和时代的特点密切相关的"②。这是周予同运用唯物史观研究经学流派的成功尝试，是在原有新史学基础上的理论和方法提升，不仅注重考察其历史流变，而且在分析原因时更侧重于以阶级分析的眼光对其本质进行深入挖掘。

---

① 周予同：《王莽改制与经学中的今古文学问题》，载朱维铮编：《周予同经学史论著选集》（增订本），第684—690页。
② 周予同：《从顾炎武到章炳麟》，载朱维铮编：《周予同经学史论著选集》（增订本），第760—768页。

3.经史关系的卓识

周予同在编订《辞海》中相关经学史条目时,因学者的不同意见,使其开始关注经史关系问题,提出"应该怎样以马克思列宁主义的观点,不为经学学派所囿,正确地估价经、史关系"[①]的重要命题。他强调"'经'、'史'关系问题,是中国经学史和中国史学史研究的重要课题之一"[②],但涉及范围太广,因此其首先从探讨章学诚"六经皆史"说作为入手点。

他认为章氏"六经皆史"的"史",指的是"夏、商、周三代以上的史,同我们理解为'史料'的'史',自有区别"。因此,进一步探讨了章氏的"史"的概念,认为虽然章氏曾言"盈天地间,凡涉著作之林,皆是史学",但如果据此以为其"史"指的是历史资料是不够恰当的。因为,章氏所指的"史","主要是指具有'史意'、能够'经世'的史。三代以前,六经'以示帝王经世之大略',所以'六经皆史'。至于'盈天地间凡涉著作之林'的,虽和史学有关,但不具'史意',不足以'经世',只能称为史纂、史考、史例、史选、史评,而不得称为'史学'"。他以独到的眼光揭示出章氏之"史"主要内涵在于史意、经世,并以此阐释"六经皆史"说。因此,他指出:"'六经皆史说'是章学诚的'经世'理论,是他的历史哲学的核心。'六经皆史说'是在乾嘉时代汉学盛行、宋学仍占优势的历史条件下提出的,并以之反对'汉学'、'宋学'的偏失。在当时,他有所立、有所破。他大胆地提出'六经皆史'的命题,建立道器合一的哲学,反对风靡一时的'汉学'和高据庙堂的'宋学',在中国思想史上是值得大书特书的。"[③]他的分析虽然尚不够全面、深入,却已经触碰到问题的本质,因而具有相当的科学性。

他后来在为学生上课的讲稿中又对经史关系问题进行了宏观的历史考察,这部分讲稿原未收入《中国经学史讲义》,后由许道勋等整理发表,由此我们才得见周予同对这一问题的研究成果。他分析经、史的起源后认为,最早的文化起源于史,因此史先于经。而汉武帝独尊儒术以来经史关系的演变则可分为四个阶段:

第一,史附于经时期,两汉时代。当时,经典是法定的,是封建社会上层建筑的最高理论;而史着附于《春秋》经中,没有独立的地位。

第二,史次于经时期,魏晋至隋唐、北宋。史部开始独立,进而升格,终于出现"经、史、子、集"四部之名。

第三,经等于史时期,南宋至清末。南宋以后产生了"经等于史"之议。清代章学诚对此有所继承,更有所发展与创造。章学诚是重点人物,他说"六经皆史,道不离器"(《文史通义·原道》),这里有唯物主义的思想。

第四,经属于史时期,五四运动以后,直到今天。封建经学退出历史舞台,经

[①] 周予同:《有关中国经学史的几个问题》,载朱维铮编:《周予同经学史论著选集》(增订本),第696页。
[②] 周予同:《章学诚"六经皆史说"初探》,载朱维铮编:《周予同经学史论著选集》(增订本),第711页。
[③] 周予同:《章学诚"六经皆史说"初探》,载朱维铮编:《周予同经学史论著选集》(增订本),第713、714、724页。

典及其注疏都变成了史料。"六经皆史料",这反映了社会状况的变化。

总之,从历史发展来看,史由附于经,而次于经,而等于经,以致现在的经附于史,有其一定的过程。①

虽然他对上述四个阶段尚未能展开详细、深入的论述,但其从宏观上对经史关系演变所作的科学历史划分,在中国经学史上是第一次,而且成为这一问题的公认权威,后来学者基本是在这一划分的基础上进行具体阶段的研究,因此,其堪称近代经史关系研究第一人。

4. 孔子研究的新进展

能够说明其摆脱经学门户影响的最有力证据,莫过于他对六经与孔子关系认识的转变。晚清今文学的盛行在客观上使孔子地位与诸子平列,并引起重新审查古代典籍和古代历史的普遍认识,由此六经是否孔子所作或所删订也成为学者探讨的对象。钱玄同等疑古学者大都认为六经与孔子之间并无密切关系,这在当时是一股风潮,受其影响,周予同早年亦持此种观点。他在《孔子》一书中专门论述孔子的著作,对六经与孔子的关系逐一进行考证后认为:"孔子与《六经》的关系并不十分密切。孔子以《诗》、《书》教弟子是有的,但没有删《诗》、《书》。孔子以礼、乐治理社会,教导个人是有的,但没有订正什么《礼经》或《乐经》。至于《易》与《春秋》,经今文学家认为是孔子的社会哲学与政治哲学所在的著作,然而是否是孔子所作,到现在都成疑问了。"他的怀疑和考证自有根据,比如,他考证关于孔子删《诗》说,认为其有三点可疑之处:"第一,《论语》这部书里就没有说到孔子删《诗》。孔子注重《诗》,批评《诗》,将《诗》教授他的门弟子和他的儿子鲤是有的,但没有删《诗》。第二,孔子平时说到《诗经》,已经说三百篇,可见孔子那时候的诗本只有这数目,并非孔子删订以后才减为三百。第三,如果古诗有三千多篇,被孔子删去而遗留到现在的诗一定很不少;然而古书上所引的诗,见于《诗经》的多,出于逸诗的少,这又是什么原因呢?"②进而认为孔子删《诗》说不足信,《诗经》只是孔子以前已经存在的一部诗歌总集。但是,他从整体上否定孔子与六经之间存在密切关系,则显得偏激、失当。

当他深入学习唯物史观后,逐渐修正了这一观点。他通过科学考察后得出结论:"孔子根据自己的哲学、政治和历史的见解,对大量古代文献进行筛选,保存了很多有价值的历史资料,也使'六经'成为系统表达儒家学说的著作;孔子订定的这些著作,随着封建社会的发展,儒家学派地位的变化,而被封建统治者尊为'经典';但现存的'经书',其中有孔子整理过的经文,也掺杂着后来儒家学派的著述,同时在流传过程中还有散佚。所以,我认为'六经'与孔子的关系很密切,但对现存的'经书',哪些同孔子

---

① 许道勋、沈莉华整理注释:《周予同论经史关系之演变——纪念周先生诞辰百周年》,《复旦学报(社会科学版)》1998年第1期。
② 周予同:《孔子》,载朱维铮编:《周予同经学史论著选集》(增订本),第359、355页。

有关,哪些与孔子无涉,则需要仔细研究。"并认为钱玄同"怀疑的立足点,却很成问题。就是说,钱氏对这个问题先存否定的意见,然后在古代文献中去寻找论证来替自己的观点张目,这就不免陷于主观主义"①。他的这一认识已经比较符合客观史实,因为完全否定六经与孔子的关系,则中国古代思想史、学术史等一切古代学术都将无从研究,是非历史主义的观点。

综上,周予同能够摆脱经学学派的影响,真正使自己的学术研究客观、科学,与其积极学习运用马克思主义唯物史观是密不可分的。但是,他并非新中国成立后才开始接受并学习唯物史观,而是在"五四"时代就已经对唯物史观学者感到钦佩。他很早就受到毛泽东的重视,据周谷城回忆说:"1924到1927年大革命时期……他这时在上海也站在反帝爱国斗争一边,曾与老友胡愈之、郑振铎等公开写信揭发蒋介石发动的'四·一二'大屠杀的真相,影响颇大,令人敬佩。这次活动,党是注意到了的;抗日战争爆发的前夕,我接到毛泽东主席信,信中就提到周予同,足证领导的重视。解放以后,华东军政委员会刚成立,予同和我,同时接到毛泽东主席的命令,任我们为华东军政委员会的文教委员会委员,不是偶然的。"②周予同后来则在自传里说:

> 我研究中国的经学与史学,主观上是要从思想上文化上清算长期的封建社会,绝对不是恋旧、怀古,也绝对不想赶时髦。清算封建社会,如同医学家解剖尸体,需要有犀利而合适的解剖刀。我年青时试用过多种解剖刀,也就是中国的和西方的社会历史学说,主要是进化论。但用来用去,还是认定只有马克思主义的唯物史观,才能帮助我们解决封建的、资产阶级的学者们总是纠缠不清的种种问题,指引我们把社会历史的研究变成科学。我在五四时代就已结识毛泽东同志,听过李大钊同志的演说,也访问过鲁迅先生。他们努力把马克思主义的普遍真理同中国革命的具体实践相结合,实事求是地解决中国面临的各种问题,使我十分钦仰。我觉得我们研究学问,也应该走他们开辟的道路,解剖刀才能发挥作用,既不会泥古不化,也不会乱砍一气。③

这段话很好地说明了其治学的转变,即早期是以进化论为指导,但对唯物史观表示认可和钦佩,后来则彻底转向唯物史观。1933年,他在《汉学与宋学》一文中指出:"学术思想只是社会文化的一部分;社会文化又随着整个的底层的经济机构而演变。"1936年,他在《〈大学〉和〈礼运〉》一文中反驳康有为的《礼运注》时指出:

> 康有为最大的错误,是误认原始社会(即前阶级社会)的状态为社会发展最高

---

① 周予同:《"六经"与孔子的关系问题》,载朱维铮编:《周予同经学史论著选集》(增订本),第806、798—799页。
② 周谷城:《怀念周予同教授》,《周谷城史学论文选集》,第423页。
③ 《周予同自传》,《晋阳学刊》1981年第1期。

段的未来的社会主义的社会……依据社会进化论者的主张,《礼运》的原文是合理的,就是由前阶级的原始共产社会演变到有阶级的私有财产社会。这只要你去翻翻摩尔根(L.H.Morgan)的《古代社会》(Ancient Society)和恩格斯(F.Engels)的《家庭、私有制和国家的起源》(The Origin of Family, Private Property and State)两书便可了然。所以康有为的解释,不仅歪曲了《礼运》的正确的历史观,而且违背了社会进化的原则。试问从奴隶社会、封建社会的小康世,不经过资本主义社会,用什么方法超渡到社会主义社会的大同世。如果从封建社会的小康世回退到前阶级的原始社会,那只是社会的萎缩,而不是社会的演进,而且为史实所必无。如果从封建社会的小康世突变为未来的社会主义社会的大同世,那又陷于空想的社会主义论,而不是科学的社会主义论。①

同年,他又在《〈孝经〉新论》一文中用社会经济组织的变迁分析传统孝道道德已经不适合现代社会的生活。以上均可充分证明,周氏在20世纪30年代虽未完全接受唯物史观,但对于经济基础决定上层建筑、阶级分析法以及五种社会形态说等均已有一定的了解并尝试用以分析经学史问题。新中国成立后,他彻底完成学术转向,曾在《〈经今古文学〉重印后记》中批评初版的缺点在于"没有阐明今古文学的产生和演变与社会下层基础的关系"②,而在《〈经学历史〉注释本重印后记》中则明言"用马克思主义的观点来写经学史,这有待于我们的努力"③。

---

① 朱维铮编:《周予同经学史论著选集》(增订本),第322、418—419页。
② 周予同:《〈经今古文学〉重印后记》,载朱维铮编:《周予同经学史论著选集》(增订本),第644页。
③ 周予同:《〈经学历史〉注释本重印后记》,载朱维铮编:《周予同经学史论著选集》(增订本),第647页。